Direito DO CONSUMIDOR

na medida certa

PARA CONCURSOS

Nathália Stivalle Gomes

Direito DO CONSUMIDOR

na medida certa PARA CONCURSOS

6ª edição
revista e
atualizada

2023

EDITORA
JusPODIVM
www.editorajuspodivm.com.br

EDITORA *Jus*PODIVM
www.editorajuspodivm.com.br

Rua Canuto Saraiva, 131 – Mooca – CEP: 03113-010 – São Paulo – São Paulo
Tel: (11) 3582.5757
• Contato: https://www.editorajuspodivm.com.br/central-de-relacionamento

Diagramação: Futura *(rogerio@futuraeditoracao.com)*

Capa: Ana Caquetti

G612d Gomes, Nathália Stivalle
Direito do Consumidor na Medida Certa para Concursos / Nathália Stivalle Gomes – 6.ed., rev., atual. e ampl. - São Paulo: Editora JusPodivm, 2023.
272 p.
(Coleção Medida Certa para Concursos)

Inclui Bibliografia.
ISBN: 978-85-442-4462-3.

1. Direito do Consumidor. I. Gomes, Nathália Stivalle. II. Título.

CDD 342.5

BIBLIOTECÁRIA RESPONSÁVEL

Ana Carolina Ribeiro Mois – CRB7 – RJ 007348/0

NOTA À 6ª EDIÇÃO

É com muita satisfação que apresentamos a 6.ª edição da obra de *Direito do Consumidor* revista e atualizada, contendo o estudo sistematizado do CDC e suas alterações, em especial a Lei nº 14.181/2021, que aperfeiçoa a disciplina do crédito ao consumidor e dispõe sobre a prevenção e o tratamento do superendividamento, bem como as recentes decisões dos tribunais superiores, particularmente do STF e do STJ, sobre matéria consumerista.

O livro faz referência ao posicionamento de doutrinadores renomados visando contribuir para o estudo mais detalhado dos temas tratados.

A obra não tem pretensão de esgotar a matéria e as discussões jurídicas dela decorrentes, mas de oferecer a proposta de estudo otimizado, efetivo e atualizado, com o fim de contribuir para o bom desempenho do candidato nas provas dos principais concursos públicos do país.

Bons estudos!

A Autora!

SUMÁRIO

Capítulo

1

INTRODUÇÃO AO DIREITO DO CONSUMIDOR

Leia a lei:

- *Arts. 1º e 7º do CDC; arts. 5º, inciso XXXII, 170, inciso V, da CF e art. 48 de suas Disposições Transitórias*

1. NOÇÕES INICIAIS

O Código de Defesa do Consumidor (Lei n° 8.078/90) constitui um microssistema jurídico, de natureza principiológica, de ordem pública e interesse social, que estabelece normas de proteção e defesa do consumidor, nos termos dos arts. 5º, inciso XXXII, 170, inciso V, da Constituição Federal/1988 e art. 48 de suas Disposições Transitórias.

O CDC protege o consumidor, que é a parte vulnerável na relação de consumo, objetivando, assim, o reequilíbrio da relação jurídica entre fornecedor e consumidor, invariavelmente desigual.

2. DEFESA DO CONSUMIDOR E A CONSTITUIÇÃO FEDERAL

A defesa do consumidor tem respaldo na Constituição Federal de 1988, a saber:

➢ **Art. 5º, inciso XXXII**: estabelece a defesa do consumidor como direito fundamental;

- **Art. 170, caput e inciso V**: estabelece a defesa do consumidor como princípio da atividade econômica: "a ordem econômica, fundada na valorização do trabalho humano e na livre iniciativa, tem por fim assegurar a todos existência digna, conforme os ditames da justiça social, observados os alguns princípios", dentre eles, a defesa do consumidor;
- **Art. 48 da ADCT**: determinou a elaboração do CDC.

Defesa do consumidor e a CF/88	→	➢ Direito fundamental; ➢ Princípio da ordem econômica;

3. PECULIARIDADES DAS NORMAS DE PROTEÇÃO AO CONSUMIDOR

O CDC tem as seguintes peculiaridades:

- CDC é um microssistema jurídico;
- CDC é lei principiológica;
- CDC contém normas de ordem pública e de interesse social.

3.1. Microssistema jurídico

JOSÉ GERALDO BRITO FILOMENO (2014, p. 12) assinala que o CDC é um microssistema jurídico por conter:

- "(a) princípios que lhe são peculiares (isto é, a vulnerabilidade do consumidor, de um lado, e a destinação final de produtos e serviços, de outro);
- (b) por ser interdisciplinar (isto é, por relacionar-se com inúmeros ramos de direito, como constitucional, civil, processual civil, penal, processual penal, administrativo, etc.);
- (c) por ser também multidisciplinar (isto é, por conter em seu bojo normas de caráter também variado, de cunho civil, processual civil, processual penal, administrativo, etc.)".

ATENÇÃO

O CDC é um microssistema jurídico que disciplina as relações de consumo, o que não impede, no entanto, de o julgador se socorrer de outras fontes legislativas, que dialogam entre si, para solução mais justa do conflito. Essa técnica é denominada pela doutrina como ***diálogo das fontes****.*

A teoria do diálogo das fontes foi desenvolvida pelo alemão Erik Jayme e difundida no Brasil pela doutrinadora Claudia Lima Marques.

Nas lições de FLAVIO TARTUCE (2014, p. 15), a essência dessa teoria é "de que as normas jurídicas não se excluem – supostamente porque pertencentes a ramos jurídicos distintos –, mas se complementam. No Brasil, a principal incidência da teoria se dá justamente na interação entre o CDC e o CC/2002, em matéria como responsabilidade civil e o Direito Contratual. (...). É possível que a norma mais favorável ao consumidor esteja fora da própria Lei Consumerista, podendo o intérprete fazer a opção por esse preceito específico".

Segundo o doutrinador, a teoria do diálogo das fontes tem como fundamento legal o art. 7° do CDC, que adota um modelo aberto de interação legislativa.

O art. 7° do CDC estabelece que "os direitos previstos neste código não excluem outros decorrentes de tratados ou convenções internacionais de que o Brasil seja signatário, da legislação interna ordinária, de regulamentos expedidos pelas autoridades administrativas competentes, bem como dos que derivem dos princípios gerais do direito, analogia, costumes e equidade".

3.2. Lei principiológica

O CDC é lei principiológica das relações de consumo.

Nas lições de NELSON NERY JUNIOR (1999, p. 432), o CDC é uma lei principiológica porque contém preceitos gerais, que fixa os princípios fundamentais das relações de consumo.

Segundo o doutrinador, todas as demais leis que se destinarem, de forma específica, a regular determinado setor das relações de consumo deverão submeter-se aos preceitos gerais do CDC.

Exemplifica: "sobrevindo lei que regula, v.g., transportes aéreos, deve obedecer aos princípios gerais estabelecidos no CDC. Não pode, por exemplo, essa lei específica, setorizada, posterior, estabelecer responsabilidade subjetiva para acidentes aéreos de consumo, contrariando o sistema principiológico do CDC. Como a regra da lei principiológica (CDC), no que toca à reparação de danos, é a da responsabilidade objetiva pelo risco da atividade (art. 6°, n° VI, CDC), essa regra se impõe a todos os setores da economia nacional, quando se tratar de relação de consumo. Destarte, o princípio de que a lei especial derroga a geral não se aplica ao caso em análise, porquanto o CDC não é apenas lei geral das relações de consumo, mas, sim, lei principiológica das relações de consumo".

3.3. Normas de ordem pública e interesse social

O art. 1° do CDC estabelece que as normas de proteção e defesa do consumidor são de ordem pública e interesse social, sobrepondo-se à vontade das partes.

As normas de ordem pública são indisponíveis e inderrogáveis por convenção das partes, sob pena de nulidade absoluta.

Em razão da natureza pública das normas, o juiz deve agir de ofício na apreciação das questões consumeristas.

A ressalva a ser feita diz respeito aos contratos bancários, nos quais, segundo entendimento do STJ, é vedado ao juiz apreciar a abusividade das cláusulas sem pedido expresso do consumidor.

Relações de consumo	→	juiz deve agir de ofício

POSIÇÃO DO STJ

Súmula 381: "Nos contratos bancários é vedado ao julgado conhecer, de ofício, da abusividade das cláusulas".

As normas do CDC são de interesse social porque destinadas a tutelar toda uma coletividade de consumidores.

Para SERGIO CAVALIERI FILHO (2011, p. 13), "normas de interesse social são aquelas que disciplinam um campo de relações sociais marcado pela desigualdade, razão pela qual têm por finalidade interesse que transcende o interesse meramente particular; são normas que interessam mais diretamente à sociedade que aos particulares."

4. TÓPICO-SÍNTESE

INTRODUÇÃO AO DIREITO DO CONSUMIDOR	
Defesa do consumidor e CF/88	– A defesa do consumidor tem amparo na Constituição Federal de 1988: • art. 5º, inciso XXXII; • art. 170, inciso V; • art. 48 da ADCT.
Peculiaridades do CDC	• Microssistema jurídico → princípios próprios, caráter inter e multidisciplinar; – Diálogo das fontes: o julgador se socorre de outras fontes legislativas, que dialogam entre si, para solução mais justa do conflito; • Lei principiológica → preceitos gerais que fixam os princípios fundamentais das relações de consumo (NELSON NERY JUNIOR (1999, p. 432); • Normas de ordem pública → indisponíveis e inderrogáveis por convenção das partes; • O juiz deve agir de ofício na apreciação das questões consumeristas. Exceção: contratos bancários → Súmula 381 do STJ; • Normas de interesse social → coletividade de consumidores.

Capítulo

2

RELAÇÃO JURÍDICA DE CONSUMO

Leia a lei:

- *Arts. 2º, 3º, 17, 26, I e II e 29 do CDC; art. 3º do CTN*

1. FORMAÇÃO DA RELAÇÃO JURÍDICA DE CONSUMO

Para que uma relação jurídica seja identificada como de consumo, atraindo a aplicação do Código de Defesa do Consumidor, devem estar presentes todos os seguintes elementos:

- **subjetivo**: são os sujeitos da relação, isto é, consumidor e fornecedor;
- **objetivo:** diz respeito ao objeto sobre o qual recai a relação jurídica, isto é, produto ou serviço;
- **finalístico**: refere-se à finalidade com a qual o consumidor adquire produto ou contrata serviço, isto é, como destinatário final.

Esquematicamente, os elementos da relação de consumo podem ser vistos da seguinte forma:

Subjetivo	→	consumidor e fornecedor
Objetivo	→	produto ou serviço
Finalístico	→	consumidor – destinatário final

A doutrina costuma analisar a relação jurídica de consumo mediante o desdobramento de cada um dos seus elementos. Vejamos.

1.1. Consumidor

A figura do consumidor é um dos elementos subjetivos da relação de consumo, assim como o fornecedor.

O art. 2º do CDC define consumidor como sendo "toda pessoa física ou jurídica que adquire ou utiliza produto ou serviço como destinatário final".

A definição legal de consumidor ensejou muitas discussões entre os doutrinadores em razão de o CDC ter contemplado expressamente a pessoa jurídica como consumidora de produtos e serviços.

Parcela da doutrina sustenta que o CDC se destina à proteção da pessoa física, presumivelmente vulnerável, frágil frente ao fornecedor, e não da pessoa jurídica detentora de maiores condições para defender-se.

Nesse sentido são as lições de JOSÉ GERALDO BRITO FILOMENO (2014, p. 27): "(...) na verdade o critério conceitual do Código brasileiro discrepa da própria filosofia consumerista ao colocar a pessoa jurídica como também consumidora de produtos e serviços. E isto exatamente pela simples razão de que o consumidor, geralmente vulnerável enquanto pessoa física, defronta-se com o poder econômico dos fornecedores em geral, o que não ocorre com esses que, bem ou mal, grandes ou pequenos, detêm maior informação e meios de defender-se uns contra os outros, quando houver impasses e conflitos de interesses".

Para esse doutrinador somente as pessoas jurídicas sem fins lucrativos são enquadradas no conceito de consumidor.

Mas, como veremos a seguir, a pessoa jurídica, em determinadas situações, pode sim ser enquadrada como consumidora.

A doutrina e a jurisprudência também se preocuparam em compreender o alcance do termo "destinatário final" utilizado pelo CDC na definição do conceito de consumidor. Sobre o tema surgiram as seguintes teorias:

A) Teoria Maximalista: considera consumidor toda pessoa física ou jurídica que se apresente como **destinatário fático**, isto é, que retira do mercado de consumo (da cadeia produtiva) o bem ou o serviço, independentemente se para o atendimento de necessidades próprias ou profissionais.

Por exemplo, de acordo com essa teoria, o contador que adquire um computador para seu escritório ou a sociedade empresária que contrata com outra empresa serviços de software para controle interno de sua produção são consumidores ainda que a retirada do produto ou serviço da cadeia produtiva tenha se destinado a atender as necessidades profissionais da pessoa física ou jurídica.

FABRÍCIO BOLZAN (2018, p. 80) esclarece que a teoria maximalista não enxerga o CDC como uma lei de proteção do mais fraco numa relação jurídica tão desigual como é a relação de consumo, mas entende ser o CDC o novo regulamento do mercado de consumo, o qual albergaria sem maiores problemas a pessoa jurídica na definição de consumidor.

Essa teoria interpreta de forma ampla o termo destinatário final, estendendo a aplicação do CDC para alcançar, assim, um número maior de relações jurídicas e agentes do mercado.

Teoria Maximalista → consumidor: destinatário fático → retira da cadeia produtiva o bem ou serviço para necessidades próprias ou profissionais

B) Teoria Finalista ou Subjetiva: considera consumidor toda pessoa física ou jurídica que se apresente como **destinatário fático e econômico**, isto é, que retira de circulação do mercado o bem ou o serviço para consumi-lo, suprindo uma necessidade própria, não havendo, portanto, a reutilização ou reingresso dele no processo produtivo, seja na revenda, no uso profissional ou em outra forma indireta. (REsp 1.352.419-SP, DJ 19/08/2014 – Informativo 548).

"Por isso, fala-se em destinatário final econômico (e não apenas fático) do bem ou serviço, haja vista que não basta ao consumidor ser adquirente ou usuário, mas deve haver o rompimento da cadeia econômica com o uso pessoal a impedir, portanto, a reutilização dele no processo produtivo, seja na revenda, no uso profissional, na transformação por meio de beneficiamento ou montagem ou em outra forma indireta. Desse modo, a relação de consumo (consumidor final) não pode ser confundida com relação de insumo (consumidor intermediário)". (REsp 1.321.614-SP, DJ 3/3/2015 – Informativo 556).

Para essa teoria não há relação de consumo a ensejar a aplicação do CDC quando a empresa adquire computador, móveis ou outros bens que venham a compor o estabelecimento comercial, uma vez que estes prosseguem inseridos na cadeia produtiva. Fica, portanto, excluído da proteção do CDC o consumo intermediário.

Essa teoria interpreta de forma restritiva o termo destinatário final, reduzindo o alcance de aplicação do CDC para beneficiar tão somente os efetivamente vulneráveis na relação contratual.

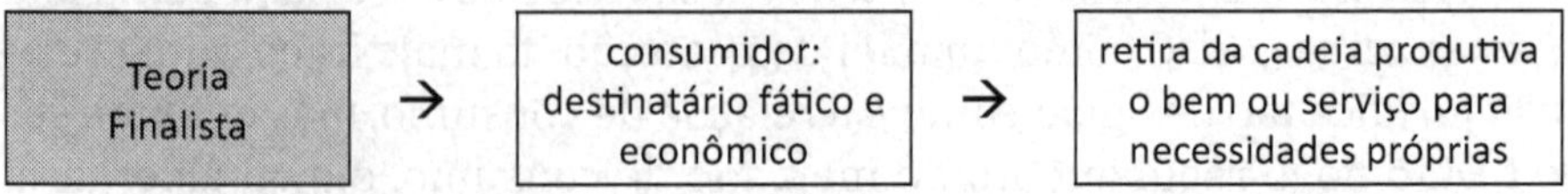

Vale à pena ter em mente o seguinte quadro:

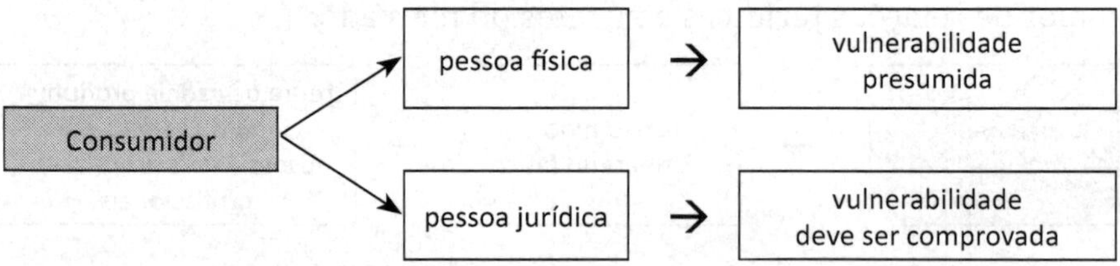

C) Teoria Finalista Aprofundada, Atenuada, Temperada ou Mitigada: é a posição dominante na jurisprudência do STJ, que tem admitido em seus julgados o temperamento da teoria finalista, isto é, tem aplicado a lei consumerista quando a pessoa jurídica adquire produto ou serviço no curso do desenvolvimento de uma atividade empresarial, ampliando, assim, a incidência do CDC nas relações jurídicas.

Frise-se que a vulnerabilidade da pessoa jurídica deve ser comprovada no caso concreto para que ocorra a aplicação do CDC, mitigando os rigores da teoria finalista e autorizando a equiparação da pessoa jurídica compradora à condição de consumidora.

Nesse sentido o entendimento do STJ:

"(...) Considera-se destinatário final aquele que, no ato de consumir, retira o bem do mercado. Seguindo nessa linha de raciocínio, a Segunda Seção acabou por firmar entendimento centrado na teoria subjetiva ou finalista (REsp 541.867-BA, DJe 16/5/2005), posição hoje consolidada no âmbito deste STJ. ***Porém, a jurisprudência, posteriormente, evoluiu para admitir uma certa mitigação da teoria finalista na hipótese em que, embora não verificada a condição de destinatário final, constata-se a vulnerabilidade do consumidor profissional ante o fornecedor. No caso, não se aplica a referida mitigação da teoria finalista, pois a contratante do serviço de transporte sequer alegou a sua vulnerabilidade perante a empresa contratada.*** *Portanto, sob a ótica da teoria finalista, seria o caso de analisar se a contratante do serviço de transporte de carga é destinatária final fática e econômica desse serviço. Contudo, uma vez que a carga transportada é insumo, o contrato celebrado para o transporte desse insumo fica vinculado a essa destinação, não havendo necessidade de se perquirir acerca da destinação econômica do serviço de transporte".* (REsp 1.442.674-PR, DJe 30/3/2017 – Informativo 600).

Assim, o STJ tem adotado em seus julgados uma teoria intermediária – teoria finalista atenuada, temperada ou mitigada – para enquadrar como consumidora a pessoa jurídica quando comprovada sua vulnerabilidade no caso concreto.

CLAUDIA LIMA MARQUES (2022, p. 106) pontua: "É uma interpretação finalista mais aprofundada e madura, que deve ser saudada. Em casos difíceis envolvendo pequenas empresas que utilizam insumos para a sua produção, mas não em sua área de expertise ou com uma utilização mista, principalmente na área dos serviços, provada a vulnerabilidade, concluiu-se pela destinação final de consumo prevalente (...). O conceito-chave aqui é o de vulnerabilidade".

1.1.1. Pessoa jurídica de direito público e relação de consumo

A doutrina e a jurisprudência ainda não consolidaram posicionamento a respeito da possibilidade ou não de a pessoa jurídica de direito público ser enquadrada como consumidora, nos termos previstos no artigo 2º do CDC.

Isso porque, segundo entendimento de parcela da doutrina, as prerrogativas do regime jurídico de direito público, tais como a possibilidade de definição do objeto e das condições do contrato ou rescisão unilateral do contrato, dispensam à Administração Pública de se socorrer do CDC.

Defendendo outro entendimento, destacamos a doutrina de FABRÍCIO BOLZAN (2018, p. 102), que após discorrer sobre a problemática do tema, formula a seguinte pergunta: "quando a Administração será considerada consumidora a ponto de poder usufruir os direitos enumerados no CDC?"

E na sequência, responde: "quando preencher cumulativamente os seguintes requisitos:

- comprovação da vulnerabilidade no caso concreto (que em regra é uma situação excepcional);
- regime jurídico de direito público (que traz inúmeras prerrogativas às entidades administrativas, em especial no tocante à contratação) não for suficiente para dar-lhe guarida nas relações envolvendo aquisição de bens e contratação de serviços".

Em se tratando de contrato privado da Administração Pública, como por exemplo, contrato de seguro ou aqueles em que a Administração é usuária de serviço público, há aplicação do CDC.

1.1.2. Consumidor por equiparação

O CDC prevê ainda proteção jurídica à figura do consumidor equiparado, alcançando, assim, outras pessoas, físicas ou jurídicas, não contempladas pelo artigo 2º da lei consumerista, independentemente da realização concreta de um ato de consumo. São consumidores por equiparação:

A) A coletividade de pessoas, ainda que indetermináveis, que haja intervindo nas relações de consumo (parágrafo único, art. 2º).

De acordo com esse dispositivo legal, equipara-se a consumidor a coletividade de pessoas, ainda que não possam ser identificadas e desde que tenham, de alguma forma, participado da relação de consumo.

Nesse ponto vale registrar o alerta de FABRÍCIO BOLZAN (2018, p. 106) para o entendimento da expressão **"haja intervindo nas relações de consumo"**. Nas lições do referido doutrinador, basta "a **participação potencial da coletividade** de pessoas na relação de consumo para caracterizar a incidência dessa figura de consumidor por equiparação", não sendo necessário, portanto, o consumo efetivo do produto ou utilização do serviço.

Ex.: coletividade de pessoas que adquire ou que esteja exposta a aquisição de produto alimentício nocivo à saúde.

B) Todas as vítimas do evento, do acidente de consumo (art. 17).

Equipara-se a consumidor aquele que, embora não tenha participado diretamente da relação de consumo, sofra as consequências do evento danoso decorrente do fato do produto ou do serviço. São os *bystanders*, isto é, os terceiros estranhos à relação de consumo, mas afetados pelo evento danoso.

Ex.: amigo que aceita carona e sofre lesões em razão de defeito no cinto de segurança do veículo ou ainda moradores de casas atingidas pela queda de aeronave.

Merece destaque o entendimento da 3ª Turma do STJ, que reconheceu a aplicabilidade da figura do consumidor bystander em caso de danos morais decorrentes de dano ambiental, nos seguintes termos: "Na hipótese de danos individuais decorrentes do exercício de atividade empresarial poluidora destinada à fabricação de produtos para comercialização, é possível, em virtude da caracterização do acidente de consumo, o reconhecimento da figura do consumidor por equiparação, o que atrai a incidência das disposições do Código de Defesa do Consumidor" (STJ - REsp 2.009.210/RS, j. 09/08/2022).

Importante citar julgado do STJ, também mencionado frequentemente pela doutrina, o qual enquadra o comerciante no conceito de consumidor equiparado. No entendimento do STJ também deve ser legalmente equiparado a consumidor o empresário, proprietário de um supermercado, que foi surpreendido pela explosão de uma garrafa de cerveja enquanto a colocava em um freezer e, em razão do acidente, foi atingido por estilhaços que lhes causaram lesões graves e irreversíveis em um de seus olhos (STJ – REsp 1.288.008/MG, j. 04.04.2013).

C) Todas as pessoas, determináveis ou não, expostas às práticas comerciais e contratuais abusivas (art. 29), ainda que não realizem concretamente o ato de consumo.

Ex.: toda pessoa que se sentir prejudicada por publicidade enganosa, mesmo que não tenha contratado nenhum serviço, sempre que vulnerável no caso concreto.

Esquematicamente, os consumidores por equiparação podem ser apresentados da seguinte forma:

Consumidor por equiparação	➤ coletividade de pessoas que haja intervindo na relação de consumo ➤ vítima de acidente de consumo ➤ todas as pessoas expostas às práticas comerciais e contratuais abusivas

1.2. Fornecedor

Identificado o consumidor, passemos ao estudo da figura do fornecedor, também um dos elementos subjetivos da relação de consumo.

O art. 3º do CDC define fornecedor como sendo "toda pessoa física ou jurídica, pública ou privada, nacional ou estrangeira, bem como os entes despersonalizados, que desenvolvem atividade de produção, montagem, criação, construção, transformação, importação, exportação, distribuição ou comercialização de produtos ou prestação de serviços".

Com relação ao fornecedor importa saber que:

A) O conceito de fornecedor é amplo e alcança pessoas físicas ou jurídicas (pública ou privada, nacional ou estrangeira) e também os entes despersonalizados (massa falida, espólio, sociedade de fato). Assim, os produtos com vícios ou defeitos oferecidos no mercado de consumo por pessoa jurídica falida permanecem sob a proteção do CDC, sendo a massa falida enquadrada como fornecedora.

ATENÇÃO

A sociedade civil, sem fins lucrativos, de caráter beneficente e filantrópico, pode ser considerada fornecedora, e, portanto, sujeita às normas do CDC, bastando que desenvolva qualquer tipo de atividade no mercado de consumo, mediante remuneração, como por exemplo, a prestação de serviços médicos, hospitalares, odontológicos e jurídicos a seus associados. Nesse sentido o REsp 519.310/SP, de relatoria da Exma. Ministra Nancy Andrighi, j. 20.04.2004, amplamente citado na doutrina.

Os profissionais liberais, pessoas físicas que prestam serviços com habitualidade, tais como médicos, dentistas, psicólogos, eletricistas, também foram incluídos no CDC na condição de fornecedores, sendo a eles imputada, no entanto, a responsabilidade subjetiva pelos danos causados aos consumidores, conforme melhor explicado em capítulo próprio sobre responsabilidade civil.

B) Fornecedor é gênero, do qual são espécies o produtor, montador, criador, construtor, transformador, importador, exportador, distribuidor, comerciante e prestador de serviços.

São fornecedores todos aqueles que, de forma direta ou indireta, colocam produtos ou prestam serviços no mercado de consumo.

O rol das atividades enumeradas no art. 3º é exemplificativo *(numerus apertus)*.

C) A expressão "desenvolve" utilizada pela lei deve ser entendida como **habitualidade** no desempenho da atividade.

Assim, se uma empresa, cujo objeto social é a prestação de serviços de língua estrangeira, decide vender seus computadores para substitui-los por outros mais novos, não será fornecedora nessa relação jurídica, que, na verdade, trata-se de típica relação civil de compra e venda. A habitualidade está na prestação de serviços de língua estrangeira e não de comercialização de computadores.

Fornecedor → prática da atividade com habitualidade

D) Os fornecedores sujeitos a participar do polo passivo da relação jurídica de reponsabilidade civil podem ser classificados como fornecedor real, fornecedor aparente e fornecedor presumido. Vejamos, esquematicamente, a diferença entre eles:

- **fornecedor real:** é aquele que participa do processo de fabricação ou produção do produto acabado, de parte componente, inclusive a matéria-prima. É o caso do fabricante, produtor e construtor.
- **fornecedor aparente:** é aquele que, embora não tenha participado diretamente do processo produtivo, apresenta-se como tal pela aposição do seu nome, marca ou outro sinal distintivo no produto final.

ATENÇÃO

*Segundo o STJ, "a empresa que utiliza marca internacionalmente reconhecida, ainda que não tenha sido a fabricante direta do produto defeituoso, enquadra-se na categoria de **fornecedor aparente.**"*

O fornecedor aparente não se confunde com o fornecedor por equiparação*. Para o STJ, "(...) o fornecedor aparente, que compreende aquele que, embora não tendo participado do processo de fabricação, apresenta-se como tal pela colocação do seu nome, marca ou outro sinal de identificação no produto que foi fabricado por um terceiro. É nessa aparência que reside o fundamento para a responsabilização deste fornecedor, não sendo exigida para o consumidor, vítima de evento lesivo, a investigação da identidade do fabricante real (...)." (REsp 1.580.432-SP, DJe 04/02/2019 – Informativo 642)*

- **fornecedor presumido:** é aquele que adquire ou vende produtos sem identificação de seu fabricante, produtor, importador ou construtor. Geralmente são importadores e comerciantes.

1.2.1. Fornecedor por equiparação

A doutrina também vislumbra a figura do fornecedor equiparado, que foi criada por Leonardo Bessa. O exemplo repetidamente citado é o da empresa que mantém e administra banco de dados dos consumidores.

CLÁUDIA LIMA MARQUES (2022, p. 130) define o fornecedor equiparado como "aquele terceiro na relação de consumo, um terceiro apenas intermediário ou ajudante da relação de consumo principal, mas que atua frente a um consumidor (aquele que tem seus dados cadastrados como mau pagador e não efetuou sequer uma compra) ou a um grupo de consumidores (por exemplo, um grupo formado por uma relação de consumo principal, como a de seguro de vida em grupo organizado pelo empregador e pago por este), como se fornecedor fosse (comunica o registro no banco de dados, comunica que é estipulante no seguro de vida em grupo, etc.)."

Destaca-se o posicionamento do STJ sobre a figura do fornecedor por equiparação: "O legislador, com o propósito de conferir proteção mais efetiva às vítimas de acidentes de consumo, ampliou o conceito de fornecedor previsto no art. 3º do CDC, imputando os danos causados pelo defeito a todos os envolvidos na prestação do serviço (art. 14 do CDC). Ou seja, ao valer-se do vocábulo fornecedor, pretendeu-se viabilizar a responsabilização do terceiro que, embora não tenha prestado o serviço diretamente, integrou a cadeia de consumo. Cuida-se do fornecedor indireto ou mediato. Porém, para ser considerado integrante da cadeia de consumo, o terceiro deve ter contribuído com produtos ou serviços para o fornecimento do serviço final."

E, no caso apreciado, o STJ manifestou o seguinte entendimento: "Ocorre que, a empresa patrocina-dora não participou da organização do evento, mas apenas o patrocinou mediante a aquisição de quota de patrocínio. Dito de outro modo, a empresa não contribuiu com seus produtos ou serviços para a organização do evento. Nem mesmo há indícios de que a exposição da sua marca tenha passado a impressão de que atuou como intermediária na cadeia de consumo. Sendo o terceiro mero patrocinador do evento, que não participou da sua organização e, assim, não assumiu a garantia de segurança dos participantes, não pode ser enquadrado no conceito de "fornecedor" para fins de responsabilização pelo acidente de consumo" (REsp 1.955.083-BA - DJe 18/02/2022 - Informativo n. 727)

POSIÇÃO DO STJ

Súmula 359: "Cabe ao órgão mantenedor do Cadastro de Proteção ao Crédito a notificação do devedor antes de proceder à inscrição".

FABRÍCIO BOLZAN (2018, p. 124) bem observou que o STJ, por meio da Súmula 359, ainda que indiretamente, corroborou a ideia da figura do fornecedor equiparado, uma vez que ao mantenedor do cadastro de inadimplentes foi imposta obrigação típica de fornecedor no mercado de consumo, a saber, prévia notificação do devedor antes de proceder à inscrição no cadastro de inadimplentes.

1.3. Produto

O produto é elemento objetivo da relação de consumo.

O § 1º do art. 3º do CDC define produto como "qualquer bem, móvel ou imóvel, material ou imaterial".

Com relação ao produto importa saber que:

A) O conceito de produto é abrangente, abrigando qualquer bem, móvel (veículos, livros, objetos) ou imóvel (terrenos, casas), material ou imaterial (programas de computador). Tem valor econômico e é suscetível de apropriação.

B) O produto pode ser durável ou não durável, nos termos do art. 26, incisos I e II do CDC:

- **produto durável**: é aquele que não se extingue pelo uso, levando certo tempo para se desgastar, que variará conforme a qualidade da mercadoria, os cuidados que lhe são emprestados pelo usuário, o grau de utilização e o meio ambiente no qual inserido. Ex.: eletrodoméstico, automóvel, livro, etc.
- **produto não durável**: é aquele que se extingue em um único ato de consumo ou vai-se extinguindo conforme utilizado. Ex.: alimento, remédio, combustível, caneta, etc.

ATENÇÃO

RIZZATO NUNES (2011, p. 138) classifica o ***produto descartável*** *como sendo produto durável. Ex.: copos plásticos e pratos de papelão. Afirma que um produto descartável é o* ***durável de baixa durabilidade*** *ou que* ***somente pode ser utilizado uma vez.*** *Diz também que, enquanto o produto durável descartável "permanece tal como era após ser utilizado, o produto não durável perde totalmente sua existência com o uso, ou, ao menos, vai perdendo-a aos poucos com sua utilização".*

C) Não exige a contraprestação em dinheiro. Assim, o produto que for entregue ao consumidor como **amostra grátis** está submetido à proteção e a todas as garantias do CDC. Isso significa dizer que, se do consumo da amostra grátis resultar algum dano ao consumidor, o fornecedor será responsabilizado pelo evento danoso.

Nos termos do art. 39, parágrafo único, do CDC, os serviços prestados e os produtos remetidos ou entregues ao consumidor, **sem solicitação prévia**, equiparam-se às amostras grátis, inexistindo obrigação de pagamento.

1.4. Serviço

Ao lado do produto, serviço também é elemento objetivo da relação de consumo.

O § 2º do art. 3º do CDC define serviço como "qualquer atividade fornecida no mercado de consumo, mediante remuneração, inclusive as de natureza bancária, financeira, de crédito e securitária, salvo as decorrentes das relações de caráter trabalhista".

Com relação ao serviço importa saber que:

A) O conceito de serviço apresentado pelo legislador é amplo, agasalhando qualquer atividade fornecida no mercado de consumo, salvo as decorrentes das relações de caráter trabalhista.

O rol das atividades enumeradas no § 2º do art. 3º é exemplificativo *(numerus apertus)*.

Os serviços prestados pelas instituições financeiras – bancos, seguradoras, financeiras – foram incluídos na tutela especial do CDC, tendo sido objeto de ação direta de inconstitucionalidade por parte das instituições financeiras (ADI 2591/DF, julgada improcedente em 07.06.2006) sob o argumento de que suas atividades já eram reguladas por lei específica: Lei nº 4.595/64, não se aplicando, portanto, o CDC. O STJ posicionou-se sobre o assunto com a Súmula 297.

POSIÇÃO DO STJ

Súmula 297: "O CDC é aplicável às instituições financeiras".

O STJ também se posicionou com relação a outros serviços para enquadrá-los na tutela do CDC. Exemplificamos alguns deles a seguir.

Súmula 563, do STJ: "O Código de Defesa do Consumidor é aplicável às entidades abertas de previdência complementar, não incidindo nos contratos previdenciários celebrados com entidades fechadas".

Súmula 608, do STJ: "Aplica-se o Código de Defesa do Consumidor aos contratos de plano de saúde, salvo os administrados por entidades de autogestão".

Súmula 602, do STJ: "O Código de Defesa do Consumidor é aplicável aos empreendimentos habitacionais promovidos pelas sociedades cooperativas".

ATENÇÃO

É possível a aplicação do CDC à relação entre proprietário de imóvel e a imobiliária contratada por ele para administrar o bem. Isso porque o proprietário do imóvel é, de fato, destinatário fático e também econômico do serviço prestado". (REsp 509.304-PR, DJ 16/05/2013 – Informativo 523)

No entanto, não se aplicam as regras do CDC nas relações de locação de imóveis – entre locador e locatário – uma vez que estes não se encaixam nas figuras de fornecedor e consumidor, além de serem amparados por lei específica: Lei nº 8.245/91.

Também tem-se entendido pela não incidência do CDC na relação existente entre condomínio e seus condôminos; franqueador e franqueado nos contratos de franquia.

B) O serviço pode ser durável ou não durável, nos termos do art. 26, incisos I e II do CDC. Nas lições de RIZZATO NUNES (2011, p. 145):

- **serviço durável:** é aquele que tem continuidade no tempo em razão de uma estipulação contratual (serviços escolares, planos de saúde) e aquele que deixa como resultado um produto, embora típico de não durabilidade (pintura de uma casa, instalação de um carpete).
- **serviço não durável:** é aquele que se exerce uma vez prestado. Ex.: serviço de transporte, de hospedagem.

C) O serviço prestado deve ser remunerado direta ou indiretamente, entendido este último como o custo embutido na atividade e repassado ao consumidor, como por exemplo a sobremesa ou café grátis oferecido pelo restaurante ou ainda o estacionamento gratuito dos shoppings. Isso porque parte-se do pressuposto de que toda atuação do fornecedor no mercado de consumo visa a obtenção de vantagem econômica.

1.4.1. Serviço Público

Submete-se à tutela do CDC o serviço público prestado pelo órgão público, por si ou suas empresas, concessionárias, permissionárias ou sob qualquer outra forma de empreendimento e remunerado por tarifa/preço público, "quer em razão de se tratar de uma remuneração facultativa, quer em razão da natureza contratual em que imperam a manifestação da vontade e a possibilidade da interrupção deste contrato a qualquer tempo pelo consumidor-usuário" (BOLZAN, Fabrício, 2018, p. 192), excluindo-se, assim os impostos (taxas, contribuição de melhoria). Ex.: serviços de fornecimento de água, energia elétrica, transporte coletivo, telefonia, etc.

O entendimento do STJ também é no sentido da caracterização da relação de consumo nos casos em que o serviço público é remunerado mediante tarifa ou preço público.

Essa relação de consumo não se confunde com a relação tributária, a qual prevê para o contribuinte o pagamento de impostos, taxas e contribuição de melhoria a título de prestação pecuniária compulsória (art. 3º do CTN).

Na relação de consumo, o consumidor remunera o Poder Público mediante tarifa ou preço público porque contratou, facultativamente, o serviço por ele prestado.

Serviço Público → remuneração por tarifa/ preço público (natureza negocial) → relação de consumo

Serviço Público → remuneração por tributos (natureza compulsória) → relação tributária

O serviço público fornecido ao usuário deve ser adequado, eficiente, seguro e, quanto ao serviço essencial, contínuo. E, no caso de descumprimento, total ou parcial, dessas obrigações, o Poder Público será compelido a cumpri-las e a reparar os danos causados, na forma prevista pelo CDC.

ATENÇÃO

*De acordo com o art. 6º, § 3º da Lei nº 8.987/95, que dispõe sobre o regime de concessão e permissão da prestação de serviços públicos, não se caracteriza como descontinuidade do serviço a sua interrupção em situação de emergência ou após prévio aviso, quando: **I** – motivada por razões de ordem técnica ou de segurança das instalações; e, **II** – por inadimplemento do usuário, considerado o interesse da coletividade.*

Segundo entendimento do STJ, "A concessionária de fornecimento de energia elétrica não pode exigir de órgão público, usuário do serviço, multa por inadimplemento no pagamento de fatura, fundamentada no parágrafo único do artigo 4º do Decreto-Lei n.2.432/1988" (REsp 1.396.808-AM, DJe 06/09/2018 – Informativo 632)

1.4.1.1 Lei nº 13.460/2017: dispõe sobre participação, proteção e defesa dos direitos do usuário dos serviços públicos

A Lei nº 13.460, de 26 de junho de 2017, alterada pela Lei nº 1.4.015, de 15 de junho de 2020, pela Lei nº 14.129, de 29 de março de 2021, e pela Lei nº 14.534, de 11 de janeiro de 2023, estabelece normas básicas para participação, proteção e defesa dos direitos do usuário dos serviços públicos prestados direta ou indiretamente pela administração pública. Sobre a Lei nº 13.460/2017, denominada por FABRÍCIO BOLZAN (2018, p. 214) como Código de Defesa dos usuários dos serviços públicos, importa saber que:

A) é aplicada à administração pública direta e indireta da União, dos Estados, do Distrito Federal e dos Municípios;

B) **não** afasta a aplicação do CDC, quando caraterizada relação de consumo, nem tampouco as normas regulamentadoras específicas, quando se tratar de serviço ou atividade sujeitos a regulação ou supervisão;

C) é aplicada subsidiariamente aos serviços públicos prestados por particular, que estão regulamentados pela Lei nº 8.987/1995 (dispõe sobre o regime de concessão e permissão da prestação de serviços públicos);

D) traz as seguintes definições (art. 2º): "**I** – usuário – pessoa física ou jurídica que se beneficia ou utiliza, efetiva ou potencialmente, de serviço público; **II** – serviço público – atividade administrativa ou de prestação direta ou indireta de bens ou serviços à população, exercida por órgão ou entidade da administração pública; **III** – administração pública – órgão ou entidade integrante da administração pública de qualquer dos Poderes da União, dos Estados, do Distrito Federal e dos Municípios, a Advocacia Pública e a Defensoria Pública; **IV** – agente público – quem exerce cargo, emprego ou função pública, de natureza civil ou militar, ainda que transitoriamente ou sem remuneração; e **V** – manifestações – reclamações, denúncias, sugestões, elogios e demais pronunciamentos de usuários que tenham como objeto a prestação de serviços públicos e a conduta de agentes públicos na prestação e fiscalização de tais serviços";

E) estabelece no art. 4º que: "os serviços públicos e o atendimento do usuário serão realizados de forma adequada, observados os

princípios da regularidade, continuidade, efetividade, segurança, atualidade, generalidade, transparência e cortesia";

F) tem como diretrizes (art. 5º): "**I** – urbanidade, respeito, acessibilidade e cortesia no atendimento aos usuários; **II** – presunção de boa-fé do usuário; **III** – atendimento por ordem de chegada, ressalvados casos de urgência e aqueles em que houver possibilidade de agendamento, asseguradas as prioridades legais às pessoas com deficiência, aos idosos, às gestantes, às lactantes e às pessoas acompanhadas por crianças de colo; **IV** – adequação entre meios e fins, vedada a imposição de exigências, obrigações, restrições e sanções não previstas na legislação; **V** – igualdade no tratamento aos usuários, vedado qualquer tipo de discriminação; **VI** – cumprimento de prazos e normas procedimentais; **VII** – definição, publicidade e observância de horários e normas compatíveis com o bom atendimento ao usuário; **VIII** – adoção de medidas visando a proteção à saúde e a segurança dos usuários; **IX** – autenticação de documentos pelo próprio agente público, à vista dos originais apresentados pelo usuário, vedada a exigência de reconhecimento de firma, salvo em caso de dúvida de autenticidade; **X** – manutenção de instalações salubres, seguras, sinalizadas, acessíveis e adequadas ao serviço e ao atendimento; **XI** – eliminação de formalidades e de exigências cujo custo econômico ou social seja superior ao risco envolvido; **XII** – observância dos códigos de ética ou de conduta aplicáveis às várias categorias de agentes públicos; **XIII** – aplicação de soluções tecnológicas que visem a simplificar processos e procedimentos de atendimento ao usuário e a propiciar melhores condições para o compartilhamento das informações; **XIV** – utilização de linguagem simples e compreensível, evitando o uso de siglas, jargões e estrangeirismos; **XV** – vedação da exigência de nova prova sobre fato já comprovado em documentação válida apresentada e **XVI** - comunicação prévia ao consumidor de que o serviço será desligado em virtude de inadimplemento, bem como do dia a partir do qual será realizado o desligamento, necessariamente durante horário comercial. (incluído pela Lei nº 14.015/2020)".

O parágrafo único do art. 5º, incluído pela Lei nº 14.015/2020, estabelece que a taxa de religação de serviços **não** será devida se houver descumprimento da exigência de notificação prévia ao consumidor prevista no inciso XVI do caput do referido artigo, o que ensejará a aplicação de multa à concessionária, conforme regulamentação.

G) estabelece como **direitos básicos dos usuários** (art. 6º): "**I** – participação no acompanhamento da prestação e na avaliação dos serviços; **II** – obtenção e utilização dos serviços com liberdade de escolha entre os meios oferecidos e sem discriminação; **III** – acesso e obtenção de informações relativas à sua pessoa constantes de registros ou bancos de dados, observado o disposto no inciso X do caput do art. 5º da Constituição Federal e na Lei nº 12.527, de 18 de novembro de 2011; **IV** – proteção de suas informações pessoais, nos termos da Lei nº 12.527, de 18 de novembro de 2011; **V** – atuação integrada e sistêmica na expedição de atestados, certidões e documentos comprobatórios de regularidade; **VI** – obtenção de informações precisas e de fácil acesso nos locais de prestação do serviço, assim como sua disponibilização na internet, especialmente sobre: a) horário de funcionamento das unidades administrativas; b) serviços prestados pelo órgão ou entidade, sua localização exata e a indicação do setor responsável pelo atendimento ao público; c) acesso ao agente público ou ao órgão encarregado de receber manifestações; d) situação da tramitação dos processos administrativos em que figure como interessado; e e) valor das taxas e tarifas cobradas pela prestação dos serviços, contendo informações para a compreensão exata da extensão do serviço prestado e VII - comunicação prévia da suspensão da prestação de serviço. (incluído pela Lei nº 14.015/2020)".

O parágrafo único do art. 6º, incluído pela Lei nº 14.015/2020, estabelece ser vedada a suspensão da prestação de serviço em virtude de inadimplemento por parte do usuário que se inicie na sexta-feira, no sábado ou no domingo, bem como em feriado ou no dia anterior a feriado.

H) determina que os órgãos e entidades abrangidos pela lei divulgarão **Carta de Serviços ao Usuário** cujo objetivo é informar o usuário sobre os serviços prestados pelo órgão ou entidade, as formas de acesso a esses serviços e seus compromissos e padrões de qualidade de atendimento ao público. (art. 7º. §1º);

I) a Carta de Serviços ao Usuário deverá trazer informações claras e precisas em relação a cada um dos serviços prestados bem como deverá detalhar os compromissos e padrões de qualidade do atendimento;

J) estabelece como **deveres dos usuários** (art. 8º): "**I** – utilizar adequadamente os serviços, procedendo com urbanidade e boa-fé; **II** – prestar as informações pertinentes ao serviço prestado quando solicitadas; **III** – colaborar para a adequada prestação do serviço; e **IV** – preservar as condições dos bens públicos por meio dos quais lhe são prestados os serviços de que trata esta Lei";

K) para garantir seus direitos, o usuário poderá apresentar manifestações perante a administração pública acerca da prestação de serviços públicos. A manifestação será dirigida à ouvidoria do órgão ou entidade responsável pela execução do serviço e conterá a identificação do requerente;

L) são **atribuições das ouvidorias** (art. 13): "**I** – promover a participação do usuário na administração pública, em cooperação com outras entidades de defesa do usuário; **II** – acompanhar a prestação dos serviços, visando a garantir a sua efetividade; **III** – propor aperfeiçoamentos na prestação dos serviços; **IV** – auxiliar na prevenção e correção dos atos e procedimentos incompatíveis com os princípios estabelecidos nesta Lei; **V** – propor a adoção de medidas para a defesa dos direitos do usuário, em observância às determinações desta Lei; **VI** – receber, analisar e encaminhar às autoridades competentes as manifestações, acompanhando o tratamento e a efetiva conclusão das manifestações de usuário perante órgão ou entidade a que se vincula; e **VII** – promover a adoção de mediação e conciliação entre o usuário e o órgão ou a entidade pública, sem prejuízo de outros órgãos competentes";

M) a participação dos usuários no acompanhamento da prestação e na avaliação dos serviços públicos será feita por meio de **conselhos de usuários**;

N) são atribuições dos conselhos de usuários (órgão consultivos) (art. 18): "**I** – acompanhar a prestação dos serviços; **II** – participar na avaliação dos serviços; **III** – propor melhorias na prestação dos serviços; **IV** – contribuir na definição de diretrizes para o adequado atendimento ao usuário; e **V** – acompanhar e avaliar a atuação do ouvidor;

O) estabelece avaliação continuada dos serviços públicos pelos órgãos e entidades públicos abrangidos pela lei em questão.

> **ATENÇÃO**
>
> *A **Lei nº 13.673/2018** alterou as Leis nºs 8.987/1995, 9.427/1996 e 9.472/1997, para tornar obrigatória a divulgação de tabela com a evolução do valor da tarifa e do preço praticados pelas concessionárias e prestadoras de serviços públicos.*

2. TÓPICO-SÍNTESE

RELAÇÃO JURÍDICA DE CONSUMO	
Elementos da relação de consumo	• **elemento subjetivo** → consumidor e fornecedor; • **elemento objetivo** → produto ou serviço; • **elemento finalístico** → consumidor-destinatário final.
Consumidor	"Toda pessoa física ou jurídica que adquire ou utiliza produto ou serviço como destinatário final" (art. 2º, CDC). Destinatário final duas teorias: • **teoria maximalista** → consumidor é o **destinatário fático** → retira da cadeia produtiva o bem ou serviço para necessidades próprias ou profissionais;: • **teoria finalista/subjetiva** → consumidor é **destinatário fático e econômico** → retira da cadeia produtiva o bem ou serviço para necessidades próprias. • teoria finalista temperada/mitigada/atenuada → posição dominante na jurisprudência do STJ → aplica o CDC quando a pessoa jurídica adquire produto ou serviço no curso do desenvolvimento de uma atividade empresarial. Frise-se que a vulnerabilidade da pessoa jurídica deve ser comprovada no caso concreto

<table>
<tr><td>Pessoa jurídica de direito público</td><td>Dois posicionamentos sobre a pessoa jurídica de direito público ser enquadrada como consumidora:
1ª Posicionamento → prerrogativas do regime jurídico de direito público dispensam à Administração Pública de se socorrer do CDC;
2ª Posicionamento → representado por FABRÍCIO BOLZAN (2018, p. 102) → Administração será considerada consumidora "quando preencher cumulativamente os seguintes requisitos:
• comprovação da vulnerabilidade no caso concreto (que em regra é uma situação excepcional);
• regime jurídico de direito público (que traz inúmeras prerrogativas às entidades administrativas, em especial no tocante à contratação) não for suficiente para dar-lhe guarida nas relações envolvendo aquisição de bens e contratação de serviços".</td></tr>
<tr><td>Consumidor por equiparação</td><td>• coletividade de pessoas, ainda que indetermináveis, que haja intervindo nas relações de consumo;
• todas as vítimas do evento do acidente de consumo bystanders → terceiros estranhos à relação de consumo, mas afetados pelo evento danoso;
• todas as pessoas, determináveis ou não, expostas às práticas comerciais abusivas, ainda que não realizem concretamente o ato de consumo.</td></tr>
<tr><td>Fornecedor</td><td>"Toda pessoa física ou jurídica, pública ou privada, nacional ou estrangeira, bem como os entes despersonalizados, que desenvolvem atividade de produção, montagem, criação, construção, transformação, importação, exportação, distribuição ou comercialização de produtos ou prestação de serviços" (art. 3º, CDC).
Classificação:
• fornecedor real: participa do processo de fabricação ou produção do produto acabado, de parte componente, inclusive a matéria-prima. É o caso do fabricante, produtor e construtor;
• fornecedor aparente: embora não tenha participado diretamente do processo produtivo, apresenta-se como tal pela aposição do seu nome, marca ou outro sinal distintivo no produto final;
• fornecedor presumido: adquire ou vende produtos sem identificação de seu fabricante, produtor, importador ou construtor. Geralmente são importadores e comerciantes.</td></tr>
</table>

Fornecedor por equiparação	CLÁUDIA LIMA MARQUES (2022, p.130) → "aquele terceiro na relação de consumo, um terceiro apenas intermediário ou ajudante da relação de consumo principal, mas que atua frente a um consumidor (aquele que tem seus dados cadastrados como mau pagador e não efetuou sequer uma compra) ou a um grupo de consumidores (por exemplo, um grupo formado por uma relação de consumo principal, como a de seguro de vida em grupo organizado pelo empregador e pago por este), como se fornecedor fosse (comunica o registro no banco de dados, comunica que é estipulante no seguro de vida em grupo, etc.)".
Produto	"Qualquer bem, móvel ou imóvel, material ou imaterial" (§ 1º do art. 3º, CDC). Não exige a contraprestação em dinheiro → a **amostra grátis** → CDC. **Classificação:** • **durável** → não se extingue pelo uso, levando certo tempo para se desgastar. Ex.: eletrodoméstico; • **não durável** → extingue-se em um único ato de consumo ou vai-se extinguindo conforme utilizado. Ex.: alimento.
Serviço	"Qualquer atividade fornecida no mercado de consumo, mediante remuneração, inclusive as de natureza bancária, financeira, de crédito e securitária, salvo as decorrentes das relações de caráter trabalhista" (§ 2º do art. 3º, CDC).
Serviço	**Classificação** na lição de RIZZATO NUNES (2011, p. 145): • **durável** → tem continuidade no tempo em razão de um contrato (planos de saúde) ou deixa como resultado um produto (pintura de uma casa); • **não durável** → aquele que se exerce uma vez prestado (serviço de transporte); O serviço deve ser remunerado direta ou indiretamente.
Serviço público	**STJ** → relação de consumo → serviço público remunerado mediante **tarifa ou preço público**; Relação de consumo ≠ relação tributária → impostos, taxas e contribuição de melhoria a título de prestação pecuniária compulsória (art. 3º do CTN).

Capítulo

3

POLÍTICA NACIONAL DE RELAÇÕES DE CONSUMO

Leia a lei:

- *Arts. 4º, 5º, 51, IV, 81 e 82 do CDC; arts. 113, 187 e 422 do CC; arts. 5º, XXXII, 129, III e 170 da CF*

1. OBJETIVOS DA POLÍTICA NACIONAL DE RELAÇÕES DE CONSUMO

A Política Nacional de Relações de Consumo pode ser entendida, conforme lição de LUIZ ANTONIO DE SOUZA e VITOR FREDERICO KÜMPEL (2011, 31), como sendo "o conjunto de ações, iniciativas, planos e estratégias que devem ser implementadas pelo Estado, em conjunto com a coletividade, com o sentido de proteger o consumidor e fomentar o consumo consciente, atendendo ao mandamento constitucional constante do art. 5º, XXXII, da CF."

O art. 4º do CDC estabelece os objetivos da Política Nacional de Relações de Consumo, que são os seguintes:

Objetivos da Política Nacional de Relações de Consumo

- atendimento das necessidades dos consumidores;
- respeito à dignidade, saúde e segurança dos consumidores;
- proteção dos interesses econômicos dos consumidores;
- melhoria da qualidade de vida dos consumidores;
- transparência e harmonia das relações de consumo.

2. PRINCÍPIOS NORTEADORES DO CDC

Para se alcançar os objetivos estabelecidos na Política Nacional de Relações de Consumo devem ser observados os seguintes princípios norteadores do CDC:

2.1. Princípio da transparência (art. 4º, *caput*)

Esse princípio fundamenta o direito à informação, conforme leciona CLAUDIA LIMA MARQUES (2006, p. 594): "transparência significa informação clara e correta sobre o produto a ser vendido, sobre o contrato a ser firmado, significa lealdade e respeito nas relações entre fornecedor e consumidor, mesmo na fase pré-contratual, isto é, na fase negocial dos contratos de consumo".

2.2. Princípio da vulnerabilidade do consumidor (art. 4º, I)

O consumidor é a parte frágil na relação de consumo, uma vez que o fornecedor é o detentor dos meios de produção. Esse desequilíbrio de forças entre consumidor e fornecedor justifica a tutela especial de proteção e defesa do consumidor para garantia de uma adequada igualdade material.

Para CLAUDIA LIMA MARQUES (2022, p. 108), o princípio da vulnerabilidade "trata-se de noção fundamental no microssistema do CDC, que guia e ilumina a aplicação destas normas protetivas e reequilibradoras, à procura do fundamento da igualdade e da justiça equitativa".

Parcela da doutrina analisa a vulnerabilidade do consumidor sob quatro aspectos, a saber:

- **técnica:** o consumidor não detém conhecimento específico ou exato do produto que adquire ou do serviço que contrata;
- **jurídica ou científica:** o consumidor não detém conhecimentos jurídicos para compreender os termos do contrato e suas implicações ou conhecimento de contabilidade e economia para conferir, por exemplo, os juros fixados nos produtos ou serviços;

- **fática ou socioeconômica:** o consumidor não é o detentor de poder econômico no mercado de consumo e sim o fornecedor;
- **informacional:** o consumidor não detém a informação completa e suficiente sobre produtos e serviços ofertados no mercado consumo.

> **ATENÇÃO**
>
> *Vulnerabilidade não se confunde com hipossuficiência!*
>
> *Explica FABRÍCIO BOLZAN (2022, p. 114) a diferença entre eles: "(...) vulnerabilidade é fenômeno de direito material – com presunção absoluta – e a hipossuficiência é fenômeno de direito processual – com presunção relativa. Desta forma, no plano de direito material, todos os consumidores pessoas físicas são considerados vulneráveis, mas na via processual nem todos são hipossuficientes, devendo a fragilidade ser demonstrada no caso concreto. É o que ocorre com a inversão do ônus da prova".*

A presunção de vulnerabilidade do consumidor pessoa física é absoluta, de modo a não necessitar de comprovação do desequilíbrio entre consumidor e fornecedor.

Por sua vez, a vulnerabilidade do consumidor pessoa jurídica deve ser comprovada no caso concreto para que ocorra a aplicação do CDC, mitigando os rigores da teoria finalista e autorizando a equiparação da pessoa jurídica compradora à condição de consumidora, conforme exposto no item 1.1 do capítulo 02 sobre relação jurídica de consumo.

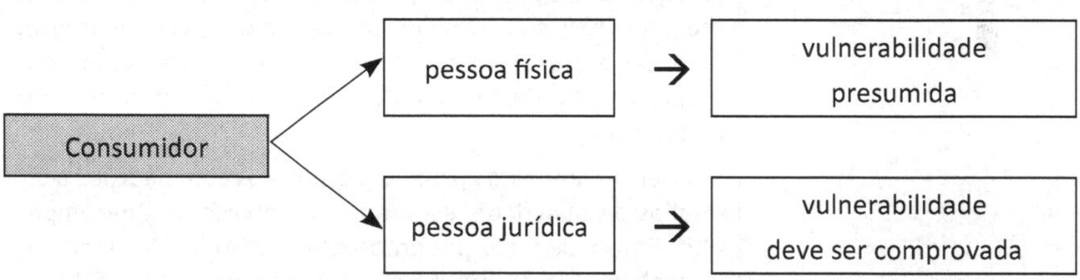

> **ATENÇÃO**
>
> *Ao lado dos consumidores vulneráveis, a doutrina e a jurisprudência também vêm admitindo a figura dos **consumidores hipervulneráveis**, representados pelos idosos, crianças, gestantes, pessoas portadoras de necessidades especiais, enfermos.*
>
> *Nas lições de CLÁUDIA LIMA MARQUES (2022, p. 114), "identifica-se hoje também uma série de leis especiais que regulam as situações de **vulnerabilidade potencializada, especial ou agravada**, de grupos de pessoas (idosos, crianças e adolescentes, índios, estrangeiros, pessoas com necessidades especiais, doentes, etc.), e estes grupos de*

pessoas também atuam como consumidores na sociedade, resultando na chamada hipervulnerabilidade".

2.3. Princípio da intervenção do Estado (art. 4º, II)

Consiste na ação governamental de proteger efetivamente o consumidor, por iniciativa direta, por incentivos à criação e desenvolvimento de associações representativas, pela presença do Estado no mercado de consumo e pela garantia dos produtos e serviços com padrões adequados de qualidade, segurança, durabilidade e desempenho, observados os princípios previstos no art. 170 da CF que norteiam a ordem econômica.

A atuação do Estado pode se dar da seguinte forma:

Iniciativa direta	→	por meio do Programa de Proteção e Defesa do Consumidor PROCON; por meio da atuação do Ministério Público.

Iniciativa indireta	→	➢ por incentivos à criação e desenvolvimento de associações representativas. Como exemplo podemos citar o Instituto Brasileiro de Defesa do Consumidor – IDEC; ➢ pela presença do Estado no mercado de consumo para limitar o poder econômico. Como exemplo podemos citar as agências reguladoras (ANATEL, ANVISA, ANAC, ANEEL, etc.), que têm como finalidade, dentre outras, regular e/ou fiscalizar a prestação de serviços públicos executados por empresas privadas, mediante prévia concessão, permissão ou autorização. ➢ pela garantia dos produtos e serviços com padrões adequados de qualidade, segurança, durabilidade e desempenho. Como exemplo podemos citar o Sistema Nacional de Metrologia, Normalização e Qualidade Industrial – SINMETRO, constituído pelo CONMETRO e INMETRO.

2.4. Princípio da harmonia dos interesses (art. 4º, III)

Consiste em equilibrar a relação de consumo e compatibilizar a proteção do consumidor com a necessidade de desenvolvimento econômico e tecnológico, de modo a viabilizar os princípios nos quais se funda a ordem econômica (art. 170, CF), sempre com base na boa-fé.

2.5. Princípio da boa-fé objetiva (art. 4º, III)

Consiste em uma regra de comportamento na qual as partes devem agir com lealdade, honestidade, cooperação mútua para obterem o justo equilíbrio na relação de consumo e verem atendidos seus legítimos interesses e expectativas decorrentes da relação jurídica firmada.

O princípio da boa-fé objetiva importa em reconhecimento de um direito a cumprir em favor do titular passivo da obrigação.

Nas lições de RIZZATO NUNES (2011, p. 659), "(...) quando se fala em boa-fé objetiva, pensa-se em comportamento fiel, leal. Na atuação de cada uma das partes contratantes a fim de garantir respeito à outra. É um princípio que visa garantir a ação sem abuso, sem obstrução, sem causar lesão a ninguém, cooperando sempre para atingir o fim colimado no contrato, realizando o interesse das partes".

Deve-se fazer presente em todas as fases negociais: pré-contratual, contratual e pós-contratual.

A boa-fé objetiva possui tríplice função, as quais se encontram consagradas no Código Civil de 2002, a saber: interpretativa (art. 113 e §§1º e 2º, incluídos pela Lei nº 13.874/2019), de controle/limitativa (art. 187) e criadora/integrativa (art. 422).

Podemos sintetizar as funções da boa-fé objetiva da seguinte forma:

- **função interpretativa**: é utilizada como parâmetro para orientar o julgador na interpretação dos negócios jurídicos celebrados entre consumidores e fornecedores;
- **função de controle/limitativa**: é utilizada para impor limites ao exercício abusivo do direito subjetivo das partes contratantes quando, por exemplo, reconhece uma conduta ou uma cláusula contratual como sendo abusiva;
- **função criadora/integrativa**: é utilizada para impor novos deveres aos contratantes, chamados de deveres anexos laterais, anexos ou acessórios, que devem ser observados durante o vínculo obrigacional. São deveres anexos o dever de informação, de cooperação ou lealdade e de proteção ou cuidado.

ATENÇÃO

O descumprimento dos deveres anexos de conduta é chamado pela doutrina de violação positiva do contrato ou adimplemento ruim.

POSIÇÃO DO STJ

*O STJ tem admitido em suas decisões o princípio do **duty to mitigate the loss**, que significa o **dever de mitigar o próprio dano** como corolário do princípio da boa-fé. Vejamos a aplicação prática desse princípio:*

"Assim, aplica-se magistério de doutrina de vanguarda e a jurisprudência que têm reconhecido como decorrência da boa- fé objetiva o princípio do duty to mitigate the loss, um dever de mitigar o próprio dano, segundo o qual a parte que invoca violações a um dever legal ou contratual deve proceder a medidas possíveis e razoáveis para limitar seu prejuízo. É consectário direto dos deveres conexos à boa-fé o encargo de que a parte a quem a perda aproveita não se mantenha inerte diante da possibilidade de agravamento desnecessário do próprio dano, na esperança de se ressarcir posteriormente com uma ação indenizatória, comportamento esse que afronta, a toda evidência, os deveres de cooperação e de eticidade. (STJ, REsp 1325862, Min. Relator Luís Felipe Salomão, Quarta Turma, DJe 10/12/2013)

2.6. Princípio do equilíbrio (art. 4º, III)

Consiste no reconhecimento da posição desfavorável do consumidor em razão de sua vulnerabilidade diante do fornecedor e, por isso, pretende alcançar a igualdade real (e não apenas formal) de direitos e deveres no contrato, antes, durante e após a sua execução, para harmonia dos interesses das partes.

Mais do que o cumprimento do contrato, deve ser observada se sua execução, por exemplo, coloca o consumidor em desvantagem exagerada, ou seja, incompatível com a boa-fé ou a equidade (art. 51, IV, CDC).

Sobre a aplicação desse princípio, FELIPE PEIXOTO BRAGA NETTO (2007, p. 35) ressalta: "serão inválidas as disposições que ponham em desequilíbrio a equivalência entre as partes. Se o contrato situa o consumidor em situação inferior, com nítidas desvantagens, tal contrato poderá ter sua validade judicialmente questionada, ou, em sendo possível, ter apenas a cláusula que fere o equilíbrio afastada".

2.7. Princípio da educação e informação (art. 4º, IV)

Consiste na conscientização dos fornecedores e consumidores quanto aos seus direitos e deveres, reduzindo, por consequência, os conflitos entre as partes e contribuindo para a melhora da relação de consumo.

Merecem destaque:

- **Lei nº 12.291/2010**: que tornou obrigatória a manutenção de exemplar do Código de Defesa do Consumidor nos estabelecimentos comerciais e de prestação de serviços;
- **Lei nº 12.741/ 2012**: que estabelece ao fornecedor o dever de informar o consumidor do valor aproximado correspondente à totalidade dos tributos federais, estaduais e municipais, cuja incidência influi na formação dos respectivos preços de venda e
- **Lei nº 13.455/2017**: que estabelece ao fornecedor o dever de informar o consumidor, em local e formato visíveis, eventuais descontos oferecidos em função do prazo ou do instrumento de pagamento utilizado;
- **Lei nº 13.543/2017**: acrescentou o inciso III ao art. 2º da Lei nº 10.962/2004, que dispõe sobre a oferta e as formas de afixação de preços de produtos e serviços para o consumidor, para estabelecer no comércio eletrônico a divulgação ostensiva do preço à vista, junto à imagem do produto ou descrição do serviço, em caracteres facilmente legíveis com tamanho de fonte não inferior a doze;
- **Lei nº 13.486/2017**: alterou o CDC para acrescer o § 2º do art. 8º com a seguinte redação: "O fornecedor deverá higienizar os equipamentos e utensílios utilizados no fornecimento de produtos ou serviços, ou colocados à disposição do consumidor, e informar, de maneira ostensiva e adequada, quando for o caso, sobre o risco de contaminação;

2.8. Princípio de controle de qualidade e segurança e solução de conflitos como mecanismos alternativos (art. 4º, V)

Consiste no incentivo à criação pelos fornecedores de meios eficientes de controle de qualidade e segurança de produtos e serviços como o Serviço de Atendimento ao Consumidor – SAC, assim como de mecanismos alternativos de solução de conflitos de consumo, como por exemplo os Juizados Especiais Cíveis ou a arbitragem.

Merece destaque o **Decreto nº 11.034/2022,** que regulamentou o CDC para estabelecer diretrizes e normas sobre o Serviço de Atendimento ao Consumidor – SAC no âmbito dos fornecedores dos serviços regulados pelo Poder Executivo federal, com vistas a garantir o direito do consumidor à obtenção de informação adequada sobre os serviços contratados e ao tratamento de suas demandas.

2.9. Princípio da coibição e repressão dos abusos (art. 4º, VI)

Esse princípio diz respeito à preocupação do legislador ordinário em coibir e reprimir de forma eficiente todos os abusos praticados no mercado de consumo, inclusive a concorrência desleal e utilização indevida de inventos e criações industriais das marcas e nomes comerciais e signos distintivos, que possam causar prejuízos aos consumidores.

POSIÇÃO DO STJ

Vejamos a aplicação prática desse princípio:

*"4. "A finalidade da proteção ao uso das marcas – garantida pelo disposto no art. 5º, XXIX, da CF/88 e regulamentada pelo art. 129 da LPI – é dupla: por um lado protegê-la contra usurpação, proveito econômico parasitário e o desvio desleal de clientela alheia e, por outro, **evitar que o consumidor seja confundido quanto à procedência do produto (art. 4º, VI, do CDC)".** (REsp 1105422/MG, Rel. Ministra NANCY ANDRIGHI, TERCEIRA TURMA, julgado em 10/05/2011, DJe 18/05/2011) 5. A possibilidade de confusão ou associação entre as marcas fica nítida no caso, pois, como é notório e as próprias embalagens dos produtos da marca "CHEE.TOS" e "CHEESE.KI.TOS" reproduzidas no corpo do acórdão recorrido demonstram, o público consumidor alvo do produto assinalado pelas marcas titularizadas pelas sociedades empresárias em **litígio são as crianças, que têm inegável maior vulnerabilidade, por isso denominadas pela doutrina – o que encontra supedâneo na inteligência do 37, § 2º, do Código de Defesa do Consumidor – como consumidores hipervulneráveis".** (STJ, REsp 1188105, Min. Relator Luís Felipe Salomão, Quarta Turma, DJe 12/04/2014)*

2.10. Princípio da racionalização e melhoria dos serviços públicos (art. 4º, VII)

Consiste no dever do Estado de racionalizar e melhorar os serviços públicos prestados, tais como água, energia elétrica, telefonia, gás, etc.

2.11. Princípio do estudo constante das modificações do mercado de consumo (art. 4º, VIII)

Consiste na avaliação permanente do mercado de consumo e suas alterações para que a lei consumerista esteja sempre atual e acompanhe a evolução social.

Merece destaque o Decreto 7.962, de 15 de março de 2013, que regulamentou o CDC para dispor sobre a contratação no comércio eletrônico, tão comum nos dias atuais.

2.12. Princípio do fomento de ações direcionadas à educação financeira e ambiental dos consumidores (art. 4º, IX)

Esse princípio foi incluído pela Lei nº 14.181, de 1º de julho de 2021, para aperfeiçoar a disciplina de crédito ao consumidor.

CLAUDIA LIMA MARQUES (2022, p. 481) esclarece que esse princípio está relacionado ao uso consciente do crédito e ao consumo sustentável.

2.13. Princípio de prevenção e tratamento do superendividamento como forma de evitar a exclusão social do consumidor (art. 4º, X)

Esse princípio foi incluído pela Lei nº 14.181, de 1º de julho de 2021, para aperfeiçoar a disciplina de crédito ao consumidor.

Sobre a aplicação desse princípio, CLAUDIA LIMA MARQUES (2022, p. 67) ressalta: "a atualização do CDC em matéria de superendividamento tem como base a boa-fé e o dever de cooperar, seja para preservar a ruína, seja para repactuar e permitir a reinclusão do consumidor superendividado na sociedade de consumo."

3. EXECUÇÃO DA POLÍTICA NACIONAL DAS RELAÇÕES DE CONSUMO

O Poder Público contará com os seguintes instrumentos, entre outros, para a implementação de políticas de proteção ao consumidor (art. 5º, CDC):

- manutenção de assistência jurídica, integral e gratuita para o consumidor carente, que garante ao hipossuficiente o efetivo acesso ao Poder Judiciário;
- instituição de Promotorias de Justiça de Defesa do Consumidor, no âmbito do Ministério Público, uma vez que entre as atribuições institucionais do Ministério Público está a proteção de direitos e interesses difusos, coletivos e individuais homogêneos (art. 129, inciso III, CF e arts. 81 e 82, CDC);
- criação de delegacias de polícia especializadas no atendimento de consumidores vítimas de infrações penais de consumo;
- criação de Juizados Especiais de Pequenas Causas e Varas Especializadas para a solução de litígios de consumo;
- concessão de estímulos à criação e desenvolvimento das Associações de Defesa do Consumidor;
- instituição de mecanismos de prevenção e tratamento extrajudicial e judicial do superendividamento e de proteção do consumidor pessoa natural, incluído pela Lei nº 14.181, de 1º de julho de 2021;
- instituição de núcleos de conciliação e mediação de conflitos oriundos de superendividamento, incluído pela Lei nº 14.181, de 1º de julho de 2021.

4. TÓPICO-SÍNTESE

POLÍTICA NACIONAL DE RELAÇÕES DE CONSUMO	
Objetivos	• atendimento das necessidades dos consumidores; • respeito à dignidade, saúde e segurança dos consumidores; • proteção dos interesses econômicos dos consumidores; • melhoria da qualidade de vida dos consumidores; • transparência e harmonia das relações de consumo.

Princípios	• Princípio da vulnerabilidade • Princípio da intervenção do Estado • Princípio da harmonia dos interesses • Princípio da boa-fé objetiva • Princípio do equilíbrio • Princípio da educação e informação • Princípio de controle de qualidade e segurança e solução de conflitos • Princípio da coibição e repressão dos abusos • Princípio da racionalização dos serviços públicos • Princípio do estudo das modificações do mercado de consumo • Princípio do fomento de ações direcionadas à educação financeira e ambiental dos consumidores • Princípio de prevenção e tratamento do superendividamento como forma de evitar a exclusão social do consumidor.
Execução da Política Nacional de Relações de Consumo	O Poder Público contará com os seguintes instrumentos, entre outros, para a implementação de políticas de proteção ao consumidor: • manutenção de assistência jurídica, integral e gratuita para o consumidor carente; • instituição de Promotorias de Justiça de Defesa do Consumidor, no âmbito do Ministério Público, • criação de delegacias de polícias especializadas no atendimento de consumidores vítimas de infrações penais de consumo; • criação de Juizados Especiais de Pequenas Causas e Varas Especializadas para a solução de litígios de consumo; • concessão de estímulos à criação e desenvolvimento das Associações de Defesa do Consumidor; • instituição de mecanismos de prevenção e tratamento extrajudicial e judicial do superendividamento e de proteção do consumidor pessoa natural; • instituição de núcleos de conciliação e mediação de conflitos oriundos de superendividamento.

Capítulo

4

DIREITOS BÁSICOS DO CONSUMIDOR

Leia a lei:

- *Arts. 6º a 10º, 12, § 3º, 14, § 3º e 38 do CDC; arts. 157 e 478 do CC*

1. OS DIREITOS BÁSICOS DO CONSUMIDOR PREVISTOS NO CDC

O art. 6º do CDC contempla os direitos básicos do consumidor, os quais deverão ser respeitados na relação jurídica de consumo. São eles:

Direitos básicos do consumidor:

- proteção da vida, saúde e segurança;
- educação, divulgação sobre o consumo, liberdade de escolha e igualdade nas contratações;
- informação;
- proteção contra práticas abusivas;
- modificação ou revisão de cláusulas contratuais desproporcionais;
- efetiva prevenção e reparação de danos;
- acesso à ordem jurídica;
- facilitação da defesa dos direitos;
- serviço público adequado e eficaz;
- garantia de práticas de crédito responsável, educação financeira, prevenção e tratamento do superendividamento;
- preservação do mínimo existencial na concessão do crédito e na repactuação das dívidas;
- informação por unidade de medida.

O rol dos direitos básicos do consumidor enumerado no art. 6º é exemplificativo *(numerus apertus)*.

O art. 7º estabelece que há outros direitos que tutelam o consumidor decorrentes de tratados ou convenções internacionais de que o Brasil seja signatário, da legislação interna ordinária, de regulamentos expedidos pelas autoridades administrativas competentes, bem como dos que derivem dos princípios gerais do direito, analogia, costumes e equidade.

Cuidaremos a seguir dos direitos básicos do consumidor previstos no art. 6º do CDC.

1.1. Direito à proteção da vida, saúde e segurança

O art. 6º, I, do CDC assegura ao consumidor "proteção da vida, saúde e segurança contra os riscos provocados por práticas no fornecimento de produtos e serviços considerados perigosos ou nocivos".

A proteção do consumidor ocorre não apenas quando houver danos efetivos a sua incolumidade física, mas também quando exposto aos riscos decorrentes das práticas comerciais (arts. 8º, 9º e 10 do CDC).

Os riscos dos produtos ou serviços podem ser compreendidos da seguinte forma: a) normais ou previsíveis; b) potencialmente nocivo ou perigoso; e c) de alto grau de nocividade ou periculosidade. Trataremos de cada um deles a seguir.

O fornecedor deve ofertar no mercado de consumo produtos ou serviços que não acarretem riscos à saúde ou segurança dos consumidores, com exceção daqueles **riscos considerados normais e previsíveis** em decorrência de sua natureza e fruição, ficando o fornecedor obrigado, em qualquer hipótese, a dar as informações necessárias e adequadas a seu respeito.

RIZZATO NUNES (2011, p. 199) esclarece que o risco considerado normal e previsível é aquele que se tem dentro da expectativa-padrão do consumidor no mercado. O liquidificador, por exemplo, apresenta risco previsível, já que não se pode colocar a mão dentro do copo com o aparelho ligado. Conclui o doutrinador: "trata-se de expectativa regular do consumidor, que detém o conhecimento sobre o regular uso daquele produto".

ATENÇÃO

*A **periculosidade inerente**, isto é, aquela que é própria do produto, não se confunde com a **periculosidade adquirida**, cujo perigo existe porque o produto ou serviço apresenta algum defeito. O defeito pode ser de fabricação, de concepção (projeto) e de comercialização.*

*No caso de **produtos industrializados**, o **FABRICANTE deve prestar as informações** necessárias e adequadas através de impressos apropriados que devam acompanhar o produto (art. 8º, § 1º, CDC).*

Lembre-se que fornecedor é gênero, do qual são espécies o produtor, montador, criador, construtor, transformador, importador, exportador, distribuidor, comerciante e prestador de serviços.

Assim, é o fabricante (espécie) que deve prestar as informações no caso de produto industrializado e não o fornecedor (gênero).

Quando se tratar de **risco potencialmente nocivo ou perigoso** à saúde ou segurança do consumidor, o fornecedor deverá informar, de maneira ostensiva e adequada a respeito da sua nocividade ou periculosidade, sem prejuízo da adoção de outras medidas cabíveis em cada caso concreto (art. 9º, CDC).

A informação deve ser ostensiva e adequada para chamar a atenção do consumidor com relação à nocividade ou periculosidade do produto ou serviço. A informação pode vir acompanhada de símbolos, alertas e com destaque para proteger o consumidor.

A doutrina cita como exemplos o fornecimento de bebidas alcoólicas, fumo, agrotóxico, fogos de artifício.

E o produto ou serviço que apresente **alto grau de nocividade ou periculosidade** não deve ser colocado no mercado de consumo pelo fornecedor (art. 10, CDC).

Se o fornecedor, posteriormente à introdução do produto ou serviço no mercado de consumo, tiver conhecimento da periculosidade que apresente, deverá comunicar o fato imediatamente às autoridades competentes e aos consumidores mediante anúncios publicitários (imprensa, rádio, televisão, mídias digitais), prática essa conhecida como recall (chamar de volta), para a retirada do produto ou serviço do mercado, evitando ou tentando evitar, assim, danos ao consumidor.

Nesta hipótese, a informação adequada acerca do problema aos consumidores não produz efeito significativo na mitigação dos riscos. Assim, se o consumidor sofrer dano, o fornecedor deverá indenizá-lo.

Frise-se: o recall efetuado pelo fornecedor não afasta a sua obrigação de reparar o consumidor na hipótese de dano decorrente do defeito do produto.

A União, os Estados, o Distrito Federal e os Municípios sempre que tiverem conhecimento de periculosidade de produtos ou serviços à saúde ou segurança dos consumidores deverão informá-los.

Esquematicamente os riscos dos produtos ou serviços podem ser compreendidos da seguinte forma:

Periculosidade previsível	→	informação necessária e adequada
Periculosidade potencial	→	informação ostensiva e adequada, sem prejuízo de outras medidas.
Periculosidade de alto grau	→	produto ou serviço não deve ser colocado no mercado de consumo.

Importa destacar que se ocorrer um acidente de consumo por culpa exclusiva do consumidor, o fornecedor se eximirá de responder pelos danos experimentados pelo consumidor.

No entanto, se o acidente de consumo ocorrer em razão da inobservância pelo fornecedor do princípio da informação, isto é, se o fornecedor não prestar as informações de forma adequada com relação aos riscos e nocividade do produto ou serviço e, em razão dessa desinformação o consumidor sofrer danos, o fornecedor será responsabilizado.

1.2. Direito à educação, divulgação sobre o consumo, liberdade de escolha e igualdade nas contratações

O art. 6º, II, do CDC prevê como direito básico do consumidor "a educação e divulgação sobre o consumo adequado dos produtos e serviços, asseguradas a liberdade de escolha e a igualdade nas contratações".

Doutrinadores como FABRÍCIO BOLZAN (2018, p. 275) e SERGIO CAVALIERI FILHO (2011, p. 94) interpretam esse direito básico do consumidor da seguinte forma: a educação e divulgação sobre o consumo aumentam o conhecimento e a informação que o consumidor tem a respeito do produto ou serviço, o que lhe permite melhor reflexão e análise da oportunidade e conveniência da contratação, o que, sem dúvida, representa a liberdade de escolha do consumidor e, consequentemente, concretiza a igualdade material entre consumidor e fornecedor na relação de consumo.

FLAVIO TARTUCE (2014, p. 53) cita o princípio da **equivalência negocial** para se referir ao compromisso estabelecido no CDC de garantir tratamento igual a todos os consumidores, consagrada a igualdade nas contratações. Entende existir um contato direto entre o princípio da equivalência negocial e a boa-fé objetiva, "havendo uma exigência de condutas de lealdade por parte dos profissionais da relação de consumo, que deverão, de maneira igualitária, fornecer condições iguais nas fases pré-contratual, contratual e pós-contratual do negócio jurídico".

1.3. Direito à informação

O art. 6º, III, do CDC assegura ao consumidor "a informação adequada e clara sobre os diferentes produtos e serviços, com especificação correta de quantidade, características, composição, qualidade, tributos incidentes e preço, bem como sobre os riscos que apresentem".

O parágrafo único do art. 6º do CDC estabelece que a **informação** deve ser **acessível à pessoa com deficiência**, observado o disposto em regulamento, isto é, a informação será disponibilizada de modo a respeitar a deficiência do consumidor.

ATENÇÃO

O inciso III do art. 6º do CDC ganhou nova redação com o advento da Lei nº 12.741, de 08 de dezembro de 2012, que dispôs sobre a obrigatoriedade, em todo território nacional, de se informar ao consumidor o valor aproximado correspondente à totalidade dos tributos federais, estaduais e municipais nos documentos fiscais emitidos por ocasião da venda de mercadorias e serviços.

Essa regra vale para os seguintes tributos: ICMS, ISS, IPI, IOF, PIS/PASEP, Cofins e CIDE.

Não se aplica ao IR e CSLL!!

A informação deve ser adequada, isto é, completa e também clara, isto é, fácil, de simples compreensão pelo consumidor. Deve se fazer presente em todas as fases negociais da relação jurídica de consumo: pré-contratual, contratual e pós-contratual.

POSIÇÃO DO STJ

No entendimento do STJ, "o direito à informação confere ao consumidor uma escolha consciente, permitindo que suas expectativas em relação ao produto ou serviço sejam de fato atingidas, manifestando o que vem sendo denominado de ***consentimento informado ou vontade qualificada****. Diante disso, o comando legal somente será efetivamente cumprido quando a informação for prestada de maneira adequada, assim entendida aquela que se apresenta simultaneamente completa, gratuita e útil, vedada, no último caso, a diluição da comunicação relevante pelo uso de informações soltas, redundantes ou destituídas de qualquer serventia." (REsp 1.364.915-MG, DJ 14/05/2013 – Informativo 524)*

Consentimento informado ou vontade qualificada (STJ)	→	escolha consciente do consumidor a fim de que suas expectativas em relação à contratação sejam atendidas.

O STJ, em observância ao direito à informação, posicionou-se sobre os dizeres "contém glúten" ou "não contém glúten" contidas nas embalagens de alimentos industrializados e os prejuízos à saúde dos doentes celíacos da seguinte forma: "O fornecedor de alimentos deve complementar a informação-conteúdo "contém glúten" com a informação-advertência de que o glúten é prejudicial à saúde dos consumidores com doença celíaca". Segundo entendimento do STJ, "Ao cuidar da oferta nas práticas comerciais, o CDC traz, em seu art. 31, pelo menos quatro categoriais de informação, intimamente relacionadas: **i) informação-conteúdo** – correspondente às características intrínsecas do produto ou serviço; **ii) informação-utilização** – relativa às instruções para o uso do produto ou serviço; **iii) informação-preço** – atinente ao custo, formas e condições de pagamento; e **iv) informação-advertência** – relacionada aos riscos do produto ou serviço. Perante as exigências do art. 37, §§ 1º e 3º do CDC, a expressão "contém glúten" é uma informação-conteúdo e como tal, é omissa e incompleta, devendo ser complementada por uma informação-advertência". (EREsp 1.515.895-MS, DJe 27/09/2017)

1.4. Direito à proteção contra práticas abusivas

O art. 6º, IV, do CDC assegura ao consumidor "a proteção contra a publicidade enganosa e abusiva, métodos comerciais coercitivos ou desleais, bem como contra práticas e cláusulas abusivas ou impostas no fornecimento de produtos e serviços".

Esse dispositivo protege o consumidor das práticas abusivas inseridas no mercado de consumo seja através de publicidade, de práticas comerciais ou cláusulas contratuais.

Nesse contexto, RIZZATO NUNES (2011, p. 184) definiu o abuso do direito como "o resultado do excesso de exercício de um direito, capaz de causar dano a outrem".

A publicidade nas relações de consumo foi tratada no Capítulo V do CDC, que cuida das práticas comerciais, na Seção III, arts. 36 a 38.

De igual modo o CDC dedicou o Capítulo VI para a proteção contratual, tratando das cláusulas abusivas na Seção II, arts. 51 a 53 e dos contratos de adesão na Seção III, art. 54.

Esses temas serão oportunamente trabalhados em capítulos próprios.

1.5. Direito à modificação ou revisão de cláusulas contratuais que estabeleçam prestações desproporcionais ou excessivamente onerosas

O art. 6º, V, do CDC assegura ao consumidor "a modificação das cláusulas contratuais que estabeleçam prestações desproporcionais ou sua revisão em razão de fatos supervenientes que as tornem excessivamente onerosas", como forma de conservar o contrato de consumo.

Esse dispositivo legal deve ser analisado em duas partes:

- 1ª parte: instituto da lesão;
- 2ª parte: onerosidade excessiva.

1.5.1. Instituto da lesão

A primeira parte do inciso V do art. 6º do CDC assegura ao consumidor à modificação das cláusulas contratuais que estabeleçam prestações desproporcionais no momento da formação do contrato, caracterizando o instituto da lesão devido à vulnerabilidade do consumidor na relação de consumo.

Para configuração da lesão no CDC é suficiente apenas o elemento objetivo, qual seja, a prestação desproporcional. E para o contrato ser preservado, o CDC prevê a possibilidade de modificação dessa cláusula que estabelece a prestação desproporcional.

Importa destacar que não se confunde com o instituto da **lesão** previsto no art. 157 do CC.

O art. 157 do CC dispõe que: "Ocorre a lesão quando uma pessoa, sob premente necessidade, ou por inexperiência, se obriga a prestação manifestamente desproporcional ao valor da prestação oposta".

Para configuração da lesão no CC, além do elemento objetivo, qual seja, a prestação desproporcional, a legislação civil prevê também o elemento subjetivo consubstanciado na premente necessidade ou inexperiência de uma das partes contratantes.

E, diferentemente do que preceitua o CDC, o CC considera a lesão um vício do consentimento, que torna anulável o contrato se não for oferecido suplemento suficiente ou se a parte favorecida não concordar com a redução do proveito.

A parte lesada pode optar pela anulação do contrato ou pela sua revisão quando a outra parte contratante-favorecida oferecer suplemento suficiente ou concordar com a redução do proveito.

Esquematicamente a diferença entre eles pode ser assim apresentada:

Lesão (implícita) CDC Art. 6º, V	→	**Elemento objetivo**: prestações desproporcionais **Elemento subjetivo**: dispensável Assegura a modificação da cláusula para preservar o contrato.

Lesão (expressa) CC Art. 157	→	**Elemento objetivo**: prestações desproporcionais **Elemento subjetivo**: premente necessidade ou inexperiência Defeito do negócio jurídico passível de anulabilidade.

1.5.2. Onerosidade excessiva

A segunda parte do inciso V do art. 6º do CDC assegura ao consumidor à revisão das cláusulas contratuais em razão de fatos supervenientes que as tornem excessivamente onerosas.

O **CDC** adotou a **teoria da base objetiva do negócio jurídico**, que dispensa a imprevisibilidade do fato para revisão do contrato.

A **teoria da base objetiva do negócio jurídico** é aquela que não exige que o evento seja imprevisível para a revisão do contrato, importando saber se o fato superveniente alterou objetivamente as bases nas quais as partes contrataram, de modo a modificar o ambiente econômico inicialmente existente (LEONARDO DE MEDEIROS GARCIA, 2014, p. 69).

Não se confunde com a **teoria da imprevisão** adotada pelo **CC**, art. 478!!

O art. 478 do CC dispõe: "Nos contratos de execução continuada ou diferida, se a prestação de uma das partes se tornar excessivamente onerosa, com extrema vantagem para a outra, em virtude de acontecimentos extraordinários e imprevisíveis, poderá o devedor pedir a resolução do contrato. Os efeitos da sentença que a decretar retroagirão à data da citação".

ATENÇÃO

O CDC não adotou a teoria da imprevisão e sim a teoria da base objetiva do negócio jurídico!

Esquematicamente podemos apresentar a diferença entre a teoria da base objetiva do negócio jurídico adotada pelo CDC e a teoria da imprevisão regulada pelo CC da seguinte forma:

Teoria da base objetiva do negócio jurídico	→	– adotada pelo CDC; – fato superveniente, previsível ou imprevisível, que torne a prestação excessivamente onerosa ao consumidor; – independe de extrema vantagem ao fornecedor; – revisão do contrato.
Teoria da imprevisão	→	– adotada pelo CC; – fato imprevisível e extraordinário que torne a prestação excessivamente onerosa à parte contratante; – exige extrema vantagem ao credor; – resolução do contrato.

POSIÇÃO DO STJ

Para o STJ basta a demonstração objetiva da excessiva onerosidade em desfavor do consumidor, sendo dispensada a prova do caráter imprevisível do fato superveniente.

"Pela leitura do art. 6°, V, do CDC, basta a superveniência de fato que determine desequilíbrio na relação contratual diferida ou continuada para que seja possível a postulação de sua revisão ou resolução, em virtude da incidência da teoria da base objetiva. O requisito de o fato não ser previsível nem extraordinário não é exigido para a teoria da base objetiva, mas tão somente a modificação nas circunstâncias indispensáveis que existiam no momento da celebração do negócio, ensejando onerosidade ou desproporção para uma das partes. Com efeito, a teoria da base objetiva tem por pressuposto a premissa de que a celebração de um contrato ocorre mediante consideração de determinadas circunstâncias, as quais, se modificadas no curso da relação contratual, determinam, por sua vez, consequências diversas daquelas inicialmente estabelecidas, com repercussão direta no equilíbrio das obrigações pactuadas". (REsp 1.321.614-SP, DJ 103/03/2015 – Informativo 556)

Nesse sentido são as lições de FLÁVIO TARTUCE (2014, p. 257): "Não restam dúvidas de que a revisão contratual tratada pelo Código de Defesa do Consumidor é facilitada justamente por não exigir o *fator imprevisibilidade*, bastando que o desequilíbrio negocial ou a onerosidade excessiva decorra de um fato superveniente, ou seja, um fato novo não existente quando da contratação original".

RIZZATO NUNES (2011, p. 655) também esclarece que: "Para que se faça a revisão do contrato, basta que após ter sido firmado surjam fatos que o tornem excessivamente oneroso. Não se pergunta, nem interessa saber, se na data de seu fechamento as partes podiam ou não prever os acontecimentos futuros. Basta ter havido alteração substancial capaz de tornar o contrato excessivo para o consumidor".

1.6. Direito à efetiva prevenção e reparação de danos

O art. 6º, VI, do CDC assegura ao consumidor "a efetiva prevenção e reparação de danos patrimoniais e morais, individuais, coletivos e difusos".

O direito à efetiva prevenção do dano garante ao consumidor que o fornecedor adote providências a fim de evitar a concretização de qualquer prejuízo que a ele possa ser causado pelo serviço ou produto ofertado no mercado de consumo.

Uma dessas providências é o procedimento conhecido como *recall*, definido por JOSÉ GERALDO BRITO FILOMENO (2007, p. 148) como "aquele pelo qual o próprio fabricante de produtos de consumo duráveis conclama seus consumidores a comparecerem geralmente às agências concessionárias, de modo a trocarem peças defeituosas".

O consumidor faz jus à reparação integral do dano patrimonial e moral.

1.6.1 Dano material

Com relação aos danos patrimoniais, o consumidor será reparado integralmente pelos danos emergentes (o que efetivamente perdeu) e pelos lucros cessantes (o que deixou de lucrar), não se admitindo qualquer tipo de tarifação, tabelamento, valores fixos previstos em lei, contrato, jurisprudência, etc., para limitar o valor da indenização.

Nesse sentido o julgado do STJ: *"Em contrato de penhor firmado por consumidor com instituição financeira, é nula a cláusula que limite o valor da indenização na hipótese de eventual furto, roubo ou extravio do bem empenhado (...)". (REsp 1.155.395-PR, DJe 1º/10/2013 - Informativo 529)*

1.6.2 Dano moral

Com relação aos danos morais, o consumidor é tutelado em seus bens personalíssimos.

Sobre tema, a orientação adotada pela jurisprudência do STJ é a de que "a recusa indevida de cobertura, pela operadora de plano de saúde, nos casos de urgência ou emergência, enseja reparação a título de dano moral, em razão do agravamento ou aflição psicológica ao beneficiário, ante a situação vulnerável em que se encontra" (AgInt no AgInt no REsp 1.804.520-SP, Quarta Turma, DJe de 02/04/2020). O CDC estabelece a responsabilidade solidária daqueles que participam da introdução do serviço no mercado por eventuais prejuízos causados ao consumidor (art. 7º, parágrafo único e art. 14). Desse modo, no caso, existe responsabilidade solidária entre a operadora de plano de saúde e o hospital conveniado, pela reparação dos prejuízos sofridos em decorrência da má prestação dos serviços, configurada, na espécie, pela negativa indevida de cobertura e não realização do atendimento médico-hospitalar de urgência de que necessitava a beneficiária" (REsp 1.947.757-RJ - DJe 11/03/2022 - Informativo n. 728).

Pergunta-se: Para configurar dano moral basta encontrar corpo estranho em alimento industrializado ou é necessária sua ingestão?

Resposta: "A simples comercialização de alimento industrializado contendo corpo estranho é suficiente para configuração do dano moral."

"A jurisprudência do STJ está consolidada no sentido de que há dano moral na hipótese em que o produto de gênero alimentício é consumido, ainda que parcialmente, em condições impróprias. Além disso, **a aquisição de produto de gênero alimentício contendo em seu interior corpo estranho, expondo o consumidor a risco concreto de lesão à sua saúde e segurança, ainda que não ocorra a ingestão de seu conteúdo, também dá direito à compensação por dano moral**, dada a ofensa ao direito fundamental à alimentação adequada, corolário do princípio da dignidade da pessoa humana. No caso, a simples comercialização de produto contendo corpo estranho possui as mesmas consequências negativas à saúde e à integridade física do consumidor que sua ingestão propriamente dita." (REsp 1.828.026-SP, DJe 12/09/2019– Informativo. 656).

No mesmo sentido: "na hipótese analisada, há a peculiaridade de não ter havido ingestão, ainda que parcial, do produto contaminado, visto que, conforme estabelecido no acórdão recorrido, o corpo estranho – um anel indevidamente contido em uma bolacha recheada

– esteve prestes a ser engolido por criança de 8 anos, sendo cuspido no último instante. (...) o que aconteceu no caso em tela, pois o corpo estranho contido no recheio de um biscoito expôs o consumidor a risco, na medida em que, levando-o à boca por estar encoberto pelo produto adquirido, sujeitou-se à ocorrência de diversos tipos de dano, seja à sua saúde física, seja à sua integridade psíquica. O consumidor foi, portanto, exposto a grave risco, o que torna ipso facto defeituoso o produto. (...) inafastável é o dever do fornecedor de reparar também o dano extrapatrimonial causado ao consumidor, fruto da exposição de sua saúde e segurança à risco concreto." (REsp 1.644.405-RS, DJe 17/11/2017 – Informativo 616).

POSIÇÃO DO STJ

"(...) 2. Embora o mero inadimplemento, geralmente, não seja causa para ocorrência de danos morais, ***a jurisprudência do STJ vem reconhecendo o abalo aos direitos da personalidade advindos da recusa indevida e ilegal de cobertura securitária, na medida em que a conduta agrava a já existente situação de aflição psicológica e de angústia no espírito do segurado.*** *3. A recusa indevida e abusiva de cobertura médica essencial à cura de enfermidade coberta por plano de saúde contratado caracteriza o dano moral, pois há frustração da justa e legítima expectativa do consumidor de obter o tratamento correto à doença que o acomete. 4. Existem situações, todavia, em que a recusa não é indevida e abusiva, sendo possível afastar a presunção de dano moral, pois* ***dúvida razoável na interpretação do contrato não configura conduta ilícita capaz de ensejar indenização****. 5. O critério distintivo entre uma e outra hipótese é a eventualidade de a negativa da seguradora pautar-se nos deveres laterais decorrentes da boa-fé objetiva, a qual impõe um padrão de conduta a ambos os contratantes no sentido da recíproca colaboração, notadamente, com a prestação das informações necessárias ao aclaramento dos direitos entabulados no pacto e com a atuação em conformidade com a confiança depositada. 6. In casu, o tratamento para a doença (neoplasia) por meio de radioterapia teria sido previsto no contrato, e a negativa de cobertura teria sido justificada pelo fato de o método específico de tratamento não estar previsto na lista de procedimentos da Agência Nacional de Saúde. Como a negativa de cobertura não estava expressa e destacada no contrato e como o tratamento seria necessário e indispensável à melhora da saúde, a recusa ao custeio do tratamento mostra-se injusta e decorrente de abuso, violando a justa expectativa da parte, o que revela a existência de dano moral a ser indenizado." (REsp 1651289 / SP, DJe 05/05/2017)*

POSIÇÃO DO STJ

No tocante à responsabilidade civil do transportador aéreo internacional, a orientação jurisprudencial do STF é no sentido de prevalência das convenções internacionais sobre o CDC ***APENAS*** *com relação às pretensões de indenização por danos materiais. Para a reparação de danos morais, aplica-se o CDC.*

De acordo com o entendimento sumulado do STJ, é possível cumular as indenizações por dano moral e dano material oriundos do mesmo fato e também cumular as indenizações por dano moral e dano estético.

POSIÇÃO DO STJ

"(...). Cabe ressaltar que o dano moral não mais se restringe à dor, à tristeza e ao sofrimento, estendendo sua tutela a todos os bens personalíssimos. Em outras palavras, não é a dor, ainda que se tome esse termo no sentido mais amplo, mas sua origem advinda de um dano injusto que comprova a existência de um prejuízo moral ou imaterial indenizável (...)." (REsp 1.424.304-SP, DJ 11/03/2014 – Informativo 537)."

Súmula 37: "São cumuláveis as indenizações por dano material e dano moral oriundos do mesmo fato".

Súmula 387: "É lícita a cumulação das indenizações de dano estético e dano moral".

Súmula 227: "A pessoa jurídica pode sofrer dano moral".

1.6.3 Dano moral coletivo

Nas lições de FLAVIO TARTUCE (2014, p. 56), o CDC admite expressamente o dano moral coletivo, entendido este como "modalidade de dano que atinge, ao mesmo tempo, vários direitos da personalidade, de pessoas determinadas ou determináveis (danos morais somados ou acrescido)".

Ainda segundo o doutrinador, o dano moral coletivo atinge direitos individuais homogêneos e coletivos em sentido estrito, em que as vítimas são determinadas ou determináveis, de modo que as indenizações são para elas destinadas.

Para o STJ, "a exploração de jogo de azar ilegal configura, em si mesma, dano moral coletivo". Prossegue: "no Código de Defesa do Consumidor, a responsabilidade civil é objetiva e solidária. O dano moral coletivo não depende de prova da dor do sofrimento ou do abalo psicológico. Demonstrá-los, embora possível, em tese, na esfera individual, é completamente inviável no campo dos interesses difusos e coletivos, razão pela qual dispensado, principalmente quando incontestável a ilegalidade da atividade econômica ou da prática comercial em questão. Trata-se, portanto, de dano in re ipsa" (REsp 1.567.123-RS, DJe 28/08/2020, Informativo n.678).

ATENÇÃO

Teoria do Desvio Produtivo do Consumidor: *foi inicialmente desenvolvida pelo jurista Marcos Dessaune e tem sido aplicada pelo STJ para o fim de tutelar o tempo útil do consumidor e seu máximo aproveitamento.*

Para o STJ, "a referida teoria seria aplicável sempre que o fornecedor buscar se eximir da sua responsabilidade de sanar os infortúnios criados aos consumidores de forma voluntária, tempestiva e efetiva, levando a parte vulnerável da relação a desperdiçar o seu tempo vital e a desviar de suas atividades existenciais para solucionar o problema que lhe foi imposto." (REsp 2.017.194-SP – DJe 27/10/2022 - Informativo – Ed. Especial n. 9)

Como exemplo extraído de julgado do STJ (REsp 1.737.412,), podemos citar o tempo perdido no atendimento precário de agências bancárias. O nítido intuito de otimizar o lucro em prejuízo da qualidade dos serviços enseja a possibilidade de condenação por danos morais coletivos.

Segundo posicionamento do STJ "(...). A proteção à perda do tempo útil do consumidor deve ser, portanto, realizada sob a vertente coletiva, a qual, por possuir finalidades precípuas de sanção, inibição e reparação indireta, permite seja aplicada a teoria do desvio produtivo do consumidor e a responsabilidade civil pela perda do tempo. No caso, a violação aos deveres de qualidade do atendimento presencial, exigindo do consumidor tempo muito superior aos limites fixados pela legislação municipal pertinente, infringe valores essenciais da sociedade e possui os atributos da gravidade e intolerabilidade, não configurando mera infringência à lei ou ao contrato. (...)." (REsp 1.737.412-SE, DJe 08/02/2019 – Informativo 641).

No mesmo sentido: "(...) a inadequada prestação de serviços bancários, caracterizada pela reiterada existência de caixas eletrônicos inoperantes, sobretudo por falta de numerário, e pelo consequente excesso de espera em filas por tempo superior ao estabelecido em legislação municipal, é apta a caracterizar danos morais coletivos" (REsp 1.929.288-TO - DJe 24/02/2022 - (Informativo n. 726)

O dano difuso ou social atinge vítimas indeterminadas ou indetermináveis, titulares de interesses difusos, de natureza indivisível, de modo que as indenizações devem ser destinadas a um fundo de proteção.

ATENÇÃO

REPARAÇÃO DO DANO POR PERDA DE UMA CHANCE: *já reconhecida pela doutrina e jurisprudência, é caracterizada, segundo ensinamentos de FLAVIO TARTUCE (2014, P. 62) "quando a pessoa vê frustrada uma expectativa, uma oportunidade futura, que, dentro da lógica do razoável, ocorreria se as coisas seguissem o seu curso normal". A chance deve ser séria e real!*

Ex.: perda de chance de cura por tratamento malsucedido escolhido por profissional da saúde, perda de chance de disputa em concurso público em razão de falha no serviço de transporte assumido por curso preparatório para concursos públicos.

***Principal ressalva dessa modalidade de dano apontada pelo doutrinador**: os prejuízos são hipotéticos ou eventuais, sendo que a teoria da responsabilidade civil exige dano presente e efetivo (arts. 403 e 186 do CC). Além disso, pode ser resolvido em sede de danos materiais e morais.*

1.7. Direito ao acesso à ordem jurídica

O art. 6º, VII, do CDC prevê como direito básico do consumidor "o acesso aos órgãos judiciários e administrativos com vistas à prevenção ou reparação de danos patrimoniais e morais, individuais, coletivos ou difusos, assegurada a proteção Jurídica, administrativa e técnica aos necessitados".

Esse dispositivo reforça o direito do consumidor de utilizar as vias judiciais (Juizados Especiais e Varas Especializadas, por exemplo) e administrativas (Procon, por exemplo) para prevenção ou reparação dos danos decorrentes da relação de consumo.

1.8. Direito à facilitação da defesa dos direitos

O art. 6º, VIII, do CDC assegura ao consumidor "a facilitação da defesa de seus direitos, inclusive com a inversão do ônus da prova, a seu favor, no processo civil, quando, a critério do juiz, for verossímil a alegação ou quando for ele hipossuficiente, segundo as regras ordinárias de experiências".

O CDC adotou a **regra da distribuição dinâmica do ônus da prova**, de modo que o juiz pode inverter o ônus da prova quando vislumbrar no caso concreto:

- a verossimilhança da alegação do consumidor, entendida a alegação verossímil como sendo aquela plausível, que pode ser admitida como razoável, aceitável OU
- a hipossuficiência do consumidor, entendida como sendo a dificuldade econômica, técnica, fática do consumidor em produzir as provas dos fatos constitutivos do seu direito. Isso porque o consumidor, não sendo o detentor dos meios de

produção, nem sempre dispõe de condições, conhecimento e informações suficientes sobre o produto ou serviço para fazer prova do seu direito.

inversão do ônus da prova → verossimilhança da alegação

ou

→ hipossuficiência

A inversão do ônus da prova prevista no art. 6º, VIII, do CDC não é automática, fica a critério do juiz, no caso concreto, quando a alegação apresentada pelo consumidor for verossímil ou quando constatada sua hipossuficiência, segundo as regras ordinárias de experiência, conforme tratado anteriormente. É denominada de **inversão ope judicis.**

ATENÇÃO

*O CDC prevê a **inversão ope judicis**, isto é, determinada pelo juiz, no seu art. 6º, VIII.*

*O CDC também prevê a **inversão ope legis**, isto é, determinada pela lei, não dependendo, portanto, de decisão judicial com base nos requisitos da verossimilhança das alegações e hipossuficiência. Nos arts. 12, § 3º, 14, § 3º e 38 do CDC a lei transfere o ônus probatório ao fornecedor.*

inversão *ope judicis* →
- critério do juiz
- art. 6º, VIII do CDC

inversão *ope legis* →
- determinação legal
- arts. 12, § 3º, 14, § 3º e 38 do CDC

O momento processual de inversão do ônus da prova é questão controvertida e debatida pela doutrina e há correntes em todos os sentidos, a saber:

- no despacho de citação;
- na fase de saneamento;

- na sentença;
- depende do caso concreto.

O **STJ** consolidou o entendimento no sentido de que a inversão do ônus da prova prevista no art. 6º, VIII do CDC é regra de instrução e não regra de julgamento, sendo que a decisão que a determinar deve preferencialmente **ocorrer durante o saneamento do processo** ou, quando proferida em momento posterior, garantir a parte a quem incumbia esse ônus a oportunidade de apresentar suas provas.

POSIÇÃO DO STJ

Frise-se: o STJ consolidou o entendimento no sentido de que a inversão do ônus da prova prevista no art. 6º, VIII do CDC é regra de instrução e não regra de julgamento, motivo pelo qual a decisão judicial que a determina deve ocorrer antes da etapa instrutória, ou quando proferida em momento posterior, garantir a parte a quem foi imposto o ônus a oportunidade de apresentar suas provas, sob pena de absoluto cerceamento de defesa. (REsp 1.286.273-SP – DJe 08/06/2021 - Informativo n. 701)

STJ	→	inversão do ônus da prova: preferencialmente na fase de saneamento do processo

ATENÇÃO

O CPC positivou no art. 373, § 1° a denominada técnica de dinamização do ônus probatório ou carga dinâmica da prova, isto é, o ônus da prova recai sobre quem está em melhores condições de esclarecer os fatos. Segundo o dispositivo: "Nos casos previstos em lei ou diante de peculiaridades da causa relacionadas à impossibilidade ou à excessiva dificuldade de cumprir o encargo nos termos do caput ou à maior facilidade de obtenção da prova do fato contrário, poderá o juiz atribuir o ônus da prova de modo diverso, desde que o faça por decisão fundamentada, caso em que deverá dar à parte a oportunidade de se desincumbir do ônus que lhe foi atribuído".

*Importante destacar também que o **CPC** é expresso no art. 357, inciso III, quanto à fase processual em que se deve definir a regra de distribuição do ônus da prova: na **decisão de saneamento**!*

Além da inversão do ônus da prova, podemos citar outros mecanismos de facilitação de defesa dos direitos do consumidor como a previsão de ajuizamento da ação no domicílio do consumidor, a vedação da denunciação da lide, a regra da responsabilidade objetiva do fornecedor, etc.

1.9. Direito ao serviço público adequado e eficaz

O art. 6º, X, do CDC assegura ao consumidor "a adequada e eficaz prestação dos serviços públicos em geral".

O Poder Público, diretamente, por seu permissionário ou concessionário, quando presta serviço público remunerado mediante tarifa ou preço público, é fornecedor enquadrado pelo CDC e deve prestá-lo de forma adequada e eficiente.

1.10. Direito a garantia de práticas de crédito responsável, de educação financeira e de prevenção e tratamento de situações de superendividamento

O art. 6º, XI, do CDC foi incluído pela Lei nº 14.181, de 1º de julho de 2021, e assegura ao consumidor "a garantia de práticas de crédito responsável, de educação financeira e de prevenção e tratamento de situações de superendividamento, preservado o mínimo existencial, nos termos da regulamentação, por meio da revisão e da repactuação da dívida, entre outras medidas".

Esse tema será abordado especificamente no Capítulo 9 – Proteção Contratual, no item 9 – PREVENÇÃO, TRATAMENTO E CONCILIAÇÃO NO SUPERENDIVIDAMENTO.

1.11. Direito à preservação do mínimo existencial na concessão do crédito e na repactuação das dívidas

O art. 6º, XII, do CDC foi incluído pela Lei nº 14.181, de 1º de julho de 2021, e consiste no direito do consumidor na repactuação de dívidas e na concessão de crédito, respeitados os direitos fundamentais sociais mínimos para se garantir a dignidade humana.

1.12. Direito à informação por unidade de medida

O art. 6º, XIII, do CDC foi incluído pela Lei nº 14.181, de 1º de julho de 2021, e consiste no direito do consumidor à informação sobre os preços dos produtos por unidade de medida, tal como por quilo, por litro, por metro ou por outra unidade, conforme o caso, para cada produto fracionado ou em embalagem com mais de uma unidade. Essa prática facilita a identificação do valor real do produto e a comparação entre as marcas.

Assim, as etiquetas de preço devem conter informações sobre o preço total do produto e o preço por unidade de medida. Ex: queijo fatiado embalagem com 150 g: preço total – R$5,50 e o preço por Kg - R$36,67; embalagem com 04 sabonetes: preço total: R$18,00 e o preço por unidade: R$4,50.

A Lei nº 10.962/2004, no art. 2º, incluído pela Lei nº 13.175/2015, já previa que "na venda a varejo de produtos fracionados em pequenas quantidades, o comerciante deverá informar, na etiqueta contendo o preço ou junto aos itens expostos, além do preço do produto à vista, o preço correspondente a uma das seguintes unidades fundamentais de medida: capacidade, massa, volume, comprimento ou área, de acor-do com a forma habitual de comercialização de cada tipo de produto."

2. TÓPICO-SÍNTESE

DIREITOS BÁSICOS DO CONSUMIDOR	
Direito à proteção da vida, saúde e segurança	Garante proteção ao consumidor contra os riscos provocados por práticas no fornecimento de produtos e serviços considerados perigosos ou nocivos; Riscos dos produtos ou serviços • **periculosidade previsível** → informação necessária e adequada; • **periculosidade potencial** → informação ostensiva e adequada, sem prejuízo de outras medidas; • **periculosidade de alto grau** → produto ou serviço não deve ser colocado no mercado de consumo.
Direito à educação e divulgação sobre o consumo adequado	FABRÍCIO BOLZAN e SERGIO CAVALIERI FILHO → a educação e divulgação sobre o consumo aumentam o conhecimento e a informação que o consumidor tem a respeito do produto ou serviço → melhor reflexão e análise da oportunidade e conveniência da contratação liberdade de escolha do consumidor.
Direito à informação	A informação deve ser adequada e clara sobre os diferentes produtos e serviços, com especificação correta de quantidade, características, composição, qualidade, tributos incidentes e preço, bem como sobre os riscos que apresentem. **STJ → Consentimento informado ou vontade qualificada →** escolha consciente do consumidor a fim de que suas expectativas em relação à contratação sejam atendidas.
Direito à proteção contra práticas abusivas	Garante proteção ao consumidor contra a publicidade enganosa e abusiva, métodos comerciais coercitivos ou desleais, bem como contra práticas e cláusulas abusivas ou impostas no fornecimento de produtos e serviços.
Direito à modificação ou revisão de cláusulas contratuais que estabeleçam prestações desproporcionais ou excessivamente onerosas	Primeira parte do inciso V do art. 6º do CDC assegura ao consumidor à modificação das cláusulas contratuais que estabeleçam prestações desproporcionais no momento da formação do contrato, caracterizando o instituto da lesão. Não se confunde com o instituto da lesão previsto no art. 157 do CC. **Lesão no CDC**: • **elemento objetivo →** prestações desproporcionais; • **elemento subjetivo →** dispensável; • assegura a modificação da cláusula para preservar o contrato. **Lesão no CC:** • **elemento objetivo →** prestações desproporcionais; • **elemento subjetivo →** premente necessidade ou inexperiência; • defeito do negócio jurídico passível de anulabilidade.

Direito à modificação ou revisão de cláusulas contratuais que estabeleçam prestações desproporcionais ou excessivamente onerosas	Segunda parte do inciso V do art. 6º do CDC assegura ao consumidor à revisão das cláusulas contratuais em razão de fatos supervenientes que as tornem excessivamente onerosas. **CDC → teoria da base objetiva do negócio jurídico.** Não se confunde com a teoria da imprevisão adotada pelo CC, art. 478!! **Teoria da base objetiva do negócio jurídico** (CDC): • fato superveniente, previsível ou imprevisível, que torne a prestação excessivamente onerosa ao consumidor; • independe de extrema vantagem ao fornecedor; • revisão do contrato. **Teoria da imprevisão** (CC): • fato imprevisível e extraordinário, que torne a prestação excessivamente onerosa à parte contratante; • exige extrema vantagem ao credor; • resolução do contrato.
Direito à prevenção e reparação de danos	Assegura ao consumidor a efetiva prevenção e reparação de danos patrimoniais e morais, individuais, coletivos e difusos.
Direito ao acesso à ordem jurídica	É assegurado ao consumidor o acesso aos órgãos judiciários e administrativos com vistas à prevenção ou reparação de danos patrimoniais e morais, individuais, coletivos ou difusos, assegurada a proteção Jurídica, administrativa e técnica aos necessitados.
Direito à facilitação da defesa dos direitos	CDC → **regra da distribuição dinâmica do ônus da prova →** juiz pode inverter o ônus da prova quando vislumbrar no caso concreto: • verossimilhança da alegação do consumidor OU • hipossuficiência do consumidor → dificuldade econômica, técnica, fática do consumidor em produzir as provas dos fatos constitutivos do seu direito. CDC **inversão *ope judicis*** → determinada pelo juiz→ não é obrigatória. CDC → **inversão *ope legis*** determinada pela lei arts. 12, § 3º, 14, § 3º e 38 do CDC a lei transfere o ônus probatório ao fornecedor. **STJ → inversão do ônus da prova** → regra de instrução → ocorre preferencialmente **na fase de saneamento do processo**.
Direito ao serviço público adequado e eficaz	O Poder Público, diretamente, por seu permissionário ou concessionário, quando presta serviço público remunerado mediante tarifa ou preço público, é fornecedor enquadrado pelo CDC e deve prestá-lo de forma adequada e eficiente.

Direito à prevenção no superendividamento	"Garantia de práticas de crédito responsável, de educação financeira e de prevenção e tratamento de situações de superendividamento, preservado o mínimo existencial, nos termos da regulamentação, por meio da revisão e da repactuação da dívida, entre outras medidas".
Direito à preservação do mínimo existencial	Direito do consumidor na repactuação de dívidas e na concessão de crédito, respeitados os direitos fundamentais sociais mínimos para se garantir a dignidade humana.
Direito à informação por unidade de medida	Direito do consumidor à informação sobre os preços dos produtos por unidade de medida.

Capítulo

5

RESPONSABILIDADE CIVIL NO CDC

Leia a lei:

- *Arts. 4 º a 7º, 12 a 25, 28, § 3º e 34 do CDC; arts. 186, 389 a 420 e 927 a 954 do CC*

1. NOÇÕES INTRODUTÓRIAS SOBRE RESPONSABILIDADE CIVIL NO CC E NO CDC

A responsabilização civil decorre da inobservância do dever de não causar dano a outrem. Uma pessoa que causa dano a outrem tem a obrigação de indenizar ou ressarcir o prejuízo causado.

O **CC** adotou o **modelo dualista de responsabilidade civil**, uma vez que consagra em seus dispositivos a responsabilidade de origem contratual (arts. 389 a 420) ou extracontratual (arts. 927 a 954). Vejamos a diferença básica entre ambas:

- **responsabilidade contratual**: decorre do inadimplemento de uma obrigação assumida em uma relação jurídica preexistente. Por exemplo, o mutuário que não restitui ao mutuante o que dele recebeu em coisa do mesmo gênero, qualidade ou quantidade (art. 586, CC). O descumprimento do contrato gera ao devedor a responsabilidade de indenizar o credor por perdas e danos e seu inadimplemento se presume culposo;
- **responsabilidade extracontratual ou aquiliana:** decorre da violação ao dever de conduta de não causar dano a outrem, não existindo relação jurídica preexistente entre o causador do dano e a vítima. Por exemplo, um motorista que provoca um acidente de trânsito causando dano a outro veículo ou a

pedestre. A infração cometida também gera ao causador do evento danoso a obrigação de ressarcir o prejuízo causado, mas a culpa deve ser provada.

O **CDC** adotou a **teoria unitária da responsabilidade civil**. Nas lições de FLÁVIO TARTUCE (2014, p. 129), o CDC unificou a responsabilidade civil, uma vez que para a lei consumerista pouco importa se a responsabilidade civil decorre de contrato ou não, pois o tratamento diferenciado se refere apenas aos produtos e serviços, conforme será detalhado ao longo deste capítulo.

O **CC** adotou como **regra a teoria clássica**, também chamada de **teoria da culpa ou subjetiva**, para fins de responsabilidade, ficando a vítima incumbida de demonstrar a culpa ou dolo do causador do dano para ser indenizada (art. 186).

Mas importa ressaltar que o Código Civil prevê a aplicação da **teoria da responsabilidade objetiva em alguns dos seus dispositivos**, tais como o art. 932 e 933 (ato de terceiro), 936 (fato do animal), 937 e 938 (fato da coisa), bem como quando a **atividade normalmente desenvolvida pelo autor do dano implicar, por sua natureza, risco para os direitos de outrem** (art. 927, parágrafo único).

Justamente em razão do risco da atividade exercida é que a responsabilidade objetiva é denominada pela doutrina de **responsabilidade pelo risco da atividade.**

A **responsabilidade objetiva independe de culpa**, exigindo apenas o dano e o nexo de causalidade entre a ação e omissão do agente e o resultado danoso.

Esquematicamente a responsabilidade civil no CC pode ser compreendida da seguinte forma:

Responsabilidade subjetiva	→	Regra (CC)	→	– ação ou omissão – nexo causal – dano – culpa ou dolo
Responsabilidade Objetiva	→	Exceção (CC)	→	– ação ou omissão – nexo causal – dano

O CDC, diferentemente do CC, adota como regra a responsabilidade objetiva e solidária dos fornecedores!!

ATENÇÃO

Embora no CDC a regra seja a responsabilidade objetiva do fornecedor, a legislação consumerista adota a responsabilidade subjetiva para os profissionais liberais, isto é, a responsabilidade dos profissionais liberais será apurada mediante a verificação de culpa.

Responsabilidade objetiva	→	Regra (CDC)	→	fornecedores em geral
Responsabilidade subjetiva	→	Exceção (CDC)	→	profissionais liberais

A **responsabilidade objetiva** consagrada no CDC dispensa o consumidor de demonstrar a culpa ou dolo do fornecedor. Mas, o fato de o fornecedor não ter agido com culpa ou dolo não afasta sua responsabilidade.

FLÁVIO TARTUCE (2014, p. 130) esclarece ainda que "na verdade, o CDC adotou expressamente a ideia da *teoria do risco-proveito*, aquele que gera a responsabilidade sem culpa justamente por trazer benefícios ou vantagens. Em outras palavras, aquele que expõe aos riscos outras pessoas, determinadas ou não, por dele tirar um benefício, direto ou não, deve arcar com as consequências da situação de agravamento".

POSIÇÃO DO STJ

Súmula 595: "As instituições de ensino superior respondem objetivamente pelos danos suportados pelo aluno/consumidor pela realização de curso não reconhecido pelo Ministério da Educação, sobre o qual não lhe tenha sido dada prévia e adequada informação".

O CDC adotou, assim, a **teoria do risco da atividade**.

Incumbe ao consumidor comprovar:

- o defeito ou vício do produto ou serviço;
- o prejuízo experimentado e;
- o nexo causal entre o defeito ou o vício do produto ou serviço e o evento danoso.

No entanto, vale lembrar que o art. 6º, VIII, do CDC possibilita que o juiz, no caso concreto, inverta o ônus da prova a favor do consumidor quando for verossímil a alegação ou quando for ele hipossuficiente, segundo as regras ordinárias de experiências.

O **CDC** estabeleceu também a **responsabilidade solidária** de todos aqueles que participaram da introdução do produto ou serviço no mercado de consumo para reparação dos danos experimentados pelo consumidor.

A regra da responsabilidade solidária confere ao consumidor a prerrogativa de escolher, a seu critério, quais fornecedores integrarão o polo passivo da ação, podendo, inclusive, acionar um ou todos eles, uma vez que a obrigação solidária impõe a eles a responsabilidade simultânea e total da dívida. Trata-se de litisconsórcio facultativo. Como exemplo podemos citar o consumidor que, na compra de um fogão com vício, pode acionar tanto o comerciante como o fabricante ou apenas um deles, a seu critério.

A existência da solidariedade, no entanto, não impede que seja apurado, no caso concreto, o nexo de causalidade entre as condutas dos supostos responsáveis para concluir-se pela responsabilidade de apenas um deles.

ATENÇÃO

Tendo em vista que o consumidor pode escolher contra quem irá propor a sua ação, aquele que efetivar o pagamento ao prejudicado poderá exercer o direito de regresso contra os demais responsáveis, segundo sua participação na causação do evento danoso.

O direito de regresso pode ser exercido em processo autônomo ou nos mesmos autos, após a satisfação do consumidor, uma vez que o CDC veda a denunciação da lide nas ações de consumo.

A vedação da denunciação da lide decorre do fato de que a responsabilidade do terceiro interveniente é subjetiva, dependendo da comprovação de dolo ou culpa, enquanto que a responsabilidade do fornecedor em face do consumidor é objetiva, de modo que se admitida a denunciação da lide haveria um comprometimento à célere e eficaz proteção do consumidor, contrariando, assim, os princípios basilares do CDC.

Embora o direito de regresso esteja previsto no parágrafo único do art. 13 do CDC, não se limita ao comerciante. A regra é aplicada para qualquer hipótese de responsabilidade solidária.

POSIÇÃO DO STJ

"(...). 1. É pacífico o entendimento no Superior Tribunal de Justiça segundo o qual, em se tratando de relação de consumo, descabe a denunciação da lide, nos termos do art. 88 do Código de Defesa do Consumidor. ***2. O STJ entende que "a vedação à denunciação da lide nas relações de consumo refere-se tanto à responsabilidade pelo fato do serviço quanto pelo fato do produto"*** *(AgRg no AREsp n. 472.875/RJ, Relator Ministro João Otávio de Noronha, Terceira Turma, julgado em 3/12/2015, DJe 10/12/2015). 3. Agravo interno desprovido." (AgInt no REsp 1635254 / SP, Relator(a) Ministro MARCO AURÉLIO BELLIZZE (1150), DJe 30/03/2017)*

"(...). Foi propósito do legislador não permitir a denunciação da lide de modo a não retardar a tutela jurídica do consumidor, dando celeridade ao seu pleito indenizatório, evitando a multiplicação de teses e argumentos de defesa que dificultem a identificação da responsabilidade do fornecedor do serviço. ***Assim, se, de um lado, a denunciação da lide (CPC/1973, art. 70) é modalidade de intervenção de terceiros que favorece apenas o réu denunciante (fornecedor, no caso), na medida em que este objetiva a responsabilização regressiva do denunciado, de outro lado, a norma do art. 88 do CDC consubstancia-se em regra insculpida totalmente em benefício do consumidor, atuando em prol do ressarcimento de seus prejuízos o mais rapidamente possível, em face da responsabilidade objetiva do fornecedor.*** *Na hipótese, porém, de deferimento da denunciação sem insurgência do consumidor legitimado a tal, opera-se a preclusão, sendo descabido ao corréu fornecedor invocar em seu benefício a regra de afastamento da denunciação. Trata-se de direito subjetivo público assegurado ao consumidor para a facilitação de sua defesa. (REsp 913.687-SP, Rel. Min. Raul Araújo, por unanimidade, DJe 4/11/2016 – Informativo 592).*

Tratam da responsabilidade solidária os seguintes dispositivos do CDC: arts. 7º, parágrafo único; 18; 19; 25, §§ 1º e 2º; 28, § 3º e 34. Vejamos, resumidamente, o teor de cada um desses dispositivos:

RESPONSABILIDADE SOLIDÁRIA NO CDC
Art. 7º, parágrafo único: havendo mais de um autor a ofensa, todos responderão solidariamente pela reparação dos danos.
Art. 18: os fornecedores de produtos respondem solidariamente pelos vícios de qualidade ou quantidade que os tornem impróprios ou inadequados ao consumo a que se destinam ou lhes diminuam o valor, assim como por aqueles decorrentes da disparidade, com as indicações constantes do recipiente, da embalagem, rotulagem ou mensagem publicitária.

Art. 19: os fornecedores respondem solidariamente pelos vícios de quantidade do produto sempre seu conteúdo líquido for inferior às indicações constantes do recipiente, da embalagem, rotulagem ou de mensagem publicitária. **ATENÇÃO ao § 2º, art. 19 →** O **fornecedor imediato** será responsável quando fizer a pesagem ou a medição e o instrumento utilizado não estiver aferido segundo os padrões oficiais. **Nesta situação não se aplica a regra da solidariedade,** uma vez que o dispositivo é expresso ao imputar a responsabilidade ao fornecedor imediato que, no caso, é o comerciante.
Art. 25, § 1º: todos os responsáveis pela causação do dano responderão solidariamente por sua reparação.
Art. 25, § 2º: sendo o dano causado por componente ou peça incorporada ao produto ou serviço, são responsáveis solidários seu fabricante, construtor ou importador e o que realizou a incorporação.
Art. 28, § 3º: as **sociedades consorciadas** são **solidariamente** responsáveis pelas obrigações decorrentes da relação de consumo. **ATENÇÃO aos §§ 2º e 4º, art. 28**: **sociedades integrantes dos grupos societários e sociedades controladas**: são **subsidiariamente** responsáveis pelas obrigações decorrentes da relação de consumo. **sociedades coligadas** só responderão por **culpa.**
Art. 34: o fornecedor do produto ou serviço é solidariamente responsável pelos atos de seus prepostos ou representantes autônomos.

Feitas essas considerações iniciais, vale destacar que o CDC, ao tratar da responsabilidade civil do fornecedor de produtos e serviços, fez a seguinte diferenciação:

- responsabilidade pelo fato do produto e do serviço (arts. 12 a 17);
- responsabilidade por vício do produto e do serviço (arts. 18 a 25).

2. DIFERENÇA ENTRE FATO E VÍCIO DO PRODUTO OU SERVIÇO

O CDC diferencia a reponsabilidade pelo fato e por vício do produto ou serviço.

A **responsabilidade por vício** do produto ou serviço está ligada à **inadequação** para o consumo.

A **responsabilidade pelo fato (defeito)** do produto ou serviço está ligada ao **risco à segurança** do consumidor ou de terceiros, que pode ocasionar o acidente de consumo.

Nas lições de LEONARDO ROSCOE BESSA (2016, p. 205) tem-se que "enquanto na responsabilidade pelo fato a preocupação maior é com a segurança dos produtos e serviços, na responsabilidade pelo vício o foco principal é a sua adequação real às finalidades próprias, ou seja, o ar condicionado deve esfriar o ambiente, a televisão transmitir imagens e sons, a caneta possibilitar a escrita, o serviço de colocação de telhas impedir que a água da chuva ingresse no imóvel, etc".

A explicação de VITOR FREDERICO KÜMPEL (2011, p. 45) é clara para diferenciar fato e vício.

Esclarece o doutrinador que: "enquanto o **vício** está ligado a uma impropriedade ou inadequação do objeto de consumo, havendo problema de qualidade ou de quantidade (a repercussão é intrínseca), o **fato** constitui exteriorização de algum vício que cause risco ou dano físico-psíquico ao consumidor ou a terceiros (a repercussão é extrínseca); em outras palavras, o **fato** é a afetação externa que o **vício** produz, com repercussão, de perigo ou de dano, à incolumidade físico-psíquica do consumidor".

Apresenta ainda o seguinte exemplo bastante elucidativo: liquidificador com problema na hélice: se a hélice não atinge a velocidade desejável para sua função, há um vício do produto, já que inadequado para o fim a que se destina. Mas, se a hélice se solta em funcionamento e atinge à incolumidade físico-psíquica do consumidor, há um fato do produto.

Esquematicamente podemos apresentar a explicação de VITOR FREDERICO KÜMPEL (2011, p. 45) da seguinte forma:

Fato →	defeito ou acidente de consumo
Vício →	impropriedade ou inadequação do objeto de consumo, havendo problema de qualidade ou quantidade.

POSIÇÃO DO STJ

Vício do produto: *aquele correspondente ao não atendimento, em essência, das expectativas do consumidor no tocante à* ***qualidade e à quantidade****, que o torne* ***impróprio ou inadequado ao consumo ou lhe diminua o valor****. Assim, o vício do produto restringe-se ao próprio produto e não aos danos que ele pode gerar para o consumidor.*

Fato do produto: *sobressai quando esse vício for grave a ponto de ocasionar dano indenizável ao patrimônio material ou moral do consumidor, por se tratar, na expressão utilizada pela lei, de* ***defeito****.*

Não obstante o § 1º do art. 12 do CDC preconizar que produto defeituoso é aquele desprovido de segurança, doutrina e jurisprudência convergem quanto à compreensão de que o ***defeito é um vício grave e causador de danos ao patrimônio jurídico ou moral*** *(REsp 1.176.323-SP, DJe 16/3/2015 – Informativo 557).*

3. RESPONSABILIDADE PELO FATO DO PRODUTO

A responsabilidade pelo fato do produto está prevista no art. 12 do CDC.

Fato do produto significa **defeito do produto ou acidente de consumo**, que expõe a risco ou cause dano à incolumidade físico-psíquica do consumidor ou de terceiros. Por exemplo, o mau funcionamento de aquecedor que provoque um incêndio na casa do consumidor, atingindo-o em sua integridade física.

3.1. Responsáveis pela reparação dos danos causados por defeito do produto

O art. 12 do CDC estabelece que "o fabricante, o produtor, o construtor, nacional ou estrangeiro, e o importador respondem, independentemente da existência de culpa, pela reparação dos danos causados aos consumidores por defeitos decorrentes de projeto, fabricação, construção, montagem, fórmulas, manipulação, apresentação ou acondicionamento de seus produtos, bem como por informações insuficientes ou inadequadas sobre sua utilização e riscos".

POSIÇÃO DO STJ

Para o STJ, "o laboratório tem responsabilidade objetiva na ausência de prévia informação qualificada quanto aos possíveis efeitos colaterais da medicação, ainda que se trate do chamado risco de desenvolvimento." Prossegue: "o fato de o uso de um *medicamento causar efeitos colaterais ou reações adversas, por si só, não configura defeito do produto, se o usuário foi prévia e devidamente informado e advertido sobre tais riscos inerentes, de modo a poder decidir, de forma livre, refletida e consciente, sobre o tratamento que lhe é prescrito, além de ter a possibilidade de mitigar eventuais danos que viessem a ocorrer em função dele. Por sua vez, o risco do desenvolvimento, entendido como aquele que não podia ser conhecido ou evitado no momento em que o medicamento foi colocado em circulação, constitui **defeito existente desde o momento da concepção do produto**, embora não perceptível a priori, caracterizando hipótese de fortuito interno."(REsp 1.774.372-RS, DJe 18/05/2020, Informativo n. 671).*

O rol apresentado pelo art. 12 do CDC é taxativo e estabelece a responsabilidade solidária dos seguintes fornecedores pela reparação dos danos causados aos consumidores por defeito do produto:

- fabricante;
- produtor;
- construtor nacional ou estrangeiro;
- importador.

Observe que o comerciante não integra esse rol de responsáveis solidários do art. 12 do CDC. Segundo doutrina majoritária, **a responsabilidade do comerciante é subsidiária e está prevista no art. 13 do CDC.**

De acordo com a legislação consumerista, o comerciante será igualmente responsabilizado pela reparação dos danos causados aos consumidores por defeito do produto nas seguintes hipóteses:

- o fabricante, o construtor, o produtor ou o importador não puderem ser identificados;
- o produto for fornecido sem identificação clara do seu fabricante, produtor, construtor ou importador;
- não conservar adequadamente os produtos perecíveis.

RESPONSABILIDADE PELO FATO DO PRODUTO
Responsabilidade solidária: o fabricante, o produtor, o construtor, nacional ou estrangeiro, e o importador (art. 12, CDC).
Responsabilidade subsidiária: o comerciante (art. 13, CDC).

3.2. Produto defeituoso

Nos termos do que dispõe o § 1º do art. 12 do CDC, produto defeituoso deve ser entendido como **aquele que não oferece a segurança que dele legitimamente se espera**, levando-se em consideração as circunstâncias relevantes, dentre as quais:

- sua apresentação;
- uso e os riscos que razoavelmente dele se esperam;
- época em que foi colocado em circulação.

POSIÇÃO DO STJ

Segundo entendimento do STJ, "a comprovação de graves lesões decorrentes da abertura de air bag em acidente automobilístico em baixíssima velocidade, que extrapolam as expectativas que razoavelmente se espera do mecanismo de segurança, ainda que de periculosidade inerente, configura a responsabilidade objetiva da montadora de veículos pela reparação dos danos ao consumidor". (REsp 1.656.614-SC, DJe 2/6/2017 – Informativo 605).

Por outro lado, o STJ entende que "em se tratando de produto de periculosidade inerente (medicamento), cujos riscos são normais à sua natureza e previsíveis, eventual dano por ele causado ao consumidor não enseja a responsabilização do fornecedor" (REsp 1.599.405-SP, DJe 17/4/2017 – Informativo 603).

Parcela da doutrina classifica o defeito do produto em:

- **defeito de concepção ou criação:** é o defeito de projeto, da fórmula do produto;
- **defeito de produção:** é o defeito de fabricação, construção, montagem, manipulação, acondicionamento do produto;
- **defeito de informação ou comercialização:** é o defeito de apresentação do produto, seja no rótulo ou seja na publicidade, contendo informações insuficientes ou inadequadas sobre sua utilização e riscos.

ATENÇÃO

O produto não é considerado defeituoso pelo fato de outro de melhor qualidade ter sido colocado no mercado de consumo (§ 2º, art. 12, CDC).

Podemos citar como exemplo a aquisição de um celular pelo consumidor. Assim, se o fornecedor aprimora a qualidade do seu produto, no caso o celular, em razão dos avanços tecnológicos disponíveis, o consumidor não faz jus a indenização por danos materiais ou morais nem mesmo ao direito de substituição do celular por outro mais moderno, uma vez que, nesta hipótese, o CDC não considera o produto com defeito.

3.3. Excludentes de responsabilidade

Conforme visto anteriormente, o fabricante, o produtor, o construtor, nacional ou estrangeiro, e o importador respondem, independentemente da existência de culpa, pela reparação dos danos causados aos consumidores por defeito do produto.

Trata-se de responsabilidade objetiva e solidária, mas que pode ser afastada em algumas hipóteses previstas no § 3º, art. 12 do CDC.

Assim, conforme dispõe a legislação consumerista, o fabricante, o construtor, o produtor ou importador só não será responsabilizado quando provar:

- que não colocou o produto no mercado, como, por exemplo, no caso de produto falsificado;
- que, embora haja colocado o produto no mercado, o defeito inexiste;
- culpa exclusiva do consumidor ou de terceiro.

POSIÇÃO DO STJ

Segundo posicionamento do STJ, a ***culpa concorrente do consumidor*** *autoriza a redução de eventual condenação imposta ao fornecedor, mas não é causa excludente de responsabilidade.*

ATENÇÃO

Quando o CDC prevê a culpa de terceiro como causa excludente de responsabilidade do fornecedor ***não*** *está se referindo ao comerciante, que está inserido na cadeia de produção e distribuição da relação de consumo. Terceiro é pessoa estranha à relação de consumo.*

O STJ e a doutrina majoritária, apoiados no art. 393 do CC, ainda apontam outras duas hipóteses de exclusão de responsabilidade:

- caso fortuito;
- força maior.

Para que sejam causas excludentes de responsabilidade, o caso fortuito e a força maior devem ser posteriores à colocação do produto no mercado.

> **ATENÇÃO**
>
> *O fornecedor deve fazer a prova da causa excludente de responsabilidade. Trata-se, conforme estudado no Capítulo 04 – "Direitos Básicos do Consumidor", de inversão do ônus da prova ope legis, isto é, a lei transfere o ônus probatório ao fornecedor, não dependendo, portanto, de decisão judicial com base nos requisitos da verossimilhança das alegações e hipossuficiência (inversão ope judicis).*

4. RESPONSABILIDADE PELO FATO DO SERVIÇO

A responsabilidade pelo fato do serviço está prevista no art. 14 do CDC.

Fato do serviço significa **serviço defeituoso** que não fornece a segurança que o consumidor dele pode esperar. Por exemplo, supermercado que não sinaliza adequadamente piso escorregadio, que ocasiona queda do consumidor.

4.1. Responsáveis pela reparação dos danos causados por defeitos relativos à prestação de serviços

O art. 14 do CDC estabelece que "o fornecedor de serviços responde, independentemente da existência de culpa, pela reparação dos danos causados aos consumidores por defeitos relativos à prestação dos serviços, bem como por informações insuficientes ou inadequadas sobre sua fruição e riscos".

Conforme já foi estudado no Capítulo 02 – "Relação Jurídica de Consumo", fornecedor é gênero, do qual são espécies o produtor, montador, criador, construtor, transformador, importador, exportador, distribuidor, comerciante e prestador de serviços.

O conceito de fornecedor é amplo e alcança pessoas físicas ou jurídicas (pública ou privada, nacional ou estrangeira) e também os entes despersonalizados (massa falida, espólio, sociedade de fato).

São fornecedores todos aqueles que, de forma direta ou indireta, colocam produtos ou prestam serviços no mercado de consumo, inclusive as de natureza bancária, financeira, de crédito e securitária, salvo as decorrentes das relações de caráter trabalhista.

O **art. 14 do CDC** imputa **ao fornecedor (gênero)** a responsabilidade pela reparação dos danos causados aos consumidores por **defeitos relativos à prestação dos serviços**, bem como por informações insuficientes ou inadequadas sobre sua fruição e riscos.

Observe que, enquanto o **art. 12 do CDC** imputa a responsabilidade pela reparação dos danos causados aos consumidores por **defeitos do produto** ao **fabricante, produtor, construtor, nacional ou estrangeiro, e importador**, o **art. 13 do CDC** imputa a responsabilidade ao **comerciante**, nas hipóteses indicadas pelo dispositivo.

Para não confundir, vale à pena memorizar:

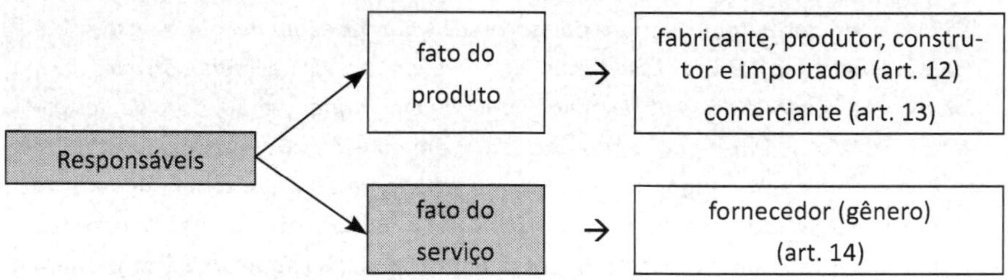

4.2. Serviço defeituoso

Nos termos do que dispõe o § 1º do art. 14 do CDC, serviço defeituoso deve ser entendido como **aquele que não fornece a segurança que o consumidor dele pode esperar**, levando-se em consideração as circunstâncias relevantes, dentre as quais:

- modo do seu fornecimento;
- resultado e riscos que razoavelmente dele se esperam;
- época em que foi fornecido.

POSIÇÃO DO STJ

Segundo posicionamento do STJ, "O laboratório responde objetivamente pelos danos morais causados à genitora por falso resultado negativo de exame de DNA, realizado para fins de averiguação de paternidade."

*Afirma que: "em se tratando da realização de exames médicos laboratoriais, tem-se por legítima a expectativa do consumidor quanto à exatidão das conclusões lançadas nos laudos respectivos, de modo que eventual erro de diagnóstico de patologia ou equívoco no atestado de determinada condição biológica implica defeito na prestação do serviço, a atrair a responsabilidade objetiva do laboratório, com base no art. 14, caput e § 1º, do CDC. Seguindo esta linha de pensamento, esta Corte consolidou o entendimento de que os laboratórios possuem, na **realização de exames médicos**, verdadeira **obrigação de resultado**, e não de meio, restando caracterizada sua responsabilidade civil na hipótese de falso diagnóstico." (REsp 1.700.827-PR, DJe 08/11/2019– Informativo 660)*

POSIÇÃO DO STJ

Para o STJ, "Companhia aérea é civilmente responsável por não promover condições dignas de acessibilidade de pessoa cadeirante ao interior da aeronave."

*Afirma que: "A partir de 12/1/2014, a ANAC, por meio da Resolução n. 280/2013, transferiu ao operador aeroportuário a obrigação de garantir equipamento de ascenso e descenso ou rampa para as pessoas com dificuldade de acesso ao interior da aeronave, quando não houver a disponibilidade de ponte de embarque (art. 20, § 1º, da Resolução n. 280/2013). Entretanto, **o ato normativo em questão não é capaz de eximir a companhia aérea da obrigação de garantir o embarque seguro e com dignidade da pessoa com dificuldade de locomoção. Afinal, por integrar a cadeia de fornecimento, recai sobre a referida sociedade empresária a responsabilidade solidária frente a caracterização do fato do serviço, quando não executado a contento em prol do consumidor que adquire a passagem**. E, neste panorama, em se tratando de uma relação consumerista, o fato do serviço (art. 14 do CDC) fica configurado quando o defeito ultrapassa a esfera meramente econômica do consumidor, atingindo-lhe a incolumidade física ou moral, como é o caso dos autos, em que o autor foi carregado por prepostos da companhia, sem as devidas cautelas, tendo sido submetido a um tratamento vexatório e discriminatório perante os demais passageiros daquele voo." (REsp 1.611.915-RS, DJe 04/02/2019– Informativo 642)*

POSIÇÃO DO STJ

Segundo posicionamento do STJ, "A sociedade empresária que comercializa ingressos no sistema on-line responde civilmente pela falha na prestação do serviço."

Afirma que: "Em se tratando de responsabilidade pelo fato do serviço, não faz o Diploma Consumerista qualquer distinção entre os fornecedores, motivo pelo qual é uníssono o entendimento de que toda a cadeia produtiva é solidariamente responsável. (...). Desse modo, as sociedades empresárias que atuaram na organização e na administração da festividade e da estrutura do local integram a mesma cadeia de fornecimento e, portanto, são solidariamente responsáveis pelos danos, em virtude da falha na prestação do serviço, ao não prestar informação adequada, prévia e eficaz acerca do cancelamento/adiamento do evento. A jurisprudência do STJ é no sentido de que os integrantes da cadeia de consumo, em ação indenizatória consumerista, também são responsáveis pelos danos gerados ao consumidor, não cabendo a alegação de que o dano foi gerado por culpa exclusiva de um dos seus integrantes." (REsp 1.985.198-MG, DJe 07/04/2022.– Informativo 733)

Por sua vez, o STJ entende que "A empresa patrocinadora de evento, que não participou da sua organização, não pode ser enquadrada no conceito de fornecedor para fins de responsabilização por acidente de consumo ocorrido no local. (REsp 1.955.083-BA – DJe 18/02/2022 – (Informativo n. 727)

ATENÇÃO

O serviço não é considerado defeituoso pela adoção de novas técnicas (§ 2º, art. 14, CDC).

O fornecedor também responde, independentemente da existência de culpa, pela reparação dos danos causados aos consumidores por **informações insuficientes ou inadequadas** sobre a fruição e riscos dos serviços prestados no mercado de consumo.

ATENÇÃO

ANTONIO HERMAN V. BENJAMIN (2022, p. 201) traz à tona discussão importante e muito atual: "Entre os novos temas relacionados a defeitos de serviços, está a discussão sobre a responsabilidade civil dos provedores de internet no tocante às informações ofensivas divulgadas por terceiros. Entende o Superior Tribunal de Justiça que não é dever do provedor fiscalizar previamente o conteúdo das informações postadas na web, afastando, num primeiro momento, eventual alegação de defeito do serviço. Todavia, a partir da comunicação de que determinada mensagem possui conteúdo ofensivo, o provedor deve removê-la preventivamente, no prazo de 24 horas, sob pena de responder pelos danos causados ao consumidor."

4.3. Excludentes de responsabilidade

Conforme visto anteriormente, os fornecedores respondem, independentemente da existência de culpa, pela reparação dos danos causados aos consumidores por defeito na prestação de serviço.

Trata-se de responsabilidade objetiva e solidária, mas que pode ser afastada em algumas hipóteses previstas no § 3º, art. 14 do CDC.

Assim, conforme dispõe a legislação consumerista, o fornecedor só não será responsabilizado quando provar:

- que, tendo prestado o serviço, o defeito inexiste;
- culpa exclusiva do consumidor ou de terceiro.

POSIÇÃO DO STJ

Segundo posicionamento do STJ, a ***culpa concorrente do consumidor*** *autoriza a redução de eventual condenação imposta ao fornecedor, mas não é causa excludente de responsabilidade.*

O STJ e a doutrina majoritária, apoiados no art. 393 do CC, ainda apontam outras duas hipóteses de exclusão de responsabilidade:

- caso fortuito;
- força maior.

Para que sejam excludentes de responsabilidade, o caso fortuito e a força maior devem ocorrer durante ou após a prestação da atividade no mercado de consumo.

Com relação ao caso fortuito, importa destacar o posicionamento do STJ no sentido de que somente o **fortuito externo**, isto é, aquele evento estranho à atividade do fornecedor, é que se enquadra como excludente de responsabilidade.

O transportador não pode ser responsabilizado pelos danos decorrentes de fatos de terceiros, como por exemplo a colocação de artefato explosivo em composição ferroviária, por se tratar de evento que não está relacionado com os riscos inerentes à atividade explorada.

Em julgamento recente, o STJ decidiu que a concessionária de rodovia não deve ser responsabilizada por roubo com emprego de arma de fogo cometido contra seus usuários em posto de pedágio. O fundamento utilizado é o seguinte: *"A jurisprudência desta Corte Superior pacificou-se no sentido de que a concessionária que administra rodovia mantém relação consumerista com os respectivos usuários, o que também atrai a responsabilidade objetiva. Contudo, não há como responsabilizar a concessionária de rodovia pelo roubo com emprego de arma de fogo cometido contra seus respectivos usuários, por se tratar de nítido fortuito externo (fato de terceiro), o qual rompe o nexo de causalidade, nos termos do art. 14, § 3º, inciso II, do Código de Defesa do Consumidor.* (...) *A causa do evento danoso - roubo com emprego de arma de fogo - não apresenta qualquer conexão com a atividade desempenhada pela concessionária, estando fora dos riscos assumidos na concessão da rodovia, que diz respeito apenas à manutenção e administração da estrada, sobretudo porque a segurança pública é dever do Estado."* (REsp 1.872.260-SP, DJe 07/10/2022 – (Informativo n. 752)

De outro lado, o caso do **fortuito interno**, isto é, aquele evento relacionado à atividade do fornecedor, que faz parte do risco do empreendimento, não se enquadra como excludente de responsabilidade, incumbindo ao fornecedor responder pela reparação de danos ao consumidor.

POSIÇÃO DO STJ

Súmula 479 do STJ: "As instituições financeiras respondem objetivamente pelos danos gerados por fortuito interno relativo a fraudes e delitos praticados por terceiros no âmbito de operações bancárias".

*Mas **atenção**: Para o STJ, o "Banco não é responsável por fraude em compra on-line paga via boleto quando não se verificar qualquer falha na prestação do serviço bancário".*

No caso concreto julgado pelo STJ, "o comprador foi vítima de suposto estelionato, pois adquiriu um bem de consumo que nunca recebeu, nem iria receber se outro fosse o meio de pagamento empregado, como cartão de crédito ou transferência bancária. Em outras palavras, o banco não pode ser considerado um "fornecedor" da relação de consumo que causou prejuízos ao consumidor, pois não se verifica qualquer falha na prestação de seu serviço bancário, apenas por ter emitido o boleto utilizado para pagamento. Assim, não pertencendo à cadeia de fornecimento, não há como responsabilizar o banco pelos produtos não recebidos. Ademais, não se pode considerar esse suposto estelionato como uma falha no dever de segurança dos serviços bancários prestados". (REsp 1.786.157-SP, DJ 05/09/2019– Informativo 656)

ATENÇÃO

O fornecedor deve fazer a prova da excludente de responsabilidade. Trata-se, conforme estudado no Capítulo 04 – "Direitos Básicos do Consumidor", de inversão do ônus da prova ope legis, isto é, a lei transfere o ônus probatório ao fornecedor, não depen-

dendo, portanto, de decisão judicial com base nos requisitos da verossimilhança das alegações e hipossuficiência (inversão ope judicis).

POSIÇÃO DO STJ

Importante observar nos julgados do STJ quando incide a excludente de responsabilidade e quando o fornecedor deve responder pelo fato do serviço:

1) "O restaurante que ofereça serviço de manobrista (valet parking) prestado em via pública não poderá ser civilmente responsabilizado na hipótese de roubo de veículo de cliente deixado sob sua responsabilidade, caso não tenha concorrido para o evento danoso. O roubo, embora previsível, é inevitável, caracterizando, nessa hipótese, fato de terceiro apto a romper o nexo de causalidade entre o dano (perda patrimonial). Ressalte-se que, na situação em análise, inexiste exploração de estacionamento cercado com grades, mas simples comodidade posta à disposição do cliente". (REsp 1.321.739-SP, DJ 05/09/2013 – Informativo 530)

2) "O shopping center deve reparar o cliente pelos danos morais decorrentes de tentativa de roubo, não consumado apenas em razão de comportamento do próprio cliente, ocorrida nas proximidades da cancela de saída de seu estacionamento, mas ainda em seu interior. (...). A sociedade empresária que forneça serviço de estacionamento aos seus clientes deve responder por furtos, roubos ou latrocínios ocorridos no interior do seu estabelecimento; pois em troca dos benefícios financeiros indiretos decorrentes desse acréscimo de conforto aos consumidores, assume-se o dever – implícito na relação contratual – de lealdade e segurança, com aplicação concreta do princípio da confiança". (REsp 1.269.691-PB, DJ 21/11/2013 – Informativo 534)

Nesse sentido a Súmula 130 do STJ: "A empresa responde, perante o cliente, pela reparação de dano ou furto de veículo ocorrido em seu estacionamento".

3) "A lanchonete responde pela reparação de danos sofridos pelo consumidor que foi vítima de crime ocorrido no drive-thru do estabelecimento comercial. (...) a responsabilidade em questão se assemelha muito àquelas situações dos empreendimentos comerciais, como shoppings e hipermercados, que colocam o estacionamento à disponibilização de sua freguesia, respondendo pelos danos sofridos nesse local (inteligência da Súmula n. 130 do STJ)." (REsp 1.450.434-SP, DJe 09/11/2018 – Informativo 637)

4.4. Responsabilidade civil do profissional liberal pelo fato do serviço

O § 4º do art. 14 do CDC estabelece que a responsabilidade do profissional liberal na prestação de serviços é subjetiva, isto é, será apurada mediante verificação de culpa. Esta regra é exceção ao sistema de responsabilidade civil objetiva que prepondera na legislação consumerista.

As obrigações contratuais dos profissionais liberais (advogados, engenheiros, dentistas, médicos), no mais das vezes, são consideradas como **"obrigações de meio"**, sendo suficiente que o profissional atue com a diligência e técnica necessárias, buscando a obtenção do resultado esperado, sem, no entanto, obrigar-se por ele.

Sendo obrigação de meio, a responsabilidade do profissional liberal é subjetiva, ficando o consumidor com o ônus probatório da ação ou omissão, dano experimentado, nexo causal e culpa do profissional liberal pelo serviço prestado para que seja indenizado.

Todavia, há algumas obrigações contratuais dos profissionais liberais que são consideradas **"obrigações de resultado"**, como por exemplo os procedimentos odontológicos, principalmente os ortodônticos, cirurgias plásticas, cujo compromisso é com o "resultado", tornando-se necessário o alcance do objetivo almejado para que se possa considerar cumprido o contrato.

Em sendo obrigação de resultado, a responsabilidade do profissional liberal também é subjetiva, mas há presunção de culpa do profissional, com a respectiva **inversão do ônus da prova**. O profissional liberal tem o ônus de provar que não agiu com culpa.

Por exemplo, nos procedimentos ortodônticos, os profissionais da saúde, em regra, comprometem-se pelo resultado, visto que os objetivos relativos aos tratamentos, de cunho estético e funcional, podem ser atingidos com previsibilidade. Tendo o consumidor demonstrado não ter sido atingida a meta avençada, há presunção de culpa do profissional, com a consequente inversão do ônus da prova, cabendo ao dentista demonstrar que não agiu com negligência, imprudência ou imperícia, ou mesmo que o insucesso se deu em decorrência de culpa exclusiva do consumidor.

Para não confundir, vale à pena memorizar:

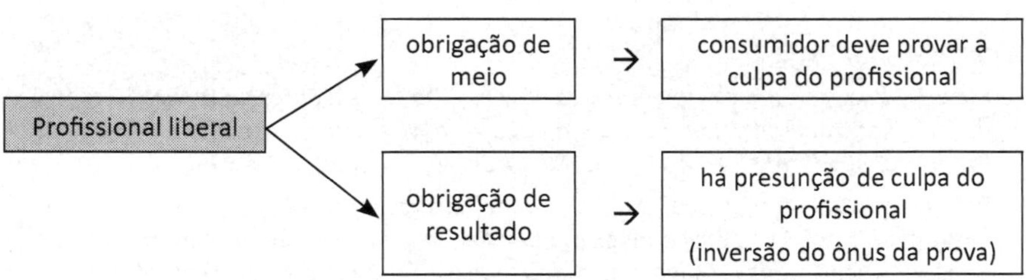

POSIÇÃO DO STJ

Segundo o STJ, a inobservância do dever de informar e de obter o consentimento informado do paciente viola o direito à autodeterminação e caracteriza responsabilidade extracontratual. (...). A controvérsia consiste em definir a responsabilidade civil decorrente da inobservância do dever de informação (falta ou deficiência) acerca de procedimento cirúrgico implementado em tratamento neurocirúrgico, que compromete o denominado consentimento informado – manifestação do direito fundamental de autodeterminação do paciente. (...) o dano indenizável, não é o dano físico, a piora nas condições físicas ou neurológicas do paciente. Todavia, este dano, embora não possa ser atribuído à falha técnica do médico, poderia ter sido evitado diante da informação sobre o risco de sua ocorrência, que permitiria que o paciente não se submetesse ao procedimento. O dano indenizável é, na verdade, a violação da autodeterminação do paciente que não pôde escolher livremente submeter-se ou não ao risco previsível. Deste modo, pelos critérios tradicionais dos regimes de responsabilidade civil, a violação dos deveres informativos dos médicos seria caracterizada como responsabilidade extracontratual. (REsp 1.540.580-DF, DJe 04/09/2018 – Informativo 632).

4.5. Responsabilidade civil dos hospitais e médicos pelo fato do serviço

Assunto enfrentado reiteradamente pelo STJ e exigido nas provas de concurso público diz respeito à responsabilidade civil dos hospitais e médicos pelo fato do serviço, isto é, pelo serviço defeituoso prestado ao consumidor.

A **regra** é a seguinte:

Hospital	→	Fornecedor (art. 14, caput)	→	Responsabilidade objetiva
Médico	→	Profissional liberal (§ 4º, art. 14)	→	Responsabilidade subjetiva

POSIÇÃO DO STJ

Diz o STJ que "os estabelecimentos hospitalares são fornecedores de serviços, respondendo objetivamente pela reparação de danos causados aos consumidores por defeitos dos serviços". (REsp 1.322.387-RS, DJ 20/08/2013 – Informativo 532)

Para o STJ, "a operadora de plano de saúde tem responsabilidade solidária por defeito na prestação de serviço médico, quando o presta por meio de hospital próprio e médicos contratados, ou por meio de médicos e hospitais credenciados" (...) ***Essa***

responsabilidade é objetiva e solidária em relação ao consumidor, mas, na relação interna, respondem o hospital, o médico e a operadora do plano de saúde, nos limites de sua culpa *(REsp 866.371/RS, Rel. Ministro Raul Araújo, Quarta Turma, julgado em 27/03/2012, DJe de 20/08/2012).No caso, a demora para a autorização da cirurgia indicada como urgente pela equipe médica do hospital, sem justificativa plausível, caracteriza defeito na prestação do serviço da operadora do plano de saúde, resultando na sua responsabilização". (AgInt no AREsp 1.414.776-SP, DJe 04/03/2020, Informativo n. 666)*

As **peculiaridades** são as seguintes, de acordo com o STJ no REsp 1.145.728/MG, Rel. p/ acórdão ministro Luis Felipe Salomão, Quarta Turma, DJE 08.09.2011:

1) Se o ato que causou dano ao consumidor foi de **responsabilidade do hospital,** como por exemplo, infecção hospitalar, intoxicação alimentar, vigilância, o hospital responde objetivamente perante o consumidor;

2) Se o ato que causou dano ao consumidor foi de **responsabilidade do médico**, como por exemplo, ministrar medicamento incorreto, trocar ficha de paciente, deve-se observar o seguinte para fins de apuração de responsabilidade:

2.1) Se o **médico não tiver vínculo de emprego com o hospital**, nem subordinação, apenas realizando esporadicamente procedimentos cirúrgicos naquele local, a responsabilidade pelo evento danoso será exclusiva do médico, que responderá subjetivamente perante o consumidor. Nesta hipótese o hospital não será responsabilizado.

2.2) Se o **médico tiver vínculo de emprego com o hospital**, ambos (hospital e médico) responderão solidariamente, mediante a verificação de culpa do profissional. E, uma vez provada a culpa do médico, o hospital responderá por ato de terceiro (arts. 932 e 933 do CC).

5. RESPONSABILIDADE POR VÍCIO DE QUALIDADE DO PRODUTO

A responsabilidade por vício de qualidade do produto está prevista no art. 18 do CDC.

Os produtos ofertados no mercado podem conter **vícios de qualidade**, a saber:

- que os tornem impróprios ou inadequados ao consumo a que se destinam;
- que lhes diminuam o valor;
- decorrentes da disparidade, com as indicações constantes do recipiente, da embalagem, rotulagem ou mensagem publicitária.

Por exemplo, o mau funcionamento de eletrodomésticos ou mau funcionamento de itens do veículo, como ar condicionado.

POSIÇÃO DO STJ

Segundo entendimento do STJ, "A instituição financeira responde por vício na qualidade do produto ao emitir comprovantes de suas operações por meio de papel termossensível."

Afirma: "(...) a instituição financeira, ao emitir comprovantes de suas operações por meio de papel termossensível, acabou atraindo para si a responsabilidade pelo vício de qualidade do produto. Isso porque, por sua própria escolha, em troca do aumento dos lucros - já que a impressão no papel térmico é mais rápida e bem mais em conta -, passou a ofertar o serviço de forma inadequada, emitindo comprovantes cuja durabilidade não atendem as exigências e necessidades do consumidor, vulnerando o princípio da confiança. Outrossim, é da natureza específica do tipo de serviço prestado emitir documentos de longa vida útil, a permitir que os consumidores possam, quando lhes for exigido, comprovar as operações realizada (...)". (REsp 1.414.774-RJ, DJe 05/06/2019 – Informativo 650)

ATENÇÃO

Mudança de entendimento do STJ!

Posicionamento atual do STJ, *"O comerciante tem a obrigação de intermediar a reparação ou a substituição de produtos nele adquiridos e que apresentem defeitos de fabricação (vício oculto de inadequação), com a coleta em suas lojas e remessa ao fabricante e posterior devolução."*

A justificativa é esclarecedora: "Esta Corte possui firme posicionamento no sentido da responsabilidade solidária de toda a cadeia de fornecimento pela garantia de qualidade e adequação do produto perante o consumidor. Assim, é necessário se perquirir se essa solidariedade de que trata o art. 18 do CDC impõe ao comerciante a obrigação de coletar e reparar os produtos nele adquiridos e que apresentem defeitos de fabricação (vício oculto de inadequação).Sobre esse tema, não se desconhece o entendimento que vinha sendo adotado por esta Corte no sentido de que existindo assistência técnica especializada e disponível na localidade de estabelecimento do comerciante (leia-se, no mesmo município), não é razoável a imposição ao comerciante da obrigação de intermediar o relacionamento entre seu cliente e o serviço disponibilizado. Mesmo porque essa exigência apenas dilataria o prazo para efetiva solução e acrescentaria custos ao consumidor, sem agregar-lhe qualquer benefício. (...). Contudo, esse posicionamento deve ser revisto (...). Do mesmo modo que o comerciante recebeu o produto do fabricante para o comercializar no mercado, em sobrevindo defeito nele, o comerciante deve devolve-lo ao respectivo produtor, para a sanação do vício oculto. Impedir que o consumidor retorne ao vendedor para que ele encaminhe o produto defeituoso para o fabricante reparar o defeito representa imposição de dificuldades ao exercício de seu direito de possuir um bem que sirva aos fins a que se destina. Ademais, é até intuitivo que o comerciante tenha muito mais acesso ao fabricante do bem viciado por ela comercializado do que o consumidor, sendo que, em assim se decidindo, até os custos (de tempo e de transporte) inerentes à busca da solução do defeito serão menores para o comerciante do que para o consumidor. Desse modo, por estar incluído na cadeia de fornecimento do produto, quem o comercializa, ainda que não seja seu fabricante, fica responsável, perante o consumidor, por receber o item que apresentar defeito e o encaminhá-lo à assistência técnica, independente do prazo de 72 horas da compra, sempre observado o prazo decadencial do art. 26 do CDC" (REsp 1.568.938-RS, DJe 03/09/2020, Informativo n. 678).

5.1. Responsáveis pela reparação dos danos causados por vícios de qualidade do produto

O art. 18 do CDC estabelece que "os **fornecedores** de produtos de consumo duráveis ou não duráveis respondem solidariamente pelos vícios de qualidade ou quantidade que os tornem impróprios ou inadequados ao consumo a que se destinam ou lhes diminuam o valor, assim como por aqueles decorrentes da disparidade, com as indicações constantes do recipiente, da embalagem, rotulagem ou mensagem publicitária, respeitadas as variações decorrentes de sua natureza, podendo o consumidor exigir a substituição das partes viciadas".

Conforme já foi estudado no Capítulo 02 – "Relação Jurídica de Consumo", fornecedor é gênero, do qual são espécies o produtor, montador, criador, construtor, transformador, importador, exportador, distribuidor, comerciante e prestador de serviços.

O conceito de fornecedor é amplo e alcança pessoas físicas ou jurídicas (pública ou privada, nacional ou estrangeira) e também os entes despersonalizados (massa falida, espólio, sociedade de fato).

São fornecedores todos aqueles que, de forma direta ou indireta, colocam produtos ou prestam serviços no mercado de consumo, inclusive as de natureza bancária, financeira, de crédito e securitária, salvo as decorrentes das relações de caráter trabalhista.

ATENÇÃO

O art. 18 do CDC imputa ao fornecedor (gênero) a responsabilidade pela reparação dos danos causados aos consumidores por vício de qualidade dos produtos.

Não há previsão de responsabilidade diferenciada para o comerciante como ocorre na responsabilidade pelo fato (defeito) do produto.

5.2. Prazo para o fornecedor sanar o vício e sanções

O § 1º do art. 18 do CDC estabelece que o fornecedor tem o **prazo máximo de 30 dias** para sanar o vício do produto.

No entanto, o § 2º do art. 18 permite às partes convencionar a **redução ou ampliação** desse prazo de 30 dias, **não podendo ser inferior a 07 nem superior a 180 dias**.

Nos contratos de adesão, a cláusula de prazo deverá ser convencionada em separado, por meio de manifestação expressa do consumidor.

Ainda de acordo com o § 1º do art. 18, não sendo o vício sanado no prazo máximo de 30 dias, pode o consumidor exigir, alternativamente e à sua escolha:

- substituição do produto por outro da mesma espécie, em perfeitas condições de uso;
- restituição imediata da quantia paga, monetariamente atualizada, sem prejuízo de eventuais perdas e danos;
- abatimento proporcional do preço.

Assim, nos primeiros 30 dias, o fornecedor tem o direito de tentar sanar o vício, isto é, fazer a reparação necessária no produto. No entanto, esgotado o prazo de 30 dias, o consumidor passa a ter o direito de exigir a substituição do produto, a restituição da quantia paga ou ainda o abatimento proporcional do preço.

POSIÇÃO DO STJ

Segundo entendimento do STJ, "(...) não há no CDC norma cogente que confira ao consumidor um direito potestativo de ter o produto trocado antes do prazo legal de 30 (trinta) dias. A troca imediata do produto viciado, portanto, embora prática sempre recomendável, não é imposta ao fornecedor. O prazo de 3 (três) dias para a troca da mercadoria é um plus oferecido pela empresa, um benefício concedido ao consumidor diligente, que, porém, não é obrigatório. Ademais, verifica-se que essa política de troca não exclui a possibilidade de o consumidor realizar a troca, na forma do art. 18 do CDC". (REsp 1.459.555-RJ, DJe 20/2/2017 – Informativo n. 598)

O CDC, no entanto, no § 3º do art. 18, possibilita ao consumidor fazer uso imediato das alternativas tratadas anteriormente, isto é, sem aguardar o transcurso do prazo máximo de 30 dias para o fornecedor sanar o vício, sempre que:

➢ em razão da extensão do vício, a substituição das partes viciadas puder comprometer a qualidade ou características do produto;

➢ diminuir-lhe o valor;

➢ ou se tratar de produto essencial.

Tendo o consumidor optado pela substituição do produto por outro da mesma espécie e não sendo possível a substituição do bem, poderá haver substituição por outro de espécie, marca ou modelo diversos, mediante complementação ou restituição de eventual diferença de preço, nos termos do § 4º do art. 18.

5.3. Produto *in natura*

O § 5º do art. 18 estabelece que no caso de fornecimento de produtos in natura, isto é, aqueles que não sofrem processo de industrialização, o fornecedor imediato será responsável perante o consumidor, exceto quando identificado claramente seu produtor. Como exemplo podemos citar as frutas e verduras adquiridas pelo consumidor em feiras livres. Se os produtos estiverem estragados, a responsabilidade, em regra, será do feirante, exceto se no produto constar a identificação do produtor, quando então este será o responsável pelo vício do produto perante o consumidor.

5.4. Produtos impróprios ao uso e consumo

O § 6º do art. 18 trata dos produtos que são impróprios ao uso e consumo. São eles:

➢ produtos cujos prazos de validade estejam vencidos;

- produtos deteriorados, alterados, adulterados, avariados, falsificados, corrompidos, fraudados, nocivos à vida ou à saúde, perigosos ou, ainda, aqueles em desacordo com as normas regulamentares de fabricação, distribuição ou apresentação;
- produtos que, por qualquer motivo, se revelem inadequados ao fim a que se destinam.

6. RESPONSABILIDADE POR VÍCIO DE QUANTIDADE DO PRODUTO

A responsabilidade por vício de quantidade do produto está prevista no art. 19 do CDC.

Os produtos ofertados no mercado podem conter **vícios de quantidade** sempre que, respeitadas as variações decorrentes de sua natureza, seu conteúdo líquido for inferior às indicações constantes do recipiente, da embalagem, rotulagem ou de mensagem publicitária.

6.1. Responsáveis pela reparação dos danos causados por vícios de quantidade do produto

O art. 19 do CDC estabelece que os fornecedores respondem solidariamente pelos vícios de quantidade do produto sempre que, respeitadas as variações decorrentes de sua natureza, seu conteúdo líquido for inferior às indicações constantes do recipiente, da embalagem, rotulagem ou de mensagem publicitária.

POSIÇÃO DO STJ

Ainda que haja abatimento no preço do produto, o fornecedor responderá por vício de quantidade na hipótese em que reduzir o volume da mercadoria para quantidade diversa da que habitualmente fornecia no mercado, sem informar na embalagem, de forma clara, precisa e ostensiva, a diminuição do conteúdo". (REsp 1.364.915-MG, DJ 14/5/2013 – Informativo 524).

6.2. Sanções

Ainda de acordo com o art. 19, caso o produto apresente vício de quantidade, pode o consumidor exigir, alternativamente e à sua escolha:

- abatimento proporcional do preço;
- complementação do peso ou medida;
- substituição do produto por outro da mesma espécie, marca ou modelo, sem os aludidos vícios;
- restituição imediata da quantia paga, monetariamente atualizada, sem prejuízo de eventuais perdas e danos.

Tendo o consumidor optado pela substituição do produto por outro da mesma espécie e não sendo possível a substituição do bem, poderá haver substituição por outro de espécie, marca ou modelo diversos, mediante complementação ou restituição de eventual diferença de preço.

> **ATENÇÃO**
> *No que diz respeito ao vício de quantidade do produto não há previsão legal do prazo de 30 dias para saná-lo conforme preceituado no art. 18 do CDC, que trata do vício de qualidade do produto.*

Para não confundir:

Vício de qualidade	→	fornecedor tem o prazo máximo de 30 dias para sanar o vício do produto.
Vício de quantidade	→	não há previsão legal do prazo de 30 dias para o fornecedor sanar o vício do produto.

6.3. Fornecedor imediato

O § 2º do art. 19 estabelece que o fornecedor imediato, que é o comerciante, será responsável quando fizer a pesagem ou a medição e o instrumento utilizado não estiver aferido segundo os padrões oficiais.

7. RESPONSABILIDADE POR VÍCIO DO SERVIÇO

A responsabilidade por vício do serviço está prevista no art. 20 do CDC.

Os serviços prestados no mercado podem conter **vícios de qualidade,** a saber:

- que os tornem impróprios ao consumo;
- que lhes diminuam o valor;
- apresentem falha na informação decorrentes da disparidade com as indicações constantes da oferta ou da mensagem publicitária.

Por exemplo, o consumidor adquire pacote turístico com roteiro predefinido, que não é observado pela fornecedora do serviço.

ATENÇÃO

O CDC não prevê expressamente a responsabilidade por vício de quantidade de serviço, mas parcela da doutrina admite a possibilidade de aplicação, por analogia, do art. 19 do CDC, que trata dos vícios de quantidade do produto.

7.1. Responsáveis pela reparação dos danos causados por vícios de qualidade dos serviços

O art. 20 do CDC estabelece que "o fornecedor de serviços responde pelos vícios de qualidade que os tornem impróprios ao consumo ou lhes diminuam o valor, assim como por aqueles decorrentes da disparidade com as indicações constantes da oferta ou mensagem publicitária".

Como já foi estudado no Capítulo 02 – "Relação Jurídica de Consumo", fornecedor é gênero, do qual são espécies o produtor, montador, criador, construtor, transformador, importador, exportador, distribuidor, comerciante e prestador de serviços.

O conceito de fornecedor é amplo e alcança pessoas físicas ou jurídicas (pública ou privada, nacional ou estrangeira) e também os entes despersonalizados (massa falida, espólio, sociedade de fato).

São fornecedores todos aqueles que, de forma direta ou indireta, colocam produtos ou prestam serviços no mercado de consumo, inclusive as de natureza bancária, financeira, de crédito e securitária, salvo as decorrentes das relações de caráter trabalhista.

7.2. Sanções

Ainda de acordo com o art. 20 do CDC, caso o serviço prestado pelo fornecedor tenha vício de qualidade, pode o consumidor exigir, alternativamente e à sua escolha:

- reexecução dos serviços, sem custo adicional e quando cabível;
- restituição imediata da quantia paga, monetariamente atualizada, sem prejuízo de eventuais perdas e danos;
- abatimento proporcional do preço.

O CDC, no § 1º do art. 20, permite que a reexecução dos serviços seja confiada a terceiros devidamente capacitados, por conta e risco do fornecedor.

7.3. Serviços de reparo

Nos termos do art. 21 do CDC, no caso de fornecimento de serviços que tenham por objetivo a reparação de qualquer produto, é implícita a obrigação do fornecedor de empregar componentes de reposição originais adequados e novos, ou que mantenham as especificações técnicas do fabricante, salvo, quanto a estes últimos, tiver autorização em contrário do consumidor.

7.4. Serviços impróprios ao consumo

O § 2º do art. 20 trata dos serviços que são impróprios ao consumo. São eles:

- serviços que se mostrem inadequados para os fins que razoavelmente deles se esperam;
- serviços que não atendam as normas regulamentares de prestabilidade.

8. RESPONSABILIDADE DO PODER PÚBLICO NO FORNECIMENTO DE SERVIÇOS

É direito básico do consumidor, previsto no art. 6º, X, do CDC, a adequada e eficaz prestação dos serviços públicos em geral.

O art. 22 do CDC determina que "os órgãos públicos, por si ou suas empresas, concessionárias, permissionárias ou sob qualquer outra forma de empreendimento, são obrigados a fornecer serviços adequados, eficientes, seguros e, quanto aos essenciais, contínuos".

O Poder Público, diretamente, por seu permissionário ou concessionário, quando presta serviço público remunerado mediante tarifa ou preço público, é fornecedor enquadrado pelo CDC e deve prestá-lo de forma adequada e eficiente, conforme já estudado no Capítulo 02 – "Relação jurídica de consumo".

E, no caso de descumprimento, parcial ou total, das obrigações que lhe são impostas, será compelido a cumpri-las e a reparar os danos causados, na forma prevista pelo CDC.

Isso porque a tarifa ou preço público é de remuneração facultativa, oriunda de relação contratual na qual impera a manifestação de vontade, podendo o particular interromper o contrato a qualquer tempo. Assim, essa relação entre o Poder Público e o usuário é de direito privado, com aplicação do CDC. Podemos citar como exemplos os serviços de água, esgoto, gás, telefonia, transporte público.

Esses serviços não se confundem com os serviços remunerados mediante tributos (impostos, taxas, contribuição de melhoria, etc.), cujo pagamento é obrigatório, decorrente de lei, independentemente da vontade do contribuinte. Neste caso a relação entre o Poder Público e o contribuinte é de natureza administrativo-tributária, com aplicação das regras do Direito Administrativo.

ATENÇÃO

De acordo com o art. 6º, § 3º da Lei nº 8.987/95, que dispõe sobre o regime de concessão e permissão da prestação de serviços públicos, não se caracteriza como descontinuidade do serviço a sua interrupção em situação de emergência ou após prévio aviso, quando: I – motivada por razões de ordem técnica ou de segurança das instalações; e, II – por inadimplemento do usuário, considerado o interesse da coletividade.

A regra da interrupção do serviço em razão do inadimplemento não é absoluta. Importante trazer as ***exceções****, na visão do STJ, que foram muito bem sintetizadas por FABRÍCIO BOLZAN (2018, p. 198). Não caberá a interrupção do serviço: "se afetar unidades públicas essenciais; se afetar interesses inadiáveis da coletividade; se referir a fraude no medidor; se referir a dívidas pretéritas; situações excepcionais com fundamento na dignidade da pessoa humana".*

POSIÇÃO DO STF

Súmula Vinculante 27: "Compete à Justiça Estadual julgar causas entre consumidor e concessionária de serviço público de telefonia, quando a ANATEL não seja litisconsorte passiva necessária, assistente, nem opoente".

"(...). Não exige a lei a participação da ANATEL nas ações em que sejam parte as operadoras de telefonia e os consumidores. Também não resulta a pretendida obrigatoriedade do litisconsórcio, da natureza da relação jurídica. (...) Discute-se nos autos, conforme a lide delimitada na inicial, a relação entre o consumidor do serviço de telefonia e a concessionária, mais especificamente se há possibilidade de cobrança dos chamados 'pulsos referentes a ligações locais além da franquia'. Não é a ANATEL parte na relação de consumo. Ainda que o acolhimento do pleito do autor, ora recorrido, possa repercutir, em tese, jurídica ou economicamente, na relação mantida entre a concessionária e a ANATEL – contrato de concessão, a exigir eventual ajuste nas bases da própria concessão, é certo que essa repercussão não decorre diretamente do resultado individual da presente lide e que o consumidor não mantém relação jurídica com a ANATEL. Também não é da natureza da relação de consumo a participação direta de um ente fiscalizatório e normatizador". (RE 571.572, Relator Ministro Gilmar Mendes – Tribunal Pleno, DJe de 13.2.2009)

9. IGNORÂNCIA DO FORNECEDOR SOBRE OS VÍCIOS DOS PRODUTOS E SERVIÇOS

O art. 23 do CDC dispõe que "a ignorância do fornecedor sobre os vícios de qualidade por inadequação dos produtos e serviços não o exime de responsabilidade".

Esse dispositivo está intrinsicamente ligado ao princípio da boa-fé objetiva previsto no art. 4º, inciso III, do CDC, o qual impõe as partes agir com lealdade, honestidade, cooperação mútua para obterem o justo equilíbrio na relação de consumo e verem atendidos seus legítimos interesses e expectativas decorrentes da relação jurídica firmada.

10. GARANTIAS NO CDC

São três as modalidades de garantias presentes na relação de consumo, a saber:

- garantia legal;
- garantia contratual;
- garantia estendida.

O CDC, no **art. 24**, trata da **garantia legal** nos seguintes termos: "a garantia legal de adequação do produto ou serviço independe de termo expresso, vedada a exoneração contratual do fornecedor".

A garantia legal não pode ser afastada do consumidor, mitigada, atenuada, excluída por cláusula contratual, sob pena de nulidade de pleno direito. É, portanto, de natureza obrigatória.

O prazo para reclamar a garantia legal é decadencial e está previsto no art. 26 do CDC.

O CDC, no **art. 50**, trata da **garantia contratual**, que decorre da mera faculdade do fornecedor, é complementar à garantia legal, que é obrigatória.

Será conferida mediante termo escrito, que deve ser padronizado e esclarecer adequadamente em que consiste a garantia, bem como a forma, o prazo e o lugar em que pode ser exercitada e os ônus a cargo do consumidor, devendo ser-lhe entregue, devidamente preenchido pelo fornecedor, no ato do fornecimento, acompanhado de manual de instrução, de instalação e uso do produto em linguagem didática, com ilustrações.

Também é prática comum na relação de consumo a **garantia estendida**, que não tem previsão expressa no CDC. A garantia estendida é, na verdade, um contrato de seguro que o consumidor tem a opção, se quiser, de contratar. Se o fornecedor exigir a contratação dessa garantia estará incorrendo em prática comercial abusiva (art. 39, I). É prática de venda casada.

11. DEVER DO FORNECEDOR DE INDENIZAR

Segundo estabelece o art. 25 do CDC, é vedada a estipulação contratual de cláusula que impossibilite, exonere ou atenue a obrigação do fornecedor de indenizar o consumidor nos termos previstos pelo CDC. Por exemplo, considera-se não escrita a cláusula exonerativa que dispõe que o estacionamento não se responsabiliza pelos pertences deixados no veículo.

Esse dispositivo legal encontra-se alinhado ao art. 6º, inciso VI, do CDC, o qual aponta a efetiva reparação dos danos patrimoniais e morais, individuais, coletivos ou difusos como um dos direitos básicos do consumidor.

O § 1º do art. 25 reafirma a responsabilidade solidária dos fornecedores, ou seja, havendo mais de um responsável pela causação do dano, todos responderão solidariamente pelo evento danoso.

E de acordo com o § 2º, art. 25 do CDC, "sendo o dano causado por componente ou peça incorporada ao produto ou serviço, são responsáveis solidários seu fabricante, construtor ou importador e o que realizou a incorporação".

> **ATENÇÃO**
> *A responsabilização civil não exclui a responsabilização de natureza penal e administrativa.*

12. TÓPICO-SÍNTESE

RESPONSABILIDADE CIVIL NO CDC	
Noções introdutórias	Com relação ao CDC pode-se dizer que: • adotou a **teoria unitária** da responsabilidade civil, pouco importando se a responsabilidade decorre de contrato ou não; • como **regra a responsabilidade é objetiva**, independe de culpa, exigindo apenas o dano e o nexo de causalidade entre a ação e omissão do agente e o resultado danoso. **Exceção: profissionais liberais** → responsabilidade subjetiva; • como **regra a responsabilidade é solidária** entre todos aqueles que participaram da introdução do produto ou serviço no mercado de consumo para reparação dos danos experimentados pelo consumidor; • fornecedor tem **direito de regresso** contra os demais responsáveis, segundo sua participação na causação do evento danoso, que pode ser exercido em processo autônomo ou nos mesmos autos, após a satisfação do consumidor, uma vez que o **CDC veda a denunciação da lide nas ações de consumo.**
Diferença entre fato e vício	• **responsabilidade pelo fato** (defeito) do produto ou serviço → risco à segurança do consumidor ou de terceiros, que pode ocasionar o acidente de consumo; • fato → defeito ou acidente de consumo → repercussão extrínseca. • **responsabilidade por vício** do produto ou serviço → inadequação para o consumo; • vício → impropriedade ou inadequação do objeto de consumo, havendo problema de qualidade ou quantidade → repercussão intrínseca.

Responsabilidade pelo fato do produto	**Responsabilidade solidária** → do fabricante, do produtor, do construtor e do importador por defeitos decorrentes de projeto, fabricação, construção, montagem, fórmulas, manipulação, apresentação ou acondicionamento de seus produtos, bem como por informações insuficientes ou inadequadas sobre sua utilização e riscos (art. 12, CDC). **Responsabilidade subsidiária** → do comerciante quando o fabricante, o construtor, o produtor ou o importador não puderem ser identificados; o produto for fornecido sem identificação clara do seu fabricante, produtor, construtor ou importador; não conservar adequadamente os produtos perecíveis (art. 13, CDC). **Produto defeituoso** → não oferece a segurança que dele legitimamente se espera, levando-se em consideração as circunstâncias relevantes, dentre as quais: sua apresentação, uso e os riscos que razoavelmente dele se esperam, época em que foi colocado em circulação. **Excludentes de responsabilidade** → o fabricante, o construtor, o produtor ou importador só não será responsabilizado quando provar que não colocou o produto no mercado; que, embora haja colocado o produto no mercado, o defeito inexiste; culpa exclusiva do consumidor ou de terceiro; caso fortuito (fortuito externo) e força maior.
Responsabilidade pelo fato do serviço	**Responsabilidade solidária** → dos fornecedores por defeitos relativos à prestação dos serviços, bem como por informações insuficientes ou inadequadas sobre sua fruição e riscos. **Serviço defeituoso** não oferece a segurança que dele legitimamente se espera, levando-se em consideração as circunstâncias relevantes, dentre as quais: modo do seu fornecimento, resultado e riscos que razoavelmente dele se esperam, época em que foi fornecido.
Responsabilidade pelo fato do serviço	**Excludentes de responsabilidade** → fornecedor só não será responsabilizado quando provar que, tendo prestado o serviço, o defeito inexiste; culpa exclusiva do consumidor ou de terceiro; caso fortuito (fortuito externo) e força maior. **Responsabilidade civil do profissional liberal** → subjetiva → verificação de culpa: • **Obrigação de meio** → consumidor deve provar a culpa do profissional; • **Obrigação de resultado** → há presunção de culpa do profissional → inversão do ônus da prova. **Responsabilidade civil dos hospitais e médicos**: • Hospital → fornecedor → responsabilidade objetiva; • Médico → profissional liberal → responsabilidade subjetiva..

Responsabilidade por vício de qualidade do produto	São **vícios de qualidade** do produto: que os tornem impróprios ou inadequados ao consumo a que se destinam; que lhes diminuam o valor; decorrentes da disparidade, com as indicações constantes do recipiente, da embalagem, rotulagem ou mensagem publicitária. **Responsabilidade solidária** → dos fornecedores pelos vícios que os tornem impróprios ou inadequados ao consumo a que se destinam ou lhes diminuam o valor, assim como por aqueles decorrentes da disparidade, com as indicações constantes do recipiente, da embalagem, rotulagem ou mensagem publicitária, respeitadas as variações decorrentes de sua natureza, podendo o consumidor exigir a substituição das partes viciadas. **Prazo para sanar o vício** → 30 dias. As partes podem convencionar a redução ou ampliação desse prazo, não podendo ser inferior a 07 nem superior a 180 dias. **Sanções** → não sendo o vício sanado no prazo máximo de 30 dias, pode o consumidor exigir, alternativamente e à sua escolha: substituição do produto por outro da mesma espécie, em perfeitas condições de uso; restituição imediata da quantia paga, sem prejuízo de eventuais perdas e danos; abatimento proporcional do preço. Consumidor pode fazer uso imediato das alternativas tratadas anteriormente, isto é, sem aguardar o transcurso do prazo máximo de 30 dias para o fornecedor sanar o vício, sempre que: em razão da extensão do vício, a substituição das partes viciadas puder comprometer a qualidade ou características do produto, diminuir-lhe o valor; ou se tratar de produto essencial. **Produto** in natura → o fornecedor imediato será responsável perante o consumidor, exceto quando identificado claramente seu produtor. **Vícios de quantidade** do produto → sempre que, respeitadas as variações decorrentes de sua natureza, seu conteúdo líquido for inferior às indicações constantes do recipiente, da embalagem, rotulagem ou de mensagem publicitária. **Responsabilidade solidária** → dos fornecedores sempre que, respeitadas as variações decorrentes de sua natureza, seu conteúdo líquido for inferior às indicações constantes do recipiente, da embalagem, rotulagem ou de mensagem publicitária. Não há previsão legal do prazo de 30 dias para o fornecedor sanar o vício do produto. **Sanções** → não sendo o vício sanado, pode o consumidor exigir, alternativamente e à sua escolha: abatimento proporcional do preço; complementação do peso ou medida; substituição do produto por outro da mesma espécie, marca ou modelo, sem os aludidos vícios; restituição imediata da quantia paga, sem prejuízo de eventuais perdas e danos.

Responsabilidade por vício de quantidade do produto	**Fornecedor imediato** → será responsável quando fizer a pesagem ou a medição e o instrumento utilizado não estiver aferido segundo os padrões oficiais.
Responsabilidade pelo vício do serviço	São **vícios de qualidade** do serviço: que os tornem impróprios ao consumo; que lhes diminuam o valor; apresentem falha na informação decorrentes da disparidade com as indicações constantes da oferta ou da mensagem publicitária. O CDC não prevê expressamente a responsabilidade por vício de quantidade de serviço, mas parcela da doutrina admite a possibilidade de aplicação, por analogia, do art. 19 do CDC, que trata dos vícios de quantidade do produto. **Responsabilidade solidária** → dos fornecedores pelos vícios de qualidade que os tornem impróprios ao consumo ou lhes diminuam o valor, assim como por aqueles decorrentes da disparidade com as indicações constantes da oferta ou mensagem publicitária. **Sanções** → não sendo o vício sanado, pode o consumidor exigir, alternativamente e à sua escolha: reexecução dos serviços, sem custo adicional e quando cabível; restituição imediata da quantia paga, sem prejuízo de eventuais perdas e danos; abatimento proporcional do preço.
Responsabilidade do Poder Público no fornecimento de serviços	**STJ** → há relação de consumo nos casos em que o serviço público é remunerado mediante **tarifa ou preço público**. A relação de consumo não se confunde com a relação tributária, a qual prevê para o contribuinte o pagamento de impostos, taxas e contribuição de melhoria a título de prestação pecuniária compulsória (art. 3º do CTN).
Ignorância do fornecedor	A ignorância do fornecedor sobre os vícios de qualidade por inadequação dos produtos e serviços não o exime de responsabilidade.
Garantias no CDC	São três as modalidades de garantias presentes na relação de consumo: • **garantia legal** → obrigatória e independe de termo escrito; • **garantia contratual** → mera faculdade do fornecedor, conferida mediante termo escrito; • **garantia estendida** → contrato de seguro que o consumidor tem a opção, se quiser, de contratar.
Dever de indenizar	CDC assegura ao consumidor a efetiva prevenção e reparação de danos patrimoniais e morais, individuais, coletivos e difusos. É vedada a estipulação contratual de cláusula que impossibilite, exonere ou atenue a obrigação do fornecedor de indenizar o consumidor nos termos previstos pelo CDC.

Capítulo

6

DECADÊNCIA E PRESCRIÇÃO NO CDC

Leia a lei:

- *Arts. 26 e 27, 50 do CDC; art. 197 a 204, 207 do CC*

1. NOÇÕES INICIAIS

O CDC assegura ao consumidor o direito de reclamar em face do fornecedor a respeito de vício ou defeito de produto ou serviço por ele adquirido ou contratado. Todavia, em prol da estabilidade das relações jurídicas e da paz social, a legislação consumerista estabelece um prazo para que o consumidor exerça seu direito de reclamação.

Leciona JOSÉ GERALDO BRITO FILOMENO (2014, p. 228) que "tradicionalmente aprende-se que: a) **prescrição** é **perda do direito** à utilização **de determinado tipo de ação judicial**, em face do decurso de certo prazo, previsto em lei; b) **decadência** é a perda do **próprio direito, em decorrência da não utilização de qualquer tipo de ação para protegê-lo ou reivindicá-lo**".

Essa obra não tem a pretensão de se debruçar sobre as discussões e critérios doutrinários que envolvem os institutos da decadência e da prescrição, mas tão somente apresentar suas características peculiares na relação de consumo.

No CDC, o prazo para o consumidor reclamar por vício de produto ou serviço é decadencial (30 e 90 dias) e o prazo para reclamar pelo fato do produto ou serviço é prescricional (05 anos).

Esquematicamente podemos resumir os institutos da decadência e prescrição no CDC da seguinte forma:

Decadência → vício do produto ou serviço

Prescrição → fato do produto ou serviço

2. PRAZO DECADENCIAL

O art. 26 do CDC, que trata do prazo de decadência, determina que o direito do consumidor de reclamar dos vícios aparentes ou de fácil constatação caduca em:

- 30 dias → fornecimento de serviço e de produtos não duráveis;
- 90 dias → fornecimento de serviço e de produtos duráveis.

Os critérios legais para a fixação do prazo decadencial para reclamação de vícios aparentes ou de fácil constatação levam em consideração a durabilidade ou não do produto ou serviço.

Vício aparente ou de fácil constatação é aquele cuja constatação é verificável de plano e não exige do consumidor médio nenhum conhecimento especializado ou apreciação técnica (perícia) por decorrer de análise superficial, isto é, pela simples visualização do produto ou fruição do serviço.

A diferença entre produto e serviço durável e não durável é a seguinte:

- **produto durável:** é aquele que não se extingue pelo uso, levando certo tempo para se desgastar, que variará conforme a qualidade da mercadoria, os cuidados que lhe são emprestados pelo usuário, o grau de utilização e o meio ambiente no qual inserido. Ex.: eletrodoméstico, automóvel, livro, etc.;
- **produto não durável:** é aquele que se extingue em um único ato de consumo ou vai-se extinguindo conforme utilizado. Ex.: alimento, remédio, combustível, etc.;

- **serviço durável:** na lição de RIZZATO NUNES (2011, p. 145), é aquele que tem continuidade no tempo em razão de uma estipulação contratual (serviços escolares, planos de saúde) e aquele que deixa como resultado um produto, embora típico de não durabilidade (pintura de uma casa, instalação de um carpete);

- **serviço não durável:** ainda na lição de RIZZATO NUNES (2011, p. 145), é aquele que se exerce uma vez prestado. Ex.: serviço de transporte, de hospedagem.

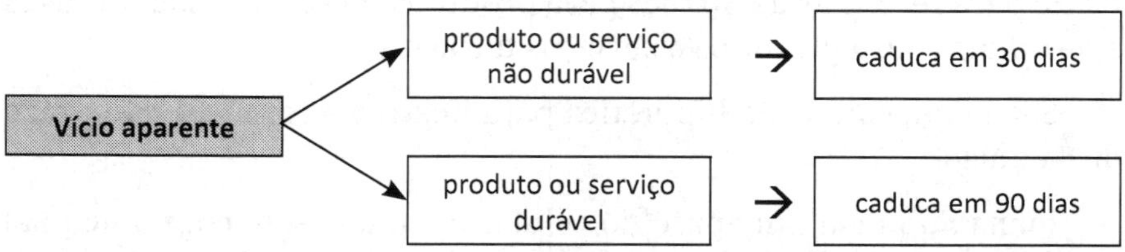

Além do vício aparente ou de fácil constatação, há também o vício oculto.

Vício oculto é aquele cuja constatação não é verificável de plano, sendo perceptível pelo consumidor depois de algum tempo da aquisição e uso do produto. Ex.: consumidor adquire um multiprocessador de alimentos e, depois de certo tempo, quando vai utilizar determinada função do equipamento, constata o mau funcionamento dela.

O vício oculto não se confunde com o desgaste natural decorrente da fruição ordinária do produto.

2.1. Prazos para reclamação das garantias

O **art. 26 do CDC** está relacionado ao prazo que o consumidor tem para reclamar a **garantia legal**, isto é, 30 dias para produtos ou serviço não duráveis e 90 dias para produtos e serviços duráveis.

O CDC não estabelece prazo para o consumidor reclamar a **garantia contratual**.

FABRÍCIO BOLZAN (2018, p. 447), alinhado à jurisprudência do STJ, sustenta que, tendo em vista o silêncio do CDC a respeito do tema, é possível realizar uma interpretação sistemática para aplicar, por analogia, os prazos do art. 26, que se referem à garantia legal, ao descumprimento da garantia contratual.

De acordo com o art. 50 do CDC, a garantia contratual é complementar à legal, prevalecendo na doutrina que os prazos da garantia contratual e garantia legal devem ser somados.

Assim, a partir do término do prazo da garantia contratual, começa a fluir o prazo da garantia legal, de modo que o consumidor tem o prazo para reclamar de 30 dias para produtos ou serviço não duráveis e de 90 dias para produtos e serviços duráveis.

Segue uma situação hipotética para ilustrar a contagem do prazo decadencial:

Joana adquiriu um aparelho celular e, juntamente com o manual de instruções, foi lhe entregue o termo de garantia do produto que assegurava ao consumidor um ano de garantia, a contar da efetiva entrega do produto. Cerca de um ano e um mês após a data da compra, o celular apresentou comprovadamente um defeito de fabricação.

Nesta situação, Joana poderá reclamar eventuais defeitos de fabricação até o prazo de noventa dias após o final da garantia contratual conferida pelo fornecedor, que no caso foi de um ano. Isso porque, segundo doutrina prevalecente, o prazo da garantia legal deve ser somado ao prazo da garantia contratual.

2.2. Início da contagem do prazo decadencial

O início (termo *a quo*) da contagem do prazo decadencial varia de acordo com o tipo de vício, isto é, vício aparente ou vício oculto. Assim, inicia-se a contagem do prazo decadencial:

- Vício aparente ou de fácil constatação: a partir da entrega efetiva do produto ou do término da execução dos serviços (art. 26, § 1º);
- Vício oculto: no momento em que ficar evidenciado o defeito (entendido, na verdade, como vício) (art. 26, § 3º).

O CDC contém uma imprecisão técnica ao estabelecer no § 3º do art. 26 que "tratando-se de vício oculto, o prazo decadencial inicia-se no momento em que ficar evidenciado o defeito".

A legislação consumerista diferencia vício de defeito, conforme visto no capítulo da responsabilidade civil, de modo que a leitura correta do dispositivo é a seguinte: tratando-se de vício oculto, o prazo decadencial inicia-se no momento em que ficar evidenciado o aludido vício.

ATENÇÃO

A fim de que o fornecedor não fique responsável por solucionar o vício oculto eternamente, mesmo porque não se sabe ao certo quando ele irá se manifestar diante do consumidor, a doutrina e a jurisprudência adotam o critério da vida útil do produto como o lapso temporal razoável para o aparecimento do vício oculto.

LEONARDO ROSCOE BESSA (2022, p. 247) esclarece que "O Superior Tribunal de Justiça, embora tenha oscilado no passado, firmou jurisprudência no sentido de prestigiar o critério da vida útil para exame no prazo decadencial em face do vício oculto."

Ainda segundo o doutrinador, o §3º do art. 26 do CDC em relação ao CC/1916 foi um dos maiores avanços do CDC por não ter fixado previamente um limite temporal para o vício oculto. Afirma (2022, p. 246): "o dispositivo possibilita que a garantia legal se estenda, conforme o caso, a três, quatro ou cinco anos após a aquisição. Isso é possível porque não há – propositalmente – expressa indicação do prazo máximo para aparecimento do vício oculto, a exemplo da disciplina do Código Civil (§1º do art. 445). Desse modo, o critério para delimitação do prazo máximo de aparecimento do vício oculto passa a ser o da vida útil do bem, o que, além de conferir ampla flexibilidade ao julgador, releva a importância da análise do caso concreto em que o fator tempo é apenas um dos elementos a ser apreciado."

2.3. Causas obstativas da decadência

O § 2º do art. 26 do CDC elenca as causas que obstam a decadência. São elas:

- a reclamação comprovadamente formulada pelo consumidor perante o fornecedor de produtos e serviços até a resposta negativa correspondente, que deve ser transmitida de forma inequívoca;
- a instauração de inquérito civil, até seu encerramento.

POSIÇÃO DO STJ

Segundo entendimento do STJ, "a reclamação obstativa da decadência pode ser feita documentalmente – por meio físico ou eletrônico – ou mesmo verbalmente – pessoalmente ou por telefone – e, consequentemente, a sua comprovação pode dar-se por todos os meios admitidos em direito." (REsp 1.442.597-DF, DJe 30/10/2017 – Informativo n. 614)

*Importa destacar que a reclamação formulada pelo consumidor perante os órgãos ou entidades cujas atribuições incluam a defesa do consumidor, como por exemplo o PROCON, **não** obsta a decadência.*

POSIÇÃO DO STJ

Segundo o STJ, "é possível a convenção de prazo decadencial para a utilização de diárias adquiridas em clube de turismo."

*A justificativa é esclarecedora: "(...) embora o Código de Defesa do Consumidor regule as relações jurídicas entre as partes, **uma vez que não se trata de fato ou defeito do serviço, não há regramento especial que discipline os prazos decadenciais relativos às prestações voluntariamente contratadas**, devendo-se observar as regras gerais do Código Civil para o deslinde da controvérsia. Assim, **é possível a convenção de prazos decadenciais, desde que respeitados os deveres anexos à contratação: informação clara e redação expressa, ostensiva e legível** (...)." (REsp 1.778.574-DF, DJe 28/06/2019 – Informativo 651).*

A natureza da causa obstativa da decadência prevista no CDC é amplamente discutida pelos doutrinadores, sem que exista consenso entre eles, ora tratando-a como causa suspensiva, ora como causa interruptiva.

E, dependendo do posicionamento adotado, haverá diferença na contagem do prazo decadencial.

Isso porque, se entender que as causas obstativas interrompem o curso do prazo decadencial, o prazo volta a correr novamente por inteiro. E se entender que as causas obstativas suspendem o curso do prazo decadencial, o prazo volta a correr novamente pelo tempo restante.

O entendimento **majoritário** manifestado pela doutrina é no sentido de que as **causas obstativas suspendem o curso do prazo decadencial**.

Nesse sentido ZELMO DENARI (1999, p. 201): "Ora, se a reclamação ou o inquérito civil paralisam o curso decadencial durante um lapso de tempo (até a resposta negativa ou o encerramento do inquérito), parece intuitivo que o propósito do legislador não foi interromper, mas suspender o curso decadencial. Do contrário, não teria estabelecido um hiato, com previsão de um termo final *(dies a quo)*, mas, simplesmente, um ato interruptivo".

ATENÇÃO

Conforme visto, o CDC prevê duas causas obstativas do prazo decadencial. Essa regra é bem diferente da regra prevista no CC, que estabelece que o prazo decadencial não se suspende nem se interrompe.

De acordo com o art. 207 do CC, "salvo disposição legal em contrário, não se aplicam à decadência as normas que impedem, suspendem ou interrompem a prescrição".

CDC	→	prazo decadencial pode ser suspenso (art. 26, § 2º, CDC);
CC	→	prazo decadencial não se suspende nem se interrompe (art. 207, CC).

3. PRAZO PRESCRICIONAL

O art. 27 do CDC, que trata do prazo de prescrição, determina que prescreve em cinco anos a pretensão do consumidor à reparação pelos danos causados por fato do produto ou do serviço, iniciando-se a contagem do prazo a partir do conhecimento do dano e de sua autoria.

Fato do produto ou serviço	→	prazo prescricional de 05 anos da pretensão indenizatória, com início da contagem a partir do conhecimento do dano e de sua autoria.

Vale enfatizar que o CDC prevê que o prazo prescricional de 05 anos somente começa a fluir quando presentes dois pressupostos:

conhecimento do dano	**E**	**conhecimento da autoria**

Essa previsão normativa é importante porque pode ocorrer de o consumidor sofrer o dano e não ter conhecimento da autoria ou ainda não perceber o dano de imediato. Exemplos tradicionalmente citados pela doutrina são a intoxicação alimentar e intoxicação medicamentosa.

POSIÇÃO DO STJ

"Conta-se da data do conhecimento do dano e de sua autoria – e não da data em que expedida simples notificação pública a respeito da existência do dano ecológico – o prazo prescricional da pretensão indenizatória de quem sofreu danos pessoais decorrentes de contaminação de solo e de lençol freático ocasionada por produtos utilizados no tratamento de madeira destinada à fabricação de postes de luz. Apesar da natural ênfase conferida aos vários aspectos do dano ambiental, trata-se, também, de um acidente de consumo, que se enquadra simultaneamente nos arts. 12 (fato do produto) e 14 do CDC (fato do serviço)". (REsp 1.365.277, DJ 20/02/2014 – Informativo 537)

Importa destacar as lições de FABRÍCIO BOLZAN (2018, p. 458) no sentido de que o prazo prescricional de 05 anos previsto no CDC é aplicável no caso de acidente de consumo em razão da existência de produtos ou serviços defeituosos. Assim, diz o doutrinador, "em qualquer outra situação que não envolva acidente de consumo deverá prevalecer o prazo prescricional disposto no Código Civil".

E, como exemplos, FABRÍCIO BOLZAN cita:

- a ação de cobrança de valor complementar de indenização securitária. Havendo o inadimplemento contratual, o prazo prescricional é de um ano (art. 206, § 1º, II, CC).

POSIÇÃO DO STJ

Súmula 101: "A ação de indenização do segurado em grupo contra a seguradora prescreve em um ano".

- a ação de repetição de indébito em caso de cobrança indevida, prevista no art. 42 do CDC. O prazo prescricional é de 10 anos, segundo a regra geral do art. 205 do CC.

POSIÇÃO DO STJ

Súmula 412: "A ação de repetição de indébito de tarifas de água e esgoto sujeita-se ao prazo prescricional estabelecido no Código Civil".

POSIÇÃO DO STJ

*Para o STJ, "É **decenal o prazo prescricional aplicável ao exercício da pretensão de reembolso de despesas médico-hospitalares** alegadamente cobertas pelo contrato de plano de saúde (ou de seguro saúde), mas que não foram adimplidas pela operadora."*

> *Prossegue: "diante da inexistência de norma prescricional específica que abranja o exercício da pretensão de reembolso de despesas médico-hospitalares supostamente cobertas pelo contrato de plano de saúde (que não se confunde com a pretensão de ressarcimento de enriquecimento sem causa), deve incidir a regra da prescrição decenal estabelecida no art. 205 do Código Civil de 2002." (REsp 1.756.283-SP, DJe 03/06/2020 – Informativo 673)*

Vale ressaltar que as regras estabelecidas nos arts. 197 a 204 do CC, que tratam das causas de suspensão e interrupção da prescrição, são aplicáveis aos prazos prescricionais do CDC.

4. TÓPICO-SÍNTESE

DECADÊNCIA E PRESCRIÇÃO NO CDC	
Noções iniciais	• **Decadência** → vício do produto ou serviço; • **Prescrição** → fato do produto ou serviço.
Prazo decadencial	Direito do consumidor de reclamar dos **vícios aparentes ou de fácil constatação** caduca em: • **30 dias** → serviços e de produtos não duráveis; • **90 dias** → serviços e produtos duráveis. **Vício aparente ou de fácil constatação** → verificável de plano por decorrer de análise superficial, isto é, pela simples visualização do produto ou fruição do serviço. **Vício oculto** → constatação não é verificável de plano, sendo perceptível pelo consumidor depois de algum tempo da aquisição e uso do produto.
Prazo para reclamação das garantiass	**Garantia legal** → 30 dias para produtos ou serviço não duráveis e 90 dias para produtos e serviços duráveis. **Garantia contratual** → CDC não estabelece prazo, mas doutrina e jurisprudência entendem ser possível realizar uma interpretação sistemática para aplicar, por analogia, os prazos do art. 26, que se referem à garantia legal, ao descumprimento da garantia contratual. A garantia contratual é complementar à legal e os prazos devem ser somados.

Início da contagem do prazo decadencial	**Vício aparente ou de fácil constatação** → a partir da entrega efetiva do produto ou do término da execução dos serviços. **Vício oculto** → no momento em que ficar evidenciado o defeito (entendido, na verdade, como vício). A vida útil do produto é adotada pela doutrina e jurisprudência como o lapso temporal razoável para o aparecimento do vício oculto..
Causas obstativas da decadência	São elas: • a reclamação comprovadamente formulada pelo consumidor perante o fornecedor de produtos e serviços até a resposta negativa correspondente, que deve ser transmitida de forma inequívoca. • a instauração de inquérito civil, até seu encerramento. Doutrina majoritária → **causas obstativas suspendem o curso do prazo decadencial.**
Prazo prescricional	Prescreve em **05 anos** a pretensão do consumidor à reparação pelos danos causados por fato do produto ou do serviço, iniciando-se a contagem do prazo a partir do conhecimento do dano e de sua autoria. O prazo prescricional de 05 anos somente começa a fluir quando presentes dois pressupostos: **conhecimento do dano + conhecimento da autoria.** Prazo prescricional de 05 anos → acidente de consumo em razão da existência de produtos ou serviços defeituosos. Em qualquer outra situação que não envolva acidente de consumo deverá prevalecer o prazo prescricional disposto no Código Civil.

Capítulo

7

DESCONSIDERAÇÃO DA PERSONALIDADE JURÍDICA

Leia a lei:

- *Art. 28 do CDC; arts. 50 e 1.099 do CC; arts. 243, § 2º, 265 da Lei 6.404/76*

1. CONSIDERAÇÕES INICIAIS

A sociedade, ao adquirir personalidade jurídica com o registro dos seus atos constitutivos no órgão competente, passa a ter autonomia patrimonial, isto é, a sociedade responde com seu patrimônio próprio pelas obrigações que assumir, patrimônio este que é inconfundível e incomunicável com o patrimônio dos sócios, associados, instituidores ou administradores que a compõem, nos termos do art. 49-A do CC, incluído pela Lei 13.874, de 20 de setembro de 2019.

Ocorre que, muitas vezes, os sócios e administradores praticam atos fraudulentos acobertados pela pessoa jurídica, isto é, pela sociedade empresária.

RIZZATO NUNES (2011, p. 772) esclarece: "(...) com o nascimento do mercado empresarial, ficou cada vez mais evidente que a facilidade que se dava para a formação de pessoas jurídicas – especialmente empresas – tinha o preço da permissibilidade para que seus sócios delas se servissem para todo tipo de fraude. De maneira que a legislação passou a prever expressamente a responsabilidade dos sócios, e caminhou-se para o regramento do art. 28 do CDC, que, como se verá, permite a desconsideração não só em caso de fraude, mas até nas hipóteses de simples administração (...)".

Assim, é possível que os efeitos da personalidade jurídica da sociedade sejam afastados para alcançar os bens dos sócios quando houver a prática de atos ilícitos ou abusos ou para fins diversos daqueles para os quais foi constituída. É o que se entende por desconsideração da personalidade jurídica (*disregard doctrine*).

A desconsideração da personalidade jurídica foi positivada inicialmente no direito brasileiro pela Lei nº 8.078/90 (CDC), com alcance restrito às relações de consumo. Posteriormente, foi contemplada pela Lei nº 8.884/94 (direito da concorrência) e pela Lei nº 9.605/98 (meio ambiente), também com aplicação restrita às respectivas áreas.

A título de esclarecimento, a Lei nº 12.529/2011 revogou praticamente todos os artigos da Lei nº 8.884/94, restando vigente apenas os arts. 86 e 87. O artigo sobre a desconsideração da personalidade jurídica também foi contemplado na novel legislação, com o mesmo teor da lei revogada.

Depois o CC/2002 contemplou a desconsideração com aplicação abrangente, alcançando todos os casos de abuso de personalidade jurídica de uma sociedade, ressaltando apenas que a desconsideração já vinha sendo invocada pelos tribunais antes mesmo da previsão na legislação civil.

A desconsideração da personalidade jurídica visa responsabilizar diretamente os administradores ou sócios quando estes utilizam a pessoa jurídica, com a prática de atos aparentemente lícitos, para manipulação fraudulenta ou abusiva do princípio da autonomia patrimonial. Como a fraude se encontra oculta, atrás da pessoa jurídica, justifica-se a desconsideração para operar a **mudança na imputação**, isto é, da sociedade para os sócios ou administradores responsáveis pelos atos fraudulentos. Por isso é comum na doutrina a expressão **'levantar o véu da pessoa jurídica'**.

FÁBIO ULHOA COELHO (2008, p. 45) explica: "enquanto o ato é imputável à sociedade, ele é lícito. Torna-se ilícito apenas quando se imputa ao sócio ou administrador. A desconsideração da personalidade jurídica é a operação prévia a essa mudança na imputação. A sociedade empresária deve ser desconsiderada exatamente se for obstáculo à imputação do ato a outra pessoa. Assim, se o ilícito, desde logo, pode ser identificado como ato do sócio ou administrador, não é caso de desconsideração".

Frise-se que se a responsabilidade pelo ato ilícito ou com infração do contrato social ou estatuto puder ser imputado diretamente ao sócio ou administrador, não há de se aplicar a desconsideração da personalidade jurídica.

Esquematicamente podemos resumir a desconsideração da personalidade jurídica da seguinte forma:

Desconsideração da personalidade jurídica	→	responsabilização dos sócios e administradores nas hipóteses previstas em lei.

2. DESCONSIDERAÇÃO DA PERSONALIDADE JURÍDICA NO CDC

A desconsideração da personalidade jurídica está prevista no art. 28 do CDC com a seguinte redação: "o juiz poderá desconsiderar a personalidade jurídica da sociedade quando, em detrimento do consumidor, houver abuso de direito, excesso de poder, infração da lei, fato ou ato ilícito ou violação dos estatutos ou contrato social. A desconsideração também será efetivada quando houver falência, estado de insolvência, encerramento ou inatividade da pessoa jurídica provocados por má administração".

O § 5º do art. 28 do CDC ainda dispõe que "também poderá ser desconsiderada a pessoa jurídica sempre que sua personalidade for, de alguma forma, obstáculo ao ressarcimento de prejuízos causados aos consumidores".

2.1. Hipóteses autorizadoras da desconsideração da personalidade jurídica no CDC

Assim, de acordo com a legislação consumerista, a personalidade jurídica da sociedade será desconsiderada nas seguintes hipóteses:

- abuso de direito;
- excesso de poder;
- infração da lei, fato ou ato ilícito;

- violação dos estatutos ou contrato social;
- falência;
- estado de insolvência;
- encerramento ou inatividade da pessoa jurídica provocados por má administração;
- sempre que a personalidade da pessoa jurídica for, de alguma forma, obstáculo ao ressarcimento de prejuízos causados aos consumidores.

ATENÇÃO

As hipóteses autorizadoras para a decretação da desconsideração da personalidade jurídica no âmbito da relação de consumo, previstas no art. 28 do CDC, são mais abrangentes do que as hipóteses previstas no art. 50 do CC.

De acordo com o CC/2002, a desconsideração é aplicada em caso de abuso da personalidade jurídica caracterizado pelo desvio de finalidade ou pela confusão patrimonial.

***A Lei nº 13.874, de 20 de setembro de 2019, alterou a redação do art. 50 do CC** e incluiu dispositivos para definir expressamente o que se entende por desvio de finalidade e confusão patrimonial.*

2.2. Aspectos processuais da desconsideração da personalidade jurídica

Quanto aos aspectos processuais, importa dizer sobre a desconsideração da personalidade jurídica que:

- é eficaz tão somente ao caso concreto em que foi requerida, permanecendo os efeitos da personalização para as demais relações firmadas com a pessoa jurídica;

ATENÇÃO

FLAVIO TARTUCE (2014, p. 465) enfatiza que "a desconsideração da personalidade jurídica não significa sua extinção. (...). Em suma, não se pode confundir a desconsideração com a despersonificação da pessoa jurídica. No primeiro instituto, apenas desconsidera-se a regra pela qual a pessoa jurídica tem existência distinta de seus membros. Na despersonificação, a pessoa jurídica é dissolvida ou extinta".

- independe de requerimento da parte ou do Ministério Público, podendo o juiz reconhecê-la de ofício;

ATENÇÃO

No CC, a desconsideração da personalidade jurídica depende de requerimento da parte ou do Ministério Público, não sendo permitida sua aplicação de ofício pelo juiz.

- presentes as hipóteses autorizadoras na lei para a desconsideração da personalidade jurídica, o juiz tem o dever de decretá-la e não mera faculdade, como pode fazer crer o verbo "poderá" contido no *caput* do art. 28 do CDC;
- o STJ tem decidido pela possibilidade da aplicação da desconsideração da personalidade jurídica nos próprios autos da execução (singular ou coletivo), dispensando a propositura da ação autônoma para tal (Precedentes: REsp 1.096.604-DF, DJ 16/10/2012; REsp 920.602-DF, DJ 23/6/2008; REsp 1.326.201-RJ, DJ 7/5/2013);
- a decisão da desconsideração deve ser devidamente justificada dada a excepcionalidade da medida.

ATENÇÃO

O CPC disciplinou nos arts. 133 a 137 o incidente de desconsideração da personalidade jurídica com o objetivo de assegurar o contraditório entre os sócios ou os administradores da pessoa jurídica que podem sofrer os efeitos da desconsideração e o requerente da medida.

Assim como previsto no art. 50 do CC, a desconsideração da personalidade jurídica não pode ser decretada de ofício. Depende, portanto, de requerimento da parte ou do Ministério Público.

O pedido de desconsideração da personalidade jurídica observará os pressupostos previstos em lei específica (art. 50, CC; art. 28, CDC; art. 4°, Lei do Meio Ambiente etc.).

O § 2° do art. 133 prevê a desconsideração inversa da personalidade jurídica.

O incidente de desconsideração é cabível em todas as fases do processo de conhecimento, no cumprimento de sentença e na execução fundada em título executivo extrajudicial (art. 134). Aplica-se ao processo de competência dos juizados especiais (art. 1.062).

Não será instaurado o incidente se a desconsideração da personalidade jurídica for requerida na petição inicial, hipótese em que serão citados o sócio e a pessoa jurídica.

A instauração do incidente suspende o processo. O sócio ou a pessoa jurídica será citada para manifestar-se e requerer as provas cabíveis no prazo de 15 dias.

O incidente será resolvido por decisão interlocutória e dela cabe agravo de instrumento. Se decidido pelo relator, cabe agravo interno.

Acolhido o pedido de desconsideração, a alienação ou a oneração de bens, havida em fraude de execução, será ineficaz em relação ao requerente.

ATENÇÃO

***Desconsideração inversa da personalidade jurídica**: de acordo com ANDRÉ LUIZ SANTA CRUZ RAMOS (2010, p. 348) "consiste, como a própria expressão indica, aplicar os fundamentos da disregard doctrine para permitir que a pessoa jurídica, eventualmente, responda por obrigações pessoais de um ou mais de seus integrantes".*

É manejada para executar bens da sociedade por dívidas pessoais dos sócios quando estes se valem da pessoa jurídica para ocultar ou desviar bens pessoais, causando prejuízos a terceiros.

2.3. Teorias maior e menor da desconsideração da personalidade jurídica

A doutrina e a jurisprudência, ao tratarem da desconsideração, de regra, fazem referência às teorias maior e menor da desconsideração da personalidade jurídica:

A) **Teoria Maior da Desconsideração**: a desconsideração é aplicada quando restar provado o desvio de finalidade ou a confusão patrimonial.

A.1) **Concepção subjetivista da teoria maior:** deve existir o desvio de finalidade praticado pelos sócios ou administradores em detrimento dos credores da sociedade;

A.2) **Concepção objetivista da teoria maior**: deve-se demonstrar a confusão patrimonial, isto é, a não separação do patrimônio da pessoa jurídica e dos sócios.

B) **Teoria Menor da Desconsideração**: a desconsideração é aplicada quando restar comprovada a insolvência da pessoa jurídica ou o fato de a personalidade jurídica representar um obstáculo ao ressarcimento dos prejuízos causados. O risco empresarial, inerente ao exercício da atividade econômica, deve ser suportado pelos sócios e não por aquele que contratou com a pessoa jurídica.

O **CDC** adotou a **teoria menor da desconsideração da personalidade jurídica**, sendo suficiente a prova de insolvência da pessoa jurídica, independentemente da ocorrência de desvio de finalidade ou de confusão patrimonial.

Importa registrar que o CDC **não** contempla a possibilidade de extensão da responsabilidade ao administrador não sócio, isto é, àquele que, embora desempenhe as funções gerenciais, não integra o quadro societário.

POSIÇÃO DO STJ

*Afirma o STJ: "a desconsideração da personalidade jurídica de uma **sociedade cooperativa**, ainda que com fundamento no art. 28, § 5º, do CDC (Teoria Menor), não pode atingir o patrimônio pessoal de membros do Conselho Fiscal sem que que haja a mínima presença de indícios de que estes contribuíram, ao menos culposamente, e com desvio de função, para a prática de atos de administração."*

Esclarece o STJ que, sendo o Conselho Fiscal "mero fiscal", não pode substituir os administradores da companhia no tocante à melhor forma de conduzir os negócios sociais. O Conselho Fiscal não interfere na conveniência dos negócios realizados, limitando-se aos aspectos da regularidade e legalidade dos atos de gestão. (REsp 1.766.093-SP, DJe 28/11/2019– Informativo 661).

O CC, diferentemente, adotou a teoria maior da desconsideração, na qual deve ser provado o desvio de finalidade ou a confusão patrimonial para a aplicação da desconsideração da personalidade jurídica da sociedade.

CDC	→	Teoria menor da desconsideração	→	prova da insolvência da pessoa jurídica
CC	→	Teoria maior da desconsideração	→	prova do desvio de finalidade ou da confusão patrimonial

3. RESPONSABILIDADE DOS GRUPOS SOCIETÁRIOS

As disposições, a despeito de tratarem de regras gerais de responsabilidade dos grupos societários, estão previstas na seção da desconsideração da personalidade jurídica, podendo ser assim sintetizadas:

A) as **sociedades integrantes dos grupos societários** e as **sociedades controladas** respondem objetiva e **subsidiariamente** pelas obrigações decorrentes do CDC.

A Lei nº 6.404/1976, que dispõe sobre a sociedade por ações, no art. 265, prevê que a sociedade controladora e suas controladas podem constituir **grupo de sociedades**, mediante convenção pela qual se obriguem a combinar recursos ou esforços para a realização dos respectivos objetos, ou a participar de atividades ou empreendimentos comuns.

E no § 2º, art. 243, dispõe que sociedade controlada é a "sociedade na qual a controladora, diretamente ou através de outras controladas, é titular de direitos de sócio que lhe assegurem, de modo permanente, preponderância nas deliberações sociais e o poder de eleger a maioria dos administradores".

B) as **sociedades consorciadas** respondem objetiva e **solidariamente** pelas obrigações decorrentes do CDC.

Sociedades consorciadas são aquelas que se associam, conjugando esforços, para executar determinado empreendimento.

POSIÇÃO DO STJ

Afirma o STJ: "a solidariedade entre os integrantes do consórcio quanto a obrigação decorrente de uma relação de consumo não significa a desconsideração da personalidade jurídica das consorciadas, mas sim a atribuição de responsabilidade a terceiros em razão do vínculo jurídico mantido com o fornecedor causador do dano. Outrossim, é certo que, por se tratar de exceção à regra, a previsão de solidariedade contida no art. 28, § 3º, do CDC deve ser interpretada restritivamente, de maneira a abarcar apenas as obrigações resultantes do objeto do consórcio, e não quaisquer obrigações assumidas pelas consorciadas em suas atividades empresariais gerais. Ademais, a exceção em comento não alcança o próprio consórcio, que apenas responderá solidariamente com suas integrantes se houver previsão contratual nesse sentido." (REsp 1.635.637-RJ, DJe 21/09/2018 – Informativo 633).

C) as **sociedades coligadas só responderão por culpa**.

De acordo com o art. 1.099 do CC, "diz coligada ou filiada a sociedade de cujo capital outra sociedade participa com dez por cento ou mais, do capital da outra, sem controlá-la".

Esquematicamente a responsabilidade das sociedades pode ser vista da seguinte forma:

Grupos societários e sociedades controladas	→	responsabilidade subsidiária
Sociedades consorciadas	→	responsabilidade solidária
Sociedades coligadas	→	responsabilidade mediante culpa

4. TÓPICO-SÍNTESE

DESCONSIDERAÇÃO DA PERSONALIDADE JURÍDICA	
Considerações iniciais	Desconsideração da personalidade jurídica → **responsabiliza diretamente os administradores ou sócios** quando estes utilizam a pessoa jurídica, com a prática de atos aparentemente lícitos, para manipulação fraudulenta ou abusiva do princípio da autonomia patrimonial.
Desconsideração da personalidade jurídica no CDC	Hipóteses autorizadoras da desconsideração da personalidade jurídica no CDC (art. 28, caput e § 5º): • abuso de direito; • excesso de poder; • infração da lei, fato ou ato ilícito; • violação dos estatutos ou contrato social; • falência; • estado de insolvência; • encerramento ou inatividade da pessoa jurídica provocados por má administração; • sempre que a personalidade da pessoa jurídica for, de alguma forma, obstáculo ao ressarcimento de prejuízos causados aos consumidores. CC → desconsideração é aplicada em caso de abuso da personalidade jurídica caracterizado pelo desvio de finalidade ou pela confusão patrimonial.
Aspectos processuais da desconsideração da personalidade jurídica	Importa dizer que: • é eficaz tão somente ao caso concreto em que foi requerida, permanecendo os efeitos da personalização para as demais relações firmadas com a pessoa jurídica; • independe de requerimento da parte ou do Ministério Público, podendo o juiz reconhecê-la de ofício;

<table>
<tr><td>Aspectos processuais da desconsideração da personalidade jurídica</td><td>• presentes as hipóteses autorizadoras na lei para a desconsideração da personalidade jurídica, o juiz tem o dever de decretá-la e não mera faculdade;
• STJ → aplicação da teoria da desconsideração nos próprios autos da execução, dispensando a propositura da ação autônoma para tal;
• decisão da desconsideração deve ser devidamente justificada dada a excepcionalidade da medida.
Desconsideração inversa executa bens da sociedade por dívidas pessoais dos sócios quando estes se valem da pessoa jurídica para ocultar ou desviar bens pessoais, causando prejuízos a terceiros.</td></tr>
<tr><td>Teorias maior e menor da desconsideração da personalidade jurídica</td><td>Teoria Maior da Desconsideração → desconsideração aplicada quando restar provado o desvio de finalidade ou a confusão patrimonial.
Concepção subjetivista da teoria maior deve existir o desvio de finalidade praticado pelos sócios ou administradores em detrimento dos credores da sociedade;
Concepção objetivista da teoria maior: deve-se demonstrar a confusão patrimonial, isto é, a não separação do patrimônio da pessoa jurídica e dos sócios.
Teoria Menor da Desconsideração → desconsideração é aplicada quando restar comprovada a insolvência da pessoa jurídica.
CDC → teoria menor da desconsideração → prova da insolvência da pessoa jurídica.
CC → teoria maior da desconsideração → prova do desvio de finalidade e confusão patrimonial.</td></tr>
<tr><td>Responsabilidade dos grupos societários</td><td>• grupos societários e sociedades controladas → responsabilidade subsidiária;
• sociedades consorciadas → responsabilidade solidária;
• sociedades coligadas → responsabilidade mediante culpa.</td></tr>
</table>

Capítulo

8

PRÁTICAS COMERCIAIS

Leia a lei:

- *Arts. 6º, IV, 12, § 3º, 14, § 3º, 29 a 44, 60, caput e § 1º e 71 do CDC; arts. 220, 5º, LXXII da CF; arts. 187, 206, § 3º, V, 940 do CC; Lei 10.962/2004; Decreto 5.903/2006; art. 13, XXI do Decreto 2.181/97, Lei 9.294/96; Lei 12.414/2011; art. 9º, § 2º, do Código Brasileiro de Autorregulamentação Publicitária*

1. CONSIDERAÇÕES INICIAIS

Práticas comerciais, na concepção de ANTONIO HERMAN DE VASCONCELLOS E BENJAMIN (1999, p. 213) são "os procedimentos, mecanismos, métodos e técnicas utilizadas pelos fornecedores para, mesmo indiretamente, fomentar, manter, desenvolver e garantir a circulação de seus produtos e serviços até o destinatário final".

Afirma o doutrinador que as práticas comerciais fazem parte da fase de comercialização dos produtos e serviços, não se confundindo com a fase antecedente, que é a de produção, relacionada à criação de produtos e serviços.

Práticas comerciais	→	comercialização dos produtos e serviços

O art. 29 do CDC prevê a proteção jurídica à figura do consumidor equiparado, alcançando, assim, outras pessoas, físicas ou jurídicas, não contempladas pelo artigo 2º da lei consumerista, independentemente da realização concreta de um ato de consumo. São consumidores por equiparação todas as pessoas, determináveis ou não, expostas às práticas comerciais e contratuais abusivas. Ex.: toda pessoa que se sentir prejudicada por publicidade enganosa, mesmo que não tenha contratado nenhum serviço.

Os arts. 30 a 44 do CDC tratam das práticas comerciais nas relações de consumo, que são as seguintes:

Práticas Comerciais

- oferta;
- publicidade;
- práticas abusivas;
- cobrança de dívidas;
- banco de dados e cadastros de consumidores.

2. OFERTA

O art. 30 do CDC define oferta como sendo "toda informação ou publicidade, suficientemente precisa, veiculada por qualquer forma ou meio de comunicação com relação a produtos e serviços oferecidos ou apresentados, obriga o fornecedor que a fizer veicular ou dela se utilizar e integra o contrato que vier a ser celebrado".

Informação não se confunde com publicidade. Nos ensinamentos de RIZZATO NUNES (2011, p. 461), "toda publicidade veicula algum tipo de informação, mas nem toda informação é publicidade".

Esclarece o doutrinador:

A **publicidade** "abrange os comumente conhecidos de todos, anúncios de televisão, rádio, jornal, revista, cinema e, também, os constantes de rótulos, folhetos e dos materiais entregues nos pontos de venda".

A **informação** é mais ampla: "ela abrange tudo isso, mas é também a fala ou resposta do gerente do banco, do funcionário do atendimento telefônico, a administradora do cartão de crédito, o preço dado pelo feirante 'de boca', para o consumidor, do agente emissor de passagens de qualquer tipo, do maître no restaurante, do recepcionista no hotel, são os dados técnicos apresentados nas embalagens e rótulos dos produtos, enfim, é qualquer informação oferecida por todo e qualquer meio de comunicação escrita, verbal, gestual, etc., que chegue ao consumidor".

2.1. Princípio da vinculação da oferta

O princípio da vinculação da oferta foi categoricamente resumido por JOSÉ GERALDO BRITO FILOMENO (2014, p. 223): "**Prometeu, tem de cumprir.** Ou seja, uma vez veiculada uma oferta, ou então uma mensagem publicitária, o anunciante fica obrigado a contratar com eventuais consumidores, exatamente pela maneira e condições ofertadas ou anunciadas".

A oferta vincula o fornecedor que a fizer veicular ou dela se utilizar e integra o contrato que vier a ser celebrado, em consonância com os princípios da transparência e da boa-fé objetiva nas práticas comerciais.

A oferta gera uma obrigação pré-contratual ao fornecedor, assegurando ao consumidor o direito de exigir aquilo que foi ofertado.

A oferta vincula o fornecedor quando estiverem presentes dois requisitos:

- **veiculação**: a proposta deve chegar ao conhecimento do consumidor por meio de informe publicitário, revistas, jornais, panfletos, televisão, rádio, outdoors, mídias digitais ou por qualquer outro meio de comunicação;
- **informação suficientemente precisa**: a informação sobre o produto ou serviço deve ser correta, clara, precisa.

Vinculação da oferta → veiculação + precisão da informação

A oferta é irrevogável. Nos dizeres de CLAUDIA MARQUES (2006, p. 465), "no sistema do CDC, que o ato criado não desaparecerá no mundo jurídico por vontade unilateral do fornecedor: uma vez criado e válido terá efeitos, pelo menos o da vinculação".

O art. 30 do CDC estabelece que a oferta integra o contrato.

Sobre o assunto leciona FLÁVIO TARTUCE (2014, p. 343): "constata-se que o art. 30 do CDC tem o condão de fazer prevalecer a oferta em relação às cláusulas contratuais. Então, simbologicamente, é como se o conteúdo do contrato fosse rasgado ou inutilizado e depois substituído pelo teor da informação prestada quando do início da contratação. Em outras palavras, todos os elementos que compõem a oferta passam a integrar automaticamente o conteúdo do negócio celebrado".

Por exemplo, prevalece a carência zero anunciada na mídia pela empresa de plano de saúde em relação ao prazo de carência fixado no contrato de adesão.

Prevalece na doutrina o entendimento de que a alegação de erro na oferta veiculada não tem o condão de eximir o fornecedor de cumprir aquilo que foi ofertado. Se assim não fosse, possibilitaria ao fornecedor sempre invocar a seu favor o erro ou equívoco na formulação da oferta, afastando, assim, sua responsabilidade do cumprimento daquilo que foi prometido.

ATENÇÃO

A oferta veiculada com exagero (puffing), como por exemplo, "o melhor", "o mais gostoso", não obriga o fornecedor, uma vez que é desprovida de informação suficientemente precisa.

ANTONIO HERMAN V. BENJAMIN (2022, p. 277) faz uma ressalva: "contudo, até essas expressões, em alguns contextos, podem ganhar precisão, vinculando, então, o anunciante – por exemplo, quando o fornecedor afirma ter "o melhor preço da capital" ou "a garantia mais completa do mercado". A utilização do puffing em relação ao preço impõe, em regra, a vinculação".

A oferta veiculada com erro grosseiro, com flagrante equívoco, não vincula o fornecedor, como por exemplo, geladeira de R$ 2.000,00 anunciada por R$ 20,00, em respeito aos princípios da boa-fé e equilíbrio que devem pautar a conduta das partes.

Nesse sentido o seguinte julgado do STJ: "(...) os consumidores promoveram a reserva de bilhetes aéreos com destino internacional a ***preço muito aquém do praticado por outras empresas aéreas****, não tendo sequer havido a emissão dos bilhetes eletrônicos (e-tickets) que pudessem formalizar a compra. Agrega-se o fato de que os valores sequer foram debitados do cartão de crédito e, em curto período, os consumidores receberam e-mail informando a não conclusão da operação. Nesse contexto,* ***é inadmissível que, diante de inegável erro sistêmico grosseiro no carregamento de preços, possa se reconhecer a falha da prestação dos serviços das empresas, que prontamente impediram o lançamento de valores na fatura do cartão de crédito utilizado, informando, ainda, com antecedência necessária ao voo, o cancelamento da operação. Por conseguinte, não há que se falar em violação do princípio da vinculação da oferta*** *(art. 30 do CDC)" (REsp 1.794.991-SE, DJe 11/05/2020, Informativo n. 671).*

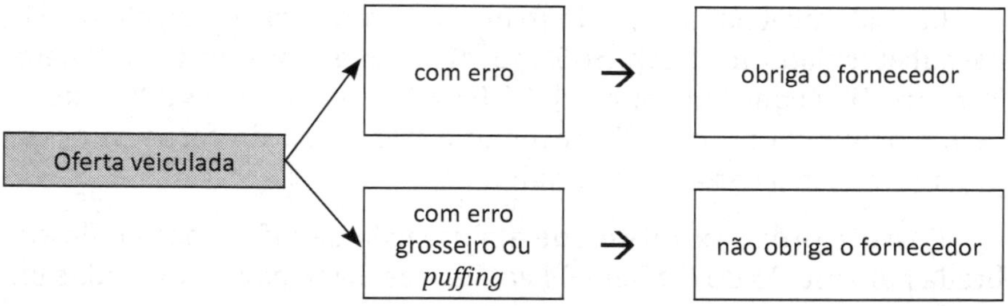

2.2. Conteúdo da oferta e da apresentação de produtos ou serviços

Nos termos do art. 31 do CDC, em observância ao princípio da transparência, as informações constantes na oferta e na apresentação de produtos ou serviços devem ser corretas, claras, precisas, ostensivas e em língua portuguesa sobre suas características, qualidades, quantidade, composição, preço, garantia, prazos de validade e origem, entre outros dados, bem como sobre os riscos que apresentam à saúde e segurança dos consumidores.

Parcela da doutrina e da jurisprudência traduzem a informação veiculada na oferta e na apresentação de produtos ou serviços da seguinte forma: correta (verdadeira); clara (de fácil compreensão); precisa (exata); ostensiva (de fácil constatação).

Tais informações serão gravadas de forma indelével (que não pode ser apagada) nos produtos refrigerados oferecidos ao consumidor, conforme dispõe o parágrafo único do art. 31 do CDC.

POSIÇÃO DO STJ

Segundo entendimento do STJ, a oferta publicitária tem sua origem no princípio da transparência (art. 4º, caput) e é decorrência do princípio da boa-fé objetiva. (...). Assim, observe-se que o dever de informar não é tratado como mera obrigação anexa, e sim como dever básico, essencial e intrínseco à relação de consumo, não podendo afastar a índole enganosa da informação que seja parcialmente falsa ou omissa a ponto de induzir o consumidor a erro, uma vez que não é válida a meia informação ou a informação incompleta". (REsp 1.364.915-MG, DJ 14/05/2013 – Informativo 524)

A oferta e a apresentação de produtos ou serviços devem fornecer informações a respeito de suas características, qualidades, quantidade, composição, preço, garantia, prazos de validade e origem, entre outros dados, bem como sobre os riscos que apresentam à saúde e segurança dos consumidores.

Considerável parcela da doutrina faz referência ao julgado do STJ, consubstanciado no REsp 586.316/MG – Segunda Turma – Relator Ministro Herman Benjamin – j. 17.04.2007 – DJE 19.03.2009, que é bem elucidativo no que diz respeito à obrigação do fornecedor em prestar informações ao consumidor.

Desse acórdão extrai-se que a obrigação de informação é desdobrada pelo art. 31 do CDC em 04 categorias principais, imbricadas entre si, a saber:

- **informação-conteúdo**: características intrínsecas do produto e serviço;
- **informação-utilização**: como se usa o produto ou serviço;
- **informação preço**: custos, formas e condições de pagamento;
- **informação-advertência**: riscos do produto ou serviço.

ATENÇÃO

A Lei nº 10.962/2004 dispõe sobre a oferta e as formas de afixação de preços de produtos e serviços para o consumidor e é regulamentada pelo Decreto nº 5.903/2006.

A Lei nº 13.455/2017, no art. 1º, autoriza a diferenciação de preços de bens e serviços oferecidos ao público em função do prazo ou do instrumento de pagamento utilizado.

O parágrafo único do art. 1º dispõe: "É nula a cláusula contratual, estabelecida no âmbito de arranjos de pagamento ou de outros acordos para prestação de serviço de pagamento, que proíba ou restrinja a diferenciação de preços facultada no caput deste artigo".

A referida lei altera a Lei nº 10.962/2004 para acrescer o artigo 5º-A, com a seguinte redação: "O fornecedor deve informar, em local e formato visíveis ao consumidor, eventuais descontos oferecidos em função do prazo ou do instrumento de pagamento utilizado". E parágrafo único: aplicam-se às infrações a este artigo as sanções previstas no CDC.

A Lei nº 13.543/2017 acrescenta o inciso III ao art. 2º da Lei nº 10.962/2004 para estabelecer no comércio eletrônico a divulgação ostensiva do preço à vista, junto à imagem do produto ou descrição do serviço, em caracteres facilmente legíveis com tamanho de fonte não inferior a doze.

A Lei nº 13.486/2017 altera o CDC para acrescer o §2º do art. 8º com a seguinte redação: "O fornecedor deverá higienizar os equipamentos e utensílios utilizados no fornecimento de produtos ou serviços, ou colocados à disposição do consumidor, e informar, de maneira ostensiva e adequada, quando for o caso, sobre o risco de contaminação".

2.3. Peças de reposição

De acordo com o art. 32, *caput* e parágrafo único do CDC, os fabricantes e importadores deverão assegurar a oferta de componentes e peças de reposição enquanto não cessar a fabricação ou importação do produto, devendo a oferta ser mantida por período razoável de tempo após cessadas a produção ou importação.

Trata-se de responsabilidade pós-contratual do fabricante e do importador (espécie) e não do fornecedor (gênero).

O CDC faz referência a expressão "período razoável de tempo", devendo ser compreendida como sendo o período "nunca inferior à vida útil do produto ou serviço", nos termos do art. 13, inciso XXI, do Decreto nº 2.181/1997 (Dispõe sobre a organização do Sistema Nacional de Defesa do Consumidor - SNDC, estabelece as normas gerais de aplicação das sanções administrativas previstas na Lei nº 8.078, de 11 de setembro de 1990, revoga o Decreto nº 861, de 9 julho de 1993, e dá outras providências).

O dispositivo legal tem a seguinte dicção: "Art. 13. Serão consideradas, ainda, práticas infrativas, na forma dos dispositivos da Lei nº 8.078, de 1990: (...) XXI- deixar de assegurar a oferta de componentes e peças de reposição, enquanto não cessar a fabricação ou importação do produto, e, caso cessadas, de manter a oferta de componentes e peças de reposição por período razoável de tempo, nunca inferior à vida útil do produto ou serviço".

Exemplo: considerando que a média de vida útil de uma televisão seja de 10 a 20 anos e o aparelho apresente defeito com menos de 05 anos, se o reparo necessário não for efetuado em virtude de ausência de peça de reposição, está configurado o desatendimento do art. 32 do CDC e o consumidor fará jus à restituição do valor pago pelo produto.

2.4. Venda por telefone ou reembolso postal

De acordo com o art. 33, *caput* e parágrafo único do CDC, em caso de oferta ou venda por telefone ou reembolso postal, deve constar o nome do fabricante e endereço na embalagem, publicidade e em todos os impressos utilizados na transação comercial, sendo vedada a publicidade de bens e serviços por telefone quando a chamada for onerosa ao consumidor que a origina.

Os doutrinadores defendem a aplicabilidade desse dispositivo legal nas relações de consumo oriundas do comércio eletrônico.

2.5. Responsabilidade solidária do fornecedor pelos atos do preposto ou representante autônomo

De acordo com o art. 34 do CDC, "o fornecedor do produto ou serviço é solidariamente responsável pelos atos de seus prepostos ou representantes autônomos".

A doutrina denomina de responsabilidade solidária por pressuposição.

2.6. Recusa de cumprimento à oferta

O art. 35 do CDC estabelece que se o fornecedor de produtos ou serviços recusar cumprimento à oferta, apresentação ou publicidade, o consumidor poderá, alternativamente e à sua livre escolha:

- exigir o cumprimento forçado da obrigação, nos termos da oferta, apresentação ou publicidade;
- aceitar outro produto ou prestação de serviço equivalente;
- rescindir o contrato, com direito à restituição de quantia eventualmente antecipada, monetariamente atualizada, e a perdas e danos.

POSIÇÃO DO STJ

Segundo entendimento do STJ, "O mero fato de o fornecedor do produto não o possuir em estoque no momento da contratação não é condição suficiente para eximi-lo do cumprimento forçado da obrigação." Prossegue: "A impossibilidade do cumprimento da obrigação de entregar coisa, no contrato de compra e venda, que é consensual, deve ser restringida exclusivamente à inexistência absoluta do produto, na hipótese em que não há estoque e não haverá mais, pois aquela espécie, marca e modelo não é mais fabricada. Assim, a possibilidade ou não do cumprimento da escolha formulada livremente pelo consumidor deve ser aferida à luz da boa-fé objetiva, de forma que, sendo possível ao fornecedor cumprir com a obrigação, entregando ao consumidor o produto anunciado, ainda que obtendo-o por outros meios, como o adquirindo de outros revendedores, não há razão para se eliminar a opção pelo cumprimento forçado da obrigação." (REsp 1.872.048-RS – Dje 23/02/2021 - Informativo n.686)

3. PUBLICIDADE

O art. 6º, IV, do CDC reconhece como direito básico do consumidor "a proteção contra a publicidade enganosa e abusiva, métodos comerciais coercitivos ou desleais, bem como contra práticas e cláusulas abusivas ou impostas no fornecimento de produtos e serviços".

O CDC não conceituou o termo publicidade, ficando a cargo da doutrina sua definição.

O doutrinador FABRÍCIO BOLZAN (2018, p. 523) define publicidade como: "a informação veiculada ao público consumidor com o objetivo de promover comercialmente e, ainda que indiretamente, produto ou serviço disponibilizado ao mercado de consumo".

A publicidade pode ser classificada como:

- **institucional ou corporativa:** destina-se a institucionalizar a marca, sem a preocupação com a venda do produto ou serviço em si;
- **promocional:** destina-se ao convencimento do consumidor para a aquisição do produto ou contratação do serviço.

3.1. Publicidade *x* Propaganda

Publicidade não se confunde com propaganda, embora muitas vezes sejam tratadas como sinônimos. Enquanto a publicidade destina-se a difundir um produto ou serviço específico junto aos consumidores, com intuito de lucro, a propaganda destina-se a difundir ideias e conceitos.

ANTONIO HERMAN DE VASCONCELLOS E BENJAMIN (2022, p. 296) faz a seguinte distinção: "A publicidade tem um objetivo comercial (...), enquanto a propaganda visa a um fim ideológico, religioso, político, econômico ou social. Fora isso, a publicidade, além de paga, identifica seu patrocinador, o que nem sempre ocorre com a propaganda."

Como exemplo de publicidade tem-se a difusão nos veículos de comunicação de incontáveis produtos do gênero alimentício. E como exemplo de propaganda tem-se a difusão, também nos veículos de comunicação, da propaganda política.

Esquematicamente diferencia-se publicidade e propaganda da seguinte forma:

Publicidade	→	difusão de um produto ou serviço específico com objetivo comercial;
Propaganda	→	difusão de ideias e conceitos com um fim ideológico, religioso, político, econômico ou social.

O CDC trata apenas da publicidade.

3.2. Controle da publicidade

Adotou-se no Brasil o **sistema misto** para controle da publicidade, a saber:

- **controle estatal**: exercido, segundo ensinamentos de FABRÍCIO BOLZAN (2018, p. 526), pelo Estado Juiz na solução dos conflitos consumeristas; pelo Estado Legislativo na elaboração de leis protetivas ao consumidor e pelo Estado Administração na implementação direta e indiretamente da defesa do consumidor;
- **controle privado**: exercido pelo Conselho Nacional de Autorregulamentação Publicitária - CONAR e tem como diretriz o Código Brasileiro de Autorregulamentação Publicitária.

ATENÇÃO

O art. 220, § 4º da Constituição Federal dispõe que a propaganda comercial (tecnicamente, publicidade) de ***tabaco, bebidas alcoólicas, agrotóxicos, medicamentos e terapias*** *estará sujeita a restrições legais, nos termos do inciso II do parágrafo anterior, e conterá, sempre que necessário, advertência sobre os malefícios decorrentes de seu uso.*

Sendo que, o inciso II, do § 3º do art. 220, dispõe que compete à lei federal "estabelecer os meios legais que garantam à pessoa e à família a possibilidade de se defenderem de programas ou programações de rádio e televisão que contrariem o disposto no art. 221, bem como da propaganda de produtos, práticas e serviços que possam ser nocivos à saúde e ao meio ambiente".

Em observância ao dispositivo constitucional foi editada a Lei nº 9.294/1996 que dispõe sobre as restrições ao uso e à propaganda de produtos fumígenos, bebidas alcoólicas, medicamentos, terapias e defensivos agrícolas.

3.3. Princípios norteadores da publicidade

A doutrina costuma apontar os seguintes princípios como norteadores da publicidade no CDC:

A) Princípio da identificação da publicidade: está previsto no art. 36 do CDC com a seguinte redação "a publicidade deve ser veiculada de tal forma que o consumidor, fácil e imediatamente, a identifique como tal".

A mensagem publicitária deve ser ostensiva, de modo que o consumidor a identifique como tal de forma fácil e imediata.

Mas, em alguns tipos de publicidade, o consumidor não identifica de forma clara e imediata a oferta dos produtos e serviços. São elas, segundo classificação de FABRÍCIO BOLZAN (2018, p. 527):

- **publicidade dissimulada**: aquela com conotação jornalística sob a forma de reportagem, artigo, nota-legenda ou qualquer outra que se veicule mediante pagamento. Deve ser apropriadamente identificada, com acompanhamento de aviso, por exemplo de "informe publicitário";
- **publicidade subliminar**: aquela captada pelo inconsciente do consumidor. É de difícil constatação, mas se comprovada a utilização da técnica, estará em desacordo com o princípio da identificação da publicidade;
- **publicidade clandestina**: *merchandising*. Consiste na inserção indireta de produto, serviço ou marca em filmes, novelas, programas de televisão em geral, teatro, rádio. Ex.: consumo de bebida de determinada marca nas novelas. Embora o CDC não vede o *merchandising*, deve se submeter aos princípios de ostensividade e identificação publicitária.

ATENÇÃO

*O **"teaser"** também não é vedado pelo CDC.*

É entendida como a mensagem que visa a criar expectativa ou curiosidade no público e poderá prescindir da identificação do anunciante, do produto ou do serviço (§ 2º, art. 9º do Código Brasileiro de Autorregulamentação Publicitária). Ex.: anúncio da estreia de uma novela, chamada publicitária sobre a breve estreia de um filme, chamada publicitária: "Aguarde. O produto tal está chegando".

Após despertar o interesse do consumidor e dar seguimento a campanha publicidade, aí deve ser observado pelo anunciante o princípio da identificação da publicidade.

B) Princípio da transparência da fundamentação da publicidade: na concepção de JOSÉ GERALDO BRITO FILOMENO (2014, p. 225), "cuida-se de um princípio eminentemente ético, e tem por base o dever que é imposto tanto aos anunciantes, como aos seus agentes publicitários e veículos, que, ao transmitirem alguma característica especial sobre determinado produto ou serviço, e caso haja dúvida a respeito, que a justifiquem cientificamente. Por exemplo: o sabão 'X' lava muito mais branco do que o 'Y' porque contém 'Z' como princípio ativo".

O princípio da transparência está previsto no parágrafo único do art. 36 do CDC com a seguinte redação: "O fornecedor, na publicidade de seus produtos ou serviços, manterá, em seu poder, para informação dos legítimos interessados, os dados fáticos, técnicos e científicos que dão sustentação à mensagem".

C) Princípio da vinculação contratual da publicidade: o fornecedor fica vinculado ao cumprimento do conteúdo de toda informação ou comunicação difundida aos consumidores com o fim de promover a aquisição de um produto ou serviço, qualquer que seja o veículo de comunicação utilizado.

D) Princípio da veracidade: toda informação ou comunicação de caráter publicitário deve ser verdadeira, sendo vedada pelo CDC a veiculação de publicidade enganosa.

E) Princípio da não abusividade: toda informação ou comunicação de caráter publicitário não deve agredir valores tidos como importantes pela sociedade de consumo, nos dizeres de ANTONIO HERMAN DE VASCONCELLOS E BENJAMIN (2022, p. 302). O CDC veda a veiculação de publicidade abusiva, conforme será detalhado logo a seguir.

F) Princípio da correção do desvio publicitário: o fornecedor deve veicular a contrapropaganda quando incorrer na prática de publicidade enganosa ou abusiva, conforme será visto logo a seguir.

3.4. Publicidade enganosa

É proibida toda publicidade enganosa.

O § 1º do art. 37 dispõe: "é enganosa qualquer modalidade de informação ou comunicação de caráter publicitário, inteira ou parcialmente falsa, ou, por qualquer outro modo, mesmo por omissão, capaz de induzir em erro o consumidor a respeito da natureza, características, qualidade, quantidade, propriedades, origem, preço e quaisquer outros dados sobre produtos e serviços".

E o § 3º do art. 37 do CDC dispõe: "a publicidade é enganosa por omissão quando deixar de informar sobre dado essencial do produto ou serviço".

POSIÇÃO STJ

*Segundo entendimento do STJ, "a obrigação de informação, com maior razão a que possa atingir pessoas de baixa renda, exige, do fornecedor, comportamento eficaz, pró-ativo e leal. O Código rejeita tanto a regra caveat emptor como a subinformação, as patologias do silêncio total e parcial. No exame da enganosidade de oferta, publicitária ou não, o que vale - inclusive para fins de exercício do poder de polícia de consumo - é a capacidade de indução do consumidor em erro acerca de quaisquer "dados sobre produtos e serviços", dados esses que, na hipótese de omissão (mas não na de oferta enganosa comissiva) reclamam a qualidade da essencialidade (CDC, art. 37, §§ 1º e 3º). **Esclarecimentos posteriores ou complementares desconectados do conteúdo principal da oferta (informação disjuntiva, material ou temporalmente) não servem para exonerar ou mitigar a enganosidade ou abusividade**. Viola os princípios da vulnerabilidade, da boa-fé objetiva, da transparência e da confiança prestar informação por etapas e, assim, compelir o consumidor à tarefa impossível de juntar pedaços informativos esparramados em mídias, documentos e momentos diferentes (REsp 1.802.787-SP, DJe 11/09/2020, Informativo n. 679).*

São alguns dos aspectos relevantes da publicidade enganosa pontuados por ANTONIO HERMAN DE VASCONCELLOS E BENJAMIN (2022, p. 307) e também explorados por parcela da doutrina:

A) Publicidade enganosa por comissão ou omissão: na publicidade enganosa por comissão (ação), a informação veiculada é inteira ou parcialmente falsa e é capaz de induzir em erro o consumidor.

Na publicidade enganosa por omissão, o fornecedor deixa de informar sobre dado essencial do produto ou serviço e também é capaz de induzir em erro o consumidor.

A expressão "dado essencial" deve ser entendida como aquela informação relevante que, se conhecida pelo consumidor, poderia interferir na sua escolha, tal como não adquirir o produto ou contratar o serviço.

É o que acontece quando o fornecedor deixa de informar que o celular com design de espessura reduzida (mais fino) tem a bateria com tempo menor de duração se comparado a outros modelos.

POSIÇÃO STJ

*De acordo com o STJ, é considerada **publicidade enganosa por omissão** a publicidade televisiva que omite o preço e a forma de pagamento do produto, condicionando a obtenção dessas informações à realização de ligação telefônica tarifada. "(...). Isso porque a informação deficiente frustra as legítimas expectativas do consumidor, maculando sua confiança. Na hipótese aqui analisada, a falta de informação suprime a liberdade do consumidor de, previamente, recusar o produto e escolher outro, levando-o, ainda que não venha a comprar, a fazer uma ligação tarifada para, só então, obter informações essenciais atinentes ao preço e à forma do pagamento, burlando-lhe a confiança e onerando-o". (REsp 1.428.801-RJ, DJ 13/11/2015 – Informativo 573)*

Publicidade enganosa

- **por comissão** (ação): veicular informação inteira ou parcialmente falsa;
- **por omissão**: deixar de informar sobre dado essencial do produto ou serviço.

B) Para caracterização da publicidade enganosa basta que a informação ou comunicação de caráter publicitário seja capaz de induzir o consumidor a erro, **independente da boa ou má-fé do anunciante**.

C) O que importa para a configuração da publicidade enganosa é a sua capacidade de induzir em erro o consumidor. **Não se exige que o consumidor tenha,** efetivamente, se enganado com a mensagem publicitária.

De acordo com ANTONIO HERMAN DE VASCONCELLOS E BENJAMIN (2022, p. 308), **a enganosidade é aferida em abstrato**. Afirma: "A proteção do consumidor contra a publicidade enganosa leva em conta somente sua capacidade de indução em erro. Inexigível, por conseguinte, que o consumidor tenha, de fato e concretamente, sido enganado. A enganosidade é aferida, pois, em abstrato. O que se busca é sua capacidade de induzir em erro o consumidor, não sendo, por conseguinte, exigível qualquer prejuízo individual. (...)."

D) O anúncio veiculado com afirmações exageradas (puffing) pode caracterizar publicidade enganosa se for suficientemente precisa e, de alguma forma, puder confundir o consumidor, induzindo-o em erro. Da mesma forma, o **anúncio ambíguo** que contenha múltiplos sentidos, sendo apenas um deles não verdadeiro, capaz de induzir o consumidor em erro, também caracteriza publicidade enganosa.

3.5. Publicidade abusiva

É proibida toda publicidade abusiva.

O § 2º do art. 37 dispõe: "é abusiva, dentre outras a publicidade discriminatória de qualquer natureza, a que incite à violência, explore o medo ou a superstição, se aproveite da deficiência de julgamento e experiência da criança, desrespeita valores ambientais, ou que seja capaz de induzir o consumidor a se comportar de forma prejudicial ou perigosa à sua saúde ou segurança".

Publicidade abusiva

- discriminatória de qualquer natureza (etnia, sexo, condição social, nacionalidade, profissão, orientação religiosa ou política, etc.);
- incite a violência;
- explore o medo ou a superstição;
- aproveite da deficiência de julgamento e experiência da criança;
- desrespeita valores ambientais;
- capaz de induzir o consumidor a se comportar de forma prejudicial ou perigosa à sua saúde ou segurança;

O rol é exemplificativo e abrange a publicidade que, de alguma forma, ofenda os valores éticos e sociais das pessoas e a ordem pública.

POSIÇÃO STJ

Para o STJ, "é abusiva a publicidade de alimentos direcionada, de forma explícita ou implícita, a crianças." Entende a Corte Superior que "Na ótica do Direito do Consumidor, publicidade é oferta e, como tal, ato precursor da celebração de contrato de consumo, negócio jurídico cuja validade depende da existência de sujeito capaz (art. 104, I, do Código Civil). Em outras palavras, se criança, no mercado de consumo, não exerce atos jurídicos em seu nome e por vontade própria, por lhe faltar poder de consentimento, tampouco deve ser destinatária de publicidade que, fazendo tábula rasa da realidade notória, a incita a agir como se plenamente capaz fosse" (REsp 1.613.561-SP, DJe 01/09/2020, Informativo 679)

3.6. Contrapropaganda

A contrapropaganda está prevista no art. 56, inciso XII e art. 60, caput e § 1º do CDC, podendo ser compreendida como uma sanção administrativa cominada quando o fornecedor incorrer na prática de publicidade enganosa ou abusiva, sempre às expensas do infrator.

Será divulgada pelo responsável da mesma forma, frequência e dimensão e, preferencialmente no mesmo veículo, local, espaço e horário, de forma capaz de desfazer o malefício da publicidade enganosa ou abusiva.

POSIÇÃO STJ

Para o STJ, "É possível o redirecionamento da condenação de veicular contrapropaganda imposta a posto de gasolina matriz à sua filial."

Prossegue: "salienta-se que embora possuam CNPJ diversos e autonomia administrativa e operacional, as filiais são um desdobramento da matriz por integrar a pessoa jurídica como um todo. Assim, eventual decisão contrária à matriz por atos prejudiciais a consumidores é extensível às filiais. Sob a ótica consumerista é indiferente qual a empresa infratora, incidindo à hipótese a teoria da aparência. O consumidor ao buscar os produtos ofertados, desconhece os meandros empresariais, que não lhe dizem respeito. (...). Ademais, a contrapropaganda é a sanção prevista para a prática de propaganda enganosa ou abusiva, tendo como um dos seus intuitos evitar a nocividade causada ao mercado consumidor desse tipo de conduta comercial. Desse modo, a filial deve cumprir o comando judicial, de modo a evitar que novas ofensas ao direito consumerista sejam reiteradas. A circunstância de a matriz ter encerrado suas atividades em determinada cidade e sido transferida para outro município, onde supostamente ainda penderia de construção um novo posto de combustível, com outra bandeira, não obstaculiza a observância da medida pela filial em prol dos consumidores, seja por inexistência de impedimento para tanto, seja pela importância de se evitar práticas similares." (REsp 1.655.796-MT, DJe 20/02/2020 - (Informativo 665)

3.7. Inversão obrigatória do ônus da prova

O art. 38 do CDC estabelece que "o ônus da prova da veracidade e correção da informação ou comunicação publicitária cabe a quem as patrocina".

Em se tratando de matéria publicitária, a inversão do ônus da prova é *ope legis,* isto é, determinada pela lei, e, portanto, obrigatória. A inversão *ope legis* não está na esfera de discricionariedade do juiz.

Nos arts. 12, § 3º, 14, § 3º também a inversão do ônus da prova é *ope legis,* ou seja, o CDC transfere o ônus probatório ao fornecedor.

Não se confunde com a inversão *ope judicis* prevista no art. 6º, inciso VIII, do CDC, que depende de decisão judicial com base nos requisitos da verossimilhança das alegações e hipossuficiência.

Publicidade	→	inversão *ope legis*

4. PRÁTICAS ABUSIVAS

Nas lições de RIZZATO NUNES (2011, p. 588), práticas abusivas "são ações e/ou condutas que, uma vez existentes, caracterizam-se como ilícitas, independentemente de se encontrar ou não algum consumidor lesado ou que se sinta lesado. São ilícitas em si, apenas por existirem de fato no mundo fenomênico".

Assim, para configurar prática abusiva, não é necessário que o consumidor tenha sofrido lesão em seu direito individual, bastando que seja demonstrada a potencialidade ofensiva de tal prática para que incidam as regras do CDC.

Prática abusiva	→	basta a potencialidade de dano

Para SERGIO CAVALIERI FILHO (2011, p. 149) "são práticas que, no exercício da atividade empresarial, excedem os limites dos bons costumes comerciais e, principalmente, da boa-fé, pelo que caracterizam o abuso do direito, considerado ilícito pelo art. 187 do Código Civil. Por isso são proibidas".

Prática abusiva	→	abuso de direito → ato ilícito

POSIÇÃO STJ

Sobre prática abusiva merece registro o entendimento do STJ no que diz respeito ao cancelamento de voos pelas concessionárias de serviço público de transporte aéreo sem razões técnicas ou de segurança. Entende o STJ que: "(...) o cancelamento e a interrupção de voos, sem razões de ordem técnica e de segurança intransponíveis, é prática abusiva contra o consumidor e, portanto, deve ser prevenida e punida. Também é prática abusiva não informar o consumidor, por escrito e justificadamente, quando tais cancelamentos vierem a ocorrer. A malha aérea concedida pela ANAC é uma oferta que vincula a concessionária a prestar o serviço concedido nos termos dos arts. 30 e 31 do CDC. Independentemente da maior ou da menor demanda, a oferta obriga o fornecedor a cumprir o que ofereceu, a agir com transparência e a informar o consumidor ". (REsp 1.469.087-AC, DJe 17/11/2016 – Informativo n. 593)

São consideradas práticas abusivas aquelas enumeradas no art. 39 do CDC, tratadas a seguir, dentre outras, tendo em vista que o dispositivo legal é meramente exemplificativo. São elas:

Práticas abusivas:

- venda casada;
- limitação quantitativa sem justa causa;
- recusa no atendimento à demanda do consumidor;
- envio de produto ou fornecimento de serviço sem solicitação prévia;
- prevalecimento da fraqueza ou ignorância do consumidor;
- exigência de vantagem manifestamente excessiva;
- execução de serviço sem orçamento prévio e autorização expressa;
- repasse de informação depreciativa;
- não observância das normas técnicas;
- recusa de venda de bens ou prestação de serviços mediante pronto pagamento;
- elevação do preço sem justificativa;
- aplicação de reajuste diverso do legal ou contratual;
- ausência ou discricionariedade na determinação de prazo para cumprimento de obrigação;
- permissão em estabelecimentos de um número maior de consumidores que o fixado pela autoridade administrativa.

Cuidaremos a seguir das práticas abusivas expressas no CDC.

4.1. Venda casada

É vedada ao fornecedor a prática de venda casada, isto é, condicionar o fornecimento de produto ou de serviço ao fornecimento de outro produto ou serviço não pretendido pelo consumidor.

A doutrina aponta a prática abusiva da venda casada quando o fornecedor impõe a venda conjunta de produtos ou serviços que normalmente são adquiridos ou contratados de forma separada. Por exemplo: quando um cliente faz um empréstimo e o banco exige que se contrate um seguro de vida, plano de previdência privada ou outro serviço.

Configura também venda casada permitir somente a entrada de produtos alimentícios adquiridos pelos clientes nas dependências do cinema, proibindo aqueles adquiridos em outros estabelecimentos.

POSIÇÃO DO STJ

Segundo o STJ, "É válida a intermediação, pela internet, da venda de ingressos para eventos culturais e de entretenimento mediante cobrança de "taxa de conveniência", desde que o consumidor seja previamente informado do preço total da aquisição do ingresso, com o destaque do valor da referida taxa."

"(...). Sendo a "taxa de conveniência" um repasse de custos de intermediação, torna-se irrelevante perscrutar acerca de efetiva vantagem ao consumidor, pois a controvérsia se desloca para a fase pré-contratual, bastando que o consumidor seja informado prévia e adequadamente acerca dessa transferência de custos.Com efeito, merece ser repelida com vigor a prática abusiva e desleal de ofertar produto/serviço por um preço artificialmente menor, para, depois de capturar a preferência do consumidor no mercado de consumo, exigir a diferença de preço sob a roupagem de um falso serviço "adicional", aumentando indevidamente o valor a ser desembolsado pelo consumidor (...). Em um mercado de concorrência saudável, espera-se que o consumidor seja informado, já na fase pré-contratual, sobre o custo total da compra, inclusive o custo da intermediação, para assim se evitar que o consumidor seja capturado no mercado por uma proposta de preço menor do que o efetivo, em prejuízo dos demais concorrentes que também disputam a preferência do consumidor, nos mais diversos ramos de atividade." (EDcl no REsp 1.737.428-RS, DJe 19/11/2020 – Informativo 683)

A jurisprudência firmou entendimento no sentido de que é venda casada impor ao mutuário do Sistema Financeiro da Habitação – SFH a contratação do seguro habitacional diretamente com o agente financeiro ou por seguradora indicada por este.

Esse entendimento foi consolidado na Súmula 473 do STJ.

POSIÇÃO DO STJ

Súmula 473: "O mutuário do SFH não pode ser compelido a contratar o seguro habitacional obrigatório com a instituição financeira mutuante ou com a seguradora por ele indicada".

É diferente da venda conjunta do lençol e das fronhas, já que nessa situação o fornecedor não está obrigado a vender separadamente um ou outro por lhe ser prejudicial, uma vez que o item remanescente dificilmente seria vendido de forma avulsa.

4.2. Limitação quantitativa sem justa causa

É proibido também condicionar o fornecimento de produto ou de serviço ao fornecimento de outro produto ou serviço, sem justa causa, a limites quantitativos.

Assim, o fornecedor não pode impor ao consumidor a aquisição de produto ou serviço em quantidade maior ou menor do que aquela que ele pretende adquirir. Por exemplo, o fornecedor não pode impor ao consumidor a aquisição de três produtos de limpeza, ofertados em embalagens promocionais. Se o consumidor quiser, pode adquirir apenas um dos produtos, com o pagamento do preço sem o desconto válido para a promoção.

Há justa causa para limitação quantitativa do produto, não configurando prática abusiva, nas seguintes hipóteses, não excluindo outras:

- em razão da natureza do produto, a venda fique economicamente inviável. Ex.: venda de um palito de fósforo;
- em razão do ramo de comércio. Ex.: atacadista;
- limitação de estoque visando o interesse dos demais consumidores, etc.

ATENÇÃO

FABRÍCIO BOLZAN (2018, p. 589) chama à atenção com relação ao tratamento que é dado aos serviços públicos, que são regulamentados pelo regime de Direito Público e, por isso, não recebem o mesmo tratamento dos demais serviços oferecidos no mercado de consumo.

O doutrinador cita como exemplo o leading case (REsp 911.802) julgado pelo STJ que reconheceu a legitimidade da cobrança da tarifa mensal (tarifa mínima) pelo serviço de telefonia fixa e que culminou na Súmula 356 do STJ: "É legítima a cobrança da tarifa básica pelo uso dos serviços de telefonia fixa".

Nessa hipótese não configurou prática abusiva o condicionamento do acesso ao serviço de telefonia fixa ao pagamento de tarifa mínima, independentemente da utilização do serviço pelo consumidor.

4.3. Recusa no atendimento à demanda do consumidor

É vedado ao fornecedor recusar atendimento às demandas dos consumidores na exata medida de suas disponibilidades de estoque e, ainda, de conformidade com os usos e costumes.

Por exemplo, o fornecedor não pode fazer distinção entre os consumidores ou ainda o vendedor não pode se recusar a vender um produto que está no estoque sendo ofertado ao consumidor dentro das condições de pagamento normais aos usos e costumes comerciais.

O taxista não pode recusar uma corrida em razão da curta distância a ser percorrida, sendo este o exemplo clássico citado pela doutrina consumerista.

4.4. Envio de produto ou fornecimento de serviço sem solicitação prévia

É vedado ao fornecedor enviar ou entregar qualquer produto ou fornecer qualquer serviço ao consumidor sem que este tenha solicitado previamente.

Os serviços prestados e os produtos remetidos ou entregues sem solicitação prévia do consumidor são equiparados às amostras grátis, inexistindo obrigação de pagamento.

Entrega de produto ou fornecimento de serviço não solicitado	=	amostra grátis

POSIÇÃO DO STJ

"É vedado o envio de cartão de crédito, ainda que bloqueado, à residência do consumidor sem prévia e expressa solicitação. Essa prática comercial é considerada abusiva nos moldes do art. 39, III, do CDC, contrariando a boa-fé objetiva. O referido dispositivo legal tutela os interesses dos consumidores até mesmo no período pré-contratual, não sendo válido o argumento de que o simples envio do cartão de crédito à residência do consumidor não configuraria ilícito por não implicar contratação, mas mera proposta de serviço". (REsp 1.199.117-SP, DJ 18/12/2012 – Informativo 511)

Súmula 532 do STJ: *"Constitui prática comercial abusiva o envio de cartão de crédito sem prévia e expressa solicitação do consumidor, configurando-se ato ilícito indenizável e sujeito à aplicação de multa administrativa".*

POSIÇÃO DO STJ

"É ilícita a conduta da casa bancária que transfere, sem autorização expressa, recursos do correntista para modalidade de investimento incompatível com o perfil do investidor".

Segundo entendimento do STJ, "(...) a jurisprudência desta Corte reconhece a responsabilidade das entidades bancárias por prejuízos advindos de investimentos malsucedidos quando houver defeito na prestação do serviço de conscientização dos riscos envolvidos na operação (...). Se o correntista tem hábito de autorizar investimentos sem nenhum risco de perda (como é o caso do CDB – título de renda fixa com baixo grau de risco) e o banco, ***por iniciativa própria e sem respaldo em autorização expressa do consumidor****, realiza aplicação em fundo de risco incompatível com o perfil conservador de seu cliente, a ocorrência de eventuais prejuízos deve, sim, ser suportada, exclusivamente, pela instituição financeira, que, notadamente, não se desincumbiu do seu dever de esclarecer de forma adequada e clara sobre os riscos da operação (...)." (REsp 1.326.592-GO, DJ 06/08/2019– Informativo 653)*

4.5. Prevalecimento da fraqueza ou ignorância do consumidor

É vedado ao fornecedor aproveitar-se da fraqueza ou ignorância do consumidor, tendo em vista sua idade, saúde, conhecimento ou condição social, para impingir-lhe seus produtos ou serviços.

O dispositivo legal tutela em especial os consumidores hipervulneráveis, representados pelos idosos, crianças, gestantes, pessoas portadoras de necessidades especiais, enfermos.

É por essa razão que os hospitais não podem exigir do consumidor, que se encontra com seu estado de saúde debilitado, o cheque caução.

4.6. Exigência de vantagem manifestamente excessiva

É vedado ao fornecedor exigir do consumidor vantagem manifestamente excessiva, devendo esta ser aferida no caso concreto pelo julgador.

De acordo com o § 1º do art. 51 do CDC, considera-se vantagem manifestamente excessiva aquela que:

- ofende os princípios fundamentais do sistema jurídico a que pertence;
- restringe direitos ou obrigações fundamentais inerentes à natureza do contrato, de tal modo a ameaçar seu objeto ou equilíbrio contratual;
- se mostra excessivamente onerosa para o consumidor, considerando-se a natureza e conteúdo do contrato, o interesse das partes e outras circunstâncias peculiares ao caso.

4.7. Execução de serviço sem orçamento prévio e autorização expressa

É vedado ao fornecedor executar serviços sem a prévia elaboração de orçamento e autorização expressa do consumidor.

Assim, se realizado serviço de mecânica em veículo, o prestador de serviço somente poderá efetuar a cobrança do valor expressamente autorizado pelo consumidor.

O CDC excepciona essa regra no caso de "práticas anteriores entre as partes". Explica FELIPE PEIXTO BRAGA NETTO (2007, p. 145): "É natural. Se as partes, habitualmente, acordam entre si a realização de serviços sem orçamentos prévios, não seria o legislador que coibiria tal prática, até porque se presume que o consumidor conheça o valor dos serviços. Tal prova, contudo, cabe ao fornecedor de serviços".

De acordo com o art. 40 do CDC, o fornecedor é obrigado a entregar ao consumidor orçamento prévio contendo as seguintes informações:

- valor da mão de obra, dos materiais e equipamentos a serem empregados;
- condições de pagamento e;
- datas de início e término dos serviços.

Sobre o orçamento importa saber que:

- o prazo de validade é de 10 dias contado de seu recebimento pelo consumidor, salvo acordo entre as partes em sentido contrário (art. 40, § 1º);
- obriga os contraentes quando aprovado pelo consumidor e somente pode ser alterado mediante livre negociação das partes (art. 40, § 2º);
- o consumidor não responde por quaisquer ônus ou acréscimos decorrentes da contratação de serviços de terceiros não previstos no orçamento prévio (art. 40, § 3º).

4.8. Repasse de informação depreciativa

É vedado ao fornecedor repassar informação depreciativa referente a ato praticado pelo consumidor no exercício de seus direitos.

Duas considerações a fazer:

- embora o dispositivo somente se refira à informação depreciativa, vale lembrar que também configura prática abusiva do fornecedor o repasse de informação positiva do consumidor a outros fornecedores por configurar direito de personalidade os dados cadastrais do consumidor;
- os serviços de proteção ao crédito que negativam o nome do consumidor estão previstos no art. 43 do CDC e não configuram prática abusiva.

4.9. Não observância das normas técnicas

É vedado ao fornecedor colocar no mercado de consumo qualquer produto ou serviço em desacordo com as normas expedidas pelos órgãos oficiais competentes ou, se normas específicas não existirem, pela ABNT ou outra entidade credenciada pelo Conmetro.

4.10. Recusa de venda de bens ou prestação de serviços mediante pronto pagamento

É vedado ao fornecedor recusar a venda de bens ou a prestação de serviços diretamente a quem se disponha a adquiri-los mediante pronto pagamento, ressalvados os casos de intermediação regulados em leis especiais.

Pronto pagamento deve ser entendido como sendo pagamento em dinheiro ou no cartão de débito.

O pagamento em cheque pode ser recusado pelo fornecedor, mas essa informação deve estar clara ao consumidor.

4.11. Elevação do preço sem justificativa

Via de regra, o fornecedor é livre para determinar os preços antes da contratação. No entanto, é vedado ao fornecedor elevar sem justa causa o preço de produtos ou serviços após a contratação.

O magistério de FLÁVIO TARTUCE (2014, p. 404) é no seguinte sentido: "A prática de alteração do preço sem motivo representa afronta à boa-fé objetiva e às justas expectativas depositadas no negócio de consumo. Como é notório, não se pode aceitar atos praticados pelos fornecedores e prestadores com o intuito de surpreender os consumidores em relação ao originalmente contratado, situação típica do abuso de direito não tolerado pelo sistema consumerista".

O art. 41 do CDC trata de fornecimento de produtos ou de serviços sujeitos ao regime de controle ou de tabelamento de preços, de modo que os fornecedores deverão respeitar os limites oficiais sob pena de não o fazendo responderem pela restituição da quantia recebida em excesso, monetariamente atualizada, podendo o consumidor exigir à sua escolha o desfazimento do negócio, sem prejuízo de outras sanções cabíveis.

Cumpre registrar que a prática de controle ou de tabelamento de preço está ligada à época do período de inflação no país, sendo que na atualidade prevalece a regra de fixação dos preços segundo as leis de mercado.

4.12. Aplicação de reajuste diverso do legal ou contratual

É vedado ao fornecedor aplicar fórmula ou índice de reajuste diverso do legal ou contratualmente estabelecido, em observância a boa-fé objetiva que se espera na relação negocial.

4.13. Ausência ou discricionariedade na determinação de prazo para cumprimento de obrigação

É vedado ao fornecedor deixar de estipular prazo para o cumprimento de sua obrigação ou deixar a fixação de seu termo inicial a seu exclusivo critério.

4.14. Permissão em estabelecimentos de um número maior de consumidores que o fixado pela autoridade administrativa

A Lei nº 13.425, de 30 de março de 2017, alterou o CDC para acrescer o inciso XIV ao art. 39 com a seguinte redação: é vedado ao fornecedor "permitir o ingresso em estabelecimentos comerciais ou de serviços de um número maior de consumidores que o fixado pela autoridade administrativa como máximo".

Para contextualizar a redação do inciso XIV do art. 39, cumpre esclarecer que a Lei nº 13.425/2017 estabelece diretrizes gerais sobre medidas de prevenção e combate a incêndio e a desastres em estabelecimentos, edificações e áreas de reunião de público.

5. COBRANÇA DE DÍVIDAS

Constitui exercício regular de direito a prática do fornecedor de cobrar uma dívida do consumidor inadimplente, devendo constar nos documentos de cobrança de débitos apresentados ao consumidor o nome, o endereço e o número de CPF ou CNPJ do fornecedor do produto ou serviço correspondente, nos termos do que dispõe o art. 42-A do CDC.

A prática vedada pelo CDC, expressa no art. 42, é a cobrança abusiva desse débito, ou seja, aquela cobrança que expõe o consumidor inadimplente ao ridículo ou o submete a qualquer tipo de constrangimento ou ameaça, que deve ser analisado no caso concreto.

O art. 71 do CDC, que trata de infração penal na relação de consumo, deve ser interpretado conjuntamente com o art. 42, cuja redação é de seguinte teor: "utilizar, na cobrança de dívidas, de ameaça, coação, constrangimento físico ou moral, afirmações falsas incorretas ou enganosas ou de qualquer outro procedimento que exponha o consumidor, injustificadamente, a ridículo ou interfira com seu trabalho, descanso ou lazer: pena de detenção de três meses a um ano e multa".

Em resumo, são práticas abusivas, sujeitas à sanção penal, as seguintes condutas do fornecedor na cobrança de dívidas do consumidor inadimplente:

- ameaça;
- coação;
- constrangimento físico ou moral;
- afirmações falsas, incorretas ou enganosas;
- qualquer outro procedimento que exponha o consumidor, injustificadamente, a ridículo ou interfira com seu trabalho, descanso ou lazer.

Esclarece FLAVIO TARTUCE (2014, p. 410): "(...) o uso de ligações telefônicas e o envio de cartas de cobrança, por si sós e dentro da razoabilidade que se espera, não parecem configurar o abuso de direito na cobrança, mas um exercício regular do direito por parte do credor. Todavia, em havendo exageros sociais, com quebra da ética particular, presente estará o abuso de direito, com a consequente responsabilização civil do abusador".

ATENÇÃO

A cobrança do consumidor no seu local de trabalho, por si só, não configura prática abusiva, salvo se o consumidor for exposto a ridículo ou submetido a constrangimento ou ameaça pelo fornecedor.

ANTONIO HERMAN DE VASCONCELLOS E BENJAMIN (2022, p. 348) esclarece que *"(...) continua lícito enviar cartas e telegramas de cobrança ao consumidor no seu endereço comercial ou residencial. Ainda é permitido telefonar para ele nesses dois locais. O que se proíbe é que, a pretexto de efetuar cobrança, se interfira no exercício de suas atividades profissionais, de descanso e de lazer. O grau de interferência será avaliado caso a caso."*

5.1. Repetição de indébito

O parágrafo único do art. 42 do CDC dispõe que "o consumidor cobrado em quantia indevida tem direito à repetição do indébito, por valor igual ao dobro do que pagou em excesso, acrescido de correção monetária e juros legais, salvo hipótese de engano justificável".

Importa ressaltar que a devolução em dobro é exigida pela lei consumerista quando do pagamento pelo consumidor do valor indevidamente cobrado.

A cobrança indevida, sem o pagamento correspondente pelo consumidor, não enseja a devolução em dobro!

Como bem pontua RIZZATO NUNES (2011, p. 631): "para configuração do direito à repetição do indébito em dobro por parte do consumidor, é necessário o preenchimento de dois requisitos objetivos:

- cobrança indevida;
- pagamento pelo consumidor do valor indevidamente cobrado".

Repetição de indébito	→	valor igual ao dobro do que pagou em excesso, salvo hipótese de engano justificável.

ATENÇÃO

O fornecedor deve devolver em dobro ao consumidor a quantia que foi paga em excesso e não a quantia cobrada em excesso!!

Parcela da doutrina, incluindo os autores do anteprojeto do CDC, firmou posicionamento no sentido de que a cobrança indevida prevista no CDC é a extrajudicial, uma vez que para a cobrança judicial indevida deve ser aplicado ao artigo 940 do CC, de seguinte teor: "aquele que demandar por dívida já paga, no todo ou em parte, sem ressalvar as quantias recebidas ou pedir mais do que for devido, ficará obrigado a pagar ao devedor, no primeiro caso, o dobro do que houver cobrado e, no segundo, o equivalente do que dele exigir, salvo se houver prescrição."

Cobrança indevida	→	Extrajudicial

POSIÇÃO DO STJ

"Os artigos 940 do Código Civil e 42, parágrafo único, do Código de Defesa do Consumidor possuem pressupostos de aplicação diferentes e incidem em hipóteses distintas. A aplicação da pena prevista no parágrafo único do art. 42 do CDC apenas é possível diante da presença de engano justificável do credor em proceder com a cobrança, da cobrança extrajudicial de dívida de consumo e de pagamento de quantia indevida pelo consumidor. No que se refere ao artigo 940 do CC, este somente pode ser aplicado quando a cobrança se dá por meio judicial e fica comprovada a má-fé do demandante, independentemente de prova do prejuízo. Dessa forma, mesmo diante de uma relação de consumo, se inexistentes os pressupostos de aplicação do art. 42, parágrafo único, do CDC, deve ser aplicado o sistema geral do Código Civil, no que couber. Destaca-se que o art. 940 do CC é norma complementar ao art. 42, parágrafo único, do CDC e, no caso, sua aplicação está alinhada ao cumprimento do mandamento constitucional de proteção do consumidor." (REsp 1.645.589-MS, DJe 06/02/2020 – Informativo 664)

O parágrafo único do art. 42 do CDC faz a seguinte ressalva: na hipótese de engano justificável, o consumidor que for cobrado em quantia indevida não tem direito à repetição do indébito por valor igual ao dobro do que pagou em excesso.

Os julgados mais recentes do STJ consideram o engano justificável como sendo aquele que não decorre de dolo ou culpa do fornecedor. Nesta situação, a devolução do valor se dá na forma simples e não em dobro.

Engano justificável	→	– aquele que não decorre de culpa ou dolo do fornecedor; – devolução simples.

O ônus da prova é do fornecedor, que deve se incumbir de comprovar que, mesmo cumpridas as diligências e observados os cuidados necessários, o engano subsiste.

6. BANCOS DE DADOS E CADASTROS DE CONSUMIDORES

Os bancos de dados e os cadastros de consumidores inadimplentes são arquivos de consumo que armazenam informações a serem utilizadas nas relações de consumo.

LEONARDO ROSCOE BESSA (2022, p. 359) diferencia bancos de dados e cadastros de consumidores, a partir de critério doutrinário formulado por Antonio Herman de Vasconcellos e Benjamin, em 02 aspectos: a origem da informação e seu destino

De forma sintetizada, esclarece o doutrinador que:

"(...) nos cadastros, é o próprio consumidor, independentemente de a compra ser a crédito, que oferece seus dados pessoais para o estabelecimento. Objetiva-se, com a coleta dos dados, estabelecer uma comunicação maior entre fornecedor e consumidor, principalmente para oferecer informações sobre promoções (...). A fonte de informação é o próprio consumidor e o destino é um fornecedor específico."

"(...) nos bancos de dados de consumo, cuja principal espécie são justamente as entidades de proteção ao crédito, a informação advém, em regra, dos fornecedores (e não mais do consumidor). O destino final da informação, embora ela permaneça armazenada na entidade, é o mercado, ou seja, os fornecedores."

Cadastros → Fonte da informação: consumidor → *Destino: Fornecedor específicvo*

Bancos de dados → Fonte da informação: fornecedor → *Destino: Fornecedores em geral*

Nos termos do § 4º do art. 43 do CDC, os bancos de dados e cadastros dos consumidores, os serviços de proteção ao crédito e congêneres são considerados entidades de caráter público, de modo a comportar, se preenchidos os requisitos constitucionais, o ajuizamento do *habeas data*.

O *habeas data* (art. 5º, LXXII, da CF) é o instrumento jurídico adequado de que se pode valer o consumidor para assegurar o conhecimento de informações relativas à sua pessoa, constantes de registros ou bancos de dados de entidades governamentais ou de caráter público bem como para a retificação de dados.

Arquivos de consumo → entidades de caráter público → *habeas data*

POSIÇÃO DO STJ

"(...) o cartório de distribuição judicial exerce serviço público. (...) uma das formas pelas quais os órgãos de proteção ao crédito (SPC/SERASA) obtêm dados para alimentar os seus cadastros é mediante informações constantes nos cartórios de distribuição de processos judiciais, o que conseguem por meio de convênios firmados com o Poder Judiciário de cada Estado de Federação. (...) os dados sobre processos, existentes nos cartórios distribuidores forenses, são informações públicas (...). Portanto, se os órgãos de proteção ao crédito reproduzem fielmente o que consta no cartório de distribuição a respeito de determinado processo de execução, não se lhes pode tolher que forneçam tais dados públicos aos seus associados, sob pena de grave afronta ao Estado Democrático de Direito, que prima, como regra, pela publicidade dos atos processuais (...)" (REsp 1.344.352/SP – DJe 16/12/2014 – Informativo 554)

ATENÇÃO

Além do cadastro de consumidores inadimplentes, cumpre enfatizar o teor da **Lei nº 12.414/2011,** *alterada pela Lei Complementar nº 166, de 8 de abril de 2019, que disciplina a formação e consulta a bancos de dados com informações de adimplemento, de pessoas naturais ou de pessoas jurídicas, para formação de histórico de crédito. É denominado de* ***cadastro positivo de consumidores.***

POSIÇÃO DO STJ

"(...) tanto sob a enfoque do registro de informações negativas como também para o registro de informações positivas, tem o consumidor o direito de tomar conhecimento de que informações a seu respeito estão sendo arquivadas/comercializadas por terceiro, sem a sua autorização, porque desse direito decorrem outros dois que lhe são assegurados pelo ordenamento jurídico: o direito de acesso aos dados armazenados e o direito à retificação das informações incorretas. A inobservância dos deveres associados ao tratamento (que inclui a coleta, o armazenamento e a transferência a terceiros) dos dados do consumidor – dentre os quais se inclui o dever de informar – faz nascer para este a pretensão de indenização pelos danos causados e a de fazer cessar, imediatamente, a ofensa aos direitos da personalidade (...)" (REsp 1.758.799-MG – DJe 19/11/2019– Informativo 660)

6.1. Direito de acesso às informações

Nos termos do art. 43 do CDC, o consumidor tem direito ao acesso às informações existentes em cadastros, fichas, registros e dados pessoais e de consumo arquivados sobre ele bem como sobre as suas respectivas fontes.

O § 6º do art. 43 do CDC dispõe que tais informações devem ser disponibilizadas em formatos acessíveis, inclusive para a pessoa com deficiência, mediante solicitação do consumidor.

> **POSIÇÃO DO STJ**
>
> *Súmula 550: "A utilização de escore de crédito, método estatístico de avaliação de risco que não constitui banco de dados, dispensa o consentimento do consumidor, que terá o direito de solicitar esclarecimentos sobre as informações pessoais valoradas e as fontes dos dados considerados no respectivo cálculo".*

Essas informações devem ser objetivas, claras, verdadeiras e de fácil compreensão, conforme dispõe a primeira parte do § 1º do art. 43 do CDC.

O consumidor deve ser informado por escrito sobre a abertura de cadastro, ficha, registro e dados pessoais e de consumo, quando não solicitada por ele, conforme dispõe o § 2º do art. 43 do CDC.

> **POSIÇÃO DO STJ**
>
> *Súmula 404: "É dispensável o Aviso de Recebimento (AR) na carta de comunicação ao consumidor sobre a negativação de seu nome em bancos de dados e cadastros".*

Essa comunicação deve ser feita previamente pelo órgão mantenedor do Cadastro de Proteção ao Crédito, isto é, antes da inscrição do nome do consumidor no cadastro de devedores inadimplentes, sob pena de configurar dano moral.

> **POSIÇÃO DO STJ**
>
> *Súmula 359: "Cabe ao órgão mantenedor do cadastro de proteção ao crédito a notificação do devedor antes de proceder à inscrição".*

Parcela da doutrina entende que, a despeito do posicionamento consolidado do STJ no sentido de ser do mantenedor do cadastro de proteção ao crédito a obrigação de notificar o devedor antes de proceder à inscrição, no CDC há previsão expressa da responsabilidade solidária, de modo que todo aquele que participar, direta ou indiretamente, para o registro irregular do nome do consumidor nos cadastros de inadimplentes, deve indenizar o consumidor lesado.

ATENÇÃO

O órgão mantenedor do Cadastro de Proteção ao Crédito é responsável por comunicar o consumidor antes da sua inscrição no cadastro de inadimplentes enquanto o fornecedor é responsável pela negativação indevida do nome consumidor bem como pela retirada do nome do consumidor do cadastro após quitada a dívida.

Segundo entendimento do STJ, "as entidades mantenedoras de cadastros de proteção ao crédito não devem incluir em sua base de dados informações coletadas dos cartórios de protestos sem a informação do prazo de vencimento da dívida, sendo responsáveis pelo controle de ambos os limites temporais estabelecidos no art. 43 da Lei n. 8.078/1990."

"Como reflexo do princípio da veracidade, o CDC cuidou de estabelecer limites temporais objetivos para que a informação negativa a respeito dos débitos do consumidor conste na base dos bancos de dados de proteção ao crédito. Previu, assim, em seu art. 43, dois prazos, quais sejam: a) o prazo genérico de 5 (cinco) anos, do § 1º; e b) o prazo específico da ação de cobrança, do § 5º. Esses prazos são conciliados, de modo que uma dívida não pode estar sujeita a registro em cadastro de proteção ao crédito por período superior a cinco anos. Assim, os arquivistas devem adotar a posição que evite o dano potencial ao direito da personalidade do consumidor, razão pela qual é legítima a imposição da obrigação de não-fazer, consistente em não incluir em sua base de dados informações coletadas dos cartórios de protestos, sem a informação do prazo de vencimento da dívida, para controle de ambos os limites temporais estabelecidos no art. 43 da Lei n. 8.078/1990." (REsp 1.630.889-DF, DJe 21/09/2018 – Informativo 633)

POSIÇÃO DO STJ

Súmula 548: "Incumbe ao credor a exclusão do registro da dívida em nome do devedor no cadastro de inadimplentes no prazo de cinco dias úteis, a partir do integral e efetivo pagamento do débito".

Esquematicamente, a responsabilidade do fornecedor e a responsabilidade do órgão mantenedor do Cadastro de Proteção ao Crédito são definidas da seguinte forma:

Fornecedor	→	- negativação do nome do consumidor; - retirada do nome do consumidor do cadastro após quitação da dívida.

Órgão mantenedor do Cadastro	→	- notificação do consumidor antes de proceder à inscrição no cadastro.

6.2. Negativação indevida e indenização por danos morais e materiais

O nome do consumidor anotado irregularmente nos órgãos ou cadastros de proteção ao crédito configura dano moral, salvo quando preexistir legítima inscrição.

Assim, se o consumidor foi anteriormente negativado de forma legítima, não fará jus à indenização por dano moral com relação à nova inscrição, ainda que indevida, sendo ressalvado o direito ao cancelamento dessa inscrição.

POSIÇÃO DO STJ

Súmula 385: "Da anotação irregular em cadastro de proteção ao crédito, não cabe indenização por dano moral quando preexistente legítima inscrição, ressalvado o direito ao cancelamento".

Ainda sobre o dano moral, importante registrar a observação do doutrinador LEONARDO ROSCOE BESSA (2022, p. 376): "Embora a concepção do dano moral, principalmente sua vinculação ou não a dor psíquica, seja um tema bastante polêmico na doutrina, é incontroverso no Superior Tribunal de Justiça – especificamente na área de entidades de proteção ao crédito – que, **para o deferimento de indenização por dano moral, basta ao interessado demonstrar que o registro foi irregular: não há necessidade de demonstrar que houve afetação ao bem-estar psicofísico da pessoa**, ou seja, que a inscrição gerou vergonha, constrangimento, tristeza ou qualquer outro sentimento negativo".

Para configuração de dano material, o consumidor deve demonstrar o prejuízo experimentado em razão da negativação indevida.

ATENÇÃO

O prazo prescricional para a pretensão de reparação de danos morais e materiais é aquele estabelecido no art. 206, § 3º, inciso V do CC, de 03 anos, uma vez que o prazo prescricional de 05 anos previsto no art. 27 do CDC destina-se a pretensão de reparação de dano decorrente de fato do produto ou serviço (acidente de consumo).

6.3. Direito à correção de dados inexatos

Nos termos do § 3º do art. 43 do CDC, em caso de inexatidão nos dados e cadastros, o consumidor pode exigir sua imediata correção, devendo o arquivista, no prazo de 05 úteis, comunicar a alteração aos eventuais destinatários das informações incorretas.

6.4. Direito à retirada do nome do cadastro de inadimplentes

A despeito de o CDC admitir a negativação do nome do consumidor inadimplente, os cadastros e dados dos consumidores não podem conter informações negativas referentes a período superior a 05 anos ou antes disso, se consumada a prescrição relativa à cobrança de débitos do consumidor, nos termos do que dispõem os §§ 1º, segunda parte e 5º, respectivamente, do CDC.

Assim, as informações negativas sobre o consumidor não podem ultrapassar o período máximo de 05 anos ou quando consumada a prescrição relativa à cobrança de débitos do consumidor. Deve-se observar o que ocorrer primeiro!

Para o STJ, o termo inicial do prazo máximo de cinco anos que o nome de devedor pode ficar inscrito em órgão de proteção ao crédito é o dia seguinte à data de vencimento da dívida (REsp 1.630.889-DF, DJe 21/09/2018 – Informativo 633);

ATENÇÃO

O § 5º do art. 43 do CDC trata da prescrição relativa à ação de cobrança de débitos do consumidor e não da prescrição da ação executiva, conforme Súmula 323 do STJ.

POSIÇÃO DO STJ

Súmula 323: "A inscrição do nome do devedor pode ser mantida nos serviços de proteção ao crédito até o prazo máximo de cinco anos, independentemente da prescrição da execução".

6.5. Cadastro de reclamações contra fornecedores

O CDC, no art. 44, prevê a existência de cadastros atualizados de reclamações fundamentadas contra fornecedores de produtos e serviços a serem mantidos e divulgados anualmente pelos órgãos públicos de defesa do consumidor, devendo, inclusive, a divulgação indicar se a reclamação foi atendida ou não pelo fornecedor.

É facultado o acesso às informações constantes nos cadastros de fornecedores para orientação e consulta por qualquer interessado.

As regras previstas no artigo 43 e no parágrafo único do artigo 22 do CDC são aplicadas também para os cadastros de fornecedores.

7. TÓPICO-SÍNTESE

PRÁTICAS COMERCIAIS	
Considerações iniciais	Práticas comerciais previstas no CDC: • oferta; • publicidade; • práticas abusivas; • cobrança de dívidas; • banco de dados e cadastros de consumidores.
Oferta	Toda informação ou publicidade, suficientemente precisa, veiculada por qualquer forma ou meio de comunicação com relação a produtos e serviços oferecidos ou apresentados, obriga o fornecedor que a fizer veicular ou dela se utilizar e integra o contrato que vier a ser celebrado. Publicidade ≠ informação **Vinculação da oferta** → veiculação + precisão da informação. Se o fornecedor de produtos ou serviços recusar cumprir a oferta, apresentação ou publicidade, o consumidor poderá, alternativamente e à sua livre escolha: • exigir o cumprimento forçado da obrigação, nos termos da oferta, apresentação ou publicidade; • aceitar outro produto ou prestação de serviço equivalente; • rescindir o contrato, com direito à restituição de quantia eventualmente antecipada, monetariamente atualizada, e a perdas e danos.

Publicidade	Classificação: • **institucional**: preocupação com a institucionalização da marca; • **promocional:** preocupação com a venda produtos e serviços. **Publicidade** → difusão de um produto ou serviço específico com objetivo comercial. **Propaganda** → difusão de ideias e conceitos com um fim ideológico, religioso, político, econômico ou social.
Princípios norteadores da publicidade	**Princípio da identificação da publicidade** → mensagem publicitária deve ser ostensiva, de modo que o consumidor a identifique como tal de forma fácil e imediata. Em alguns tipos de publicidade, o consumidor não identifica de forma clara e imediata a oferta dos produtos e serviços. São elas, segundo classificação de FABRÍCIO BOLZAN: • **publicidade dissimulada** → **c**onotação jornalística. Deve ser apropriadamente identificada; • **publicidade subliminar** → captada pelo inconsciente do consumidor; • **publicidade clandestina: merchandising** → **i**nserção indireta de indireta de produto, serviço ou marca em filmes, novelas, programas de televisão em geral, teatro, rádio. Deve ser apropriadamente identificada. **Teaser** → anúncio do anúncio. Não é prática vedada pelo CDC. **Princípio da transparência da fundamentação da publicidade:** o fornecedor, na publicidade de seus produtos ou serviços, manterá, em seu poder, para informação dos legítimos interessados, os dados fáticos, técnicos e científicos que dão sustentação à mensagem. **Princípio da vinculação contratual da publicidade** → fornecedor fica vinculado ao cumprimento do conteúdo de toda informação ou comunicação difundida aos consumidores. **Princípio da veracidade** toda informação ou comunicação de caráter publicitário deve ser verdadeira. **Princípio da não abusividade** → toda informação ou comunicação de caráter publicitário não deve agredir valores tidos como importantes pela sociedade de consumo. **Princípio da correção do desvio publicitário** → fornecedor deve veicular a contrapropaganda quando incorrer na prática de publicidade enganosa ou abusiva.

Publicidade enganosa	**Publicidade enganosa por comissão (ação)** → veicular informação inteira ou parcialmente falsa. **Publicidade enganosa por omissão** → deixar de informar sobre dado essencial do produto ou serviço. **Dado essencial** → informação relevante que, se conhecida pelo consumidor, poderia interferir na sua escolha, tal como não adquirir o produto ou contratar o serviço. Publicidade enganosa **independe da boa ou má-fé do anunciante**, bastando que a informação seja capaz de induzir o consumidor a erro. Não se exige que o consumidor tenha, efetivamente, se enganado com a mensagem publicitária **(a enganosidade é aferida em abstrato)**. Puffing e anúncios ambíguos podem caracterizar publicidade enganosa.
Publicidade abusiva	Rol é exemplificativo, mas o CDC aponta expressamente as seguintes: • discriminatória de qualquer natureza; • incite a violência; • explore o medo e a superstição; • aproveite deficiência de julgamento e experiência da criança; • desrespeita valores ambientais; • capaz de induzir o consumidor a se comportar de forma prejudicial ou perigosa à sua saúde ou segurança.
Inversão do ônus da prova	Em se tratando de matéria publicitária, a inversão do ônus da prova é *ope legis*, isto é, determinada pela lei, e, portanto, obrigatória. Cabe a quem as patrocina o ônus da prova da veracidade e correção da informação ou comunicação publicitária.
Práticas abusivas	Enumeradas no art. 39 do CDC cujo rol é meramente exemplificativo.
Venda casada	É vedado ao fornecedor condicionar o fornecimento de produto ou de serviço ao fornecimento de outro produto ou serviço não pretendido pelo consumidor.
Limitação quantitativa	É vedado ao fornecedor condicionar o fornecimento de produto ou de serviço ao fornecimento de outro produto ou serviço, sem justa causa, a limites quantitativos.
Recusa no atendimento	É vedado ao fornecedor recusar atendimento às demandas dos consumidores na exata medida de suas disponibilidades de estoque e, ainda, de conformidade com os usos e costumes.

Envio de produto sem solicitação prévia	É vedado ao fornecedor enviar qualquer produto ou fornecer qualquer serviço ao consumidor, sem que este tenha solicitado previamente. Se isso ocorrer, inexiste obrigação de pagamento por parte do consumidor. Envio de produto ou fornecimento de serviço não solicitado → amostra grátis.
Prevalecimento sobre a fraqueza do consumidor	É vedado ao fornecedor aproveitar-se da fraqueza ou ignorância do consumidor, tendo em vista sua idade, saúde, conhecimento ou condição social, para impingir-lhe seus produtos ou serviços.
Exigência de vantagem excessiva	É vedado ao fornecedor exigir do consumidor vantagem manifestamente excessiva, devendo esta ser aferida no caso concreto pelo julgador.
Execução de serviço sem orçamento prévio	É vedado ao fornecedor executar serviços sem a prévia elaboração de orçamento e autorização expressa do consumidor, ressalvadas as decorrentes de práticas anteriores entre as partes.
Repasse de informação depreciativa	É vedado ao fornecedor repassar **informação depreciativa** referente a ato praticado pelo consumidor no exercício de seus direitos. Também configura prática abusiva do fornecedor o repasse de **informação positiva** do consumidor a outros fornecedores, por configurar direito de personalidade os dados cadastrais do consumidor.
Não observância das normas técnicas	É vedado ao fornecedor colocar no mercado de consumo qualquer produto ou serviço em desacordo com as normas expedidas pelos órgãos oficiais competentes.
Recusa de venda mediante pronto pagamento	É vedado ao fornecedor recusar a venda de bens ou a prestação de serviços diretamente a quem se disponha a adquiri-los mediante pronto pagamento, ressalvados os casos de intermediação regulados em leis especiais.
Elevação de preço sem justificativa	Via de regra, o fornecedor é livre para determinar os preços antes da contratação. No entanto, é vedado ao fornecedor elevar sem justa causa o preço de produtos ou serviços após a contratação.
Reajuste diverso do legal ou contratual	É vedado ao fornecedor aplicar fórmula ou índice de reajuste diverso do legal ou contratualmente estabelecido.
Ausência de determinação de prazo	É vedado ao fornecedor deixar de estipular prazo para o cumprimento de sua obrigação ou deixar a fixação de seu termo inicial a seu exclusivo critério.
Permissão de ingresso em estabelecimento em número maior que o permitido	É vedado ao fornecedor permitir o ingresso em estabelecimentos comerciais ou de serviços de um número maior de consumidores que o fixado pela autoridade administrativa como máximo.

Cobrança de dívidas	Constitui exercício regular de direito, sendo vedada pelo CDC a cobrança que expõe o consumidor inadimplente ao ridículo ou o submete a qualquer tipo de constrangimento ou ameaça.
Repetição de indébito	O consumidor cobrado em quantia indevida tem direito à repetição do indébito, por valor igual ao dobro do que pagou em excesso, acrescido de correção monetária e juros legais, salvo hipótese de engano justificável. Repetição de indébito → valor igual ao dobro do que pagou em excesso, salvo hipótese de engano justificável.
Repetição de indébito	Cobrança indevida do CDC é a extrajudicial, uma vez que para a cobrança judicial indevida deve ser aplicado ao artigo 940 do CC. **Engano justificável** → aquele que não decorre de culpa ou dolo do fornecedor, segundo julgados mais recentes do STJ.
Banco de dados e cadastros de consumidores	São arquivos de consumo que armazenam informações a serem utilizadas nas relações de consumo. Lei nº 12.414/2011 → disciplina o cadastro positivo de consumidores.
Direito de acesso às informações	O consumidor tem direito ao acesso às informações existentes em cadastros, fichas, registros e dados pessoais e de consumo arquivados sobre ele bem como sobre as suas respectivas fontes.

Capítulo

9

PROTEÇÃO CONTRATUAL

Leia a lei:

- *Arts. 24, 46 a 54, 56, 84 do CDC; arts. 423 e 132 do CC; Decreto 7.962/2013; Lei 9.307/96*

1. DISPOSIÇÕES GERAIS

O CDC dedica um capítulo à proteção contratual do consumidor com o objetivo de garantir transparência, lealdade e equilíbrio nas relações de consumo.

Os arts. 46 a 48 do CDC dispõem sobre três princípios contratuais que regulam as relações de consumo, a saber: princípio da transparência (art. 46); princípio da interpretação mais favorável ao consumidor (art. 47); princípio da vinculação à oferta (art. 48).

O art. 49 do CDC cuida do direito de arrependimento e o art. 50 da garantia complementar.

As cláusulas abusivas estão previstas nos arts. 51 a 53 e os contratos de adesão no art. 54.

LEONARDO ROSCOE BESSA (2022, p. 407) afirma que: "em síntese, os princípios e regras do CDC relativos à proteção contratual do consumidor possuem poucos e importantes objetivos: que as relações contratuais sejam pautadas pela lealdade e transparência, pela observância das legítimas expectativas inerentes ao negócio (boa-fé objetiva), com definição clara dos direitos e das obrigações das partes, e, também, que o contrato não seja mero instrumento de obtenção de vantagem exagerada por parte do fornecedor".

2. PRINCÍPIOS CONTRATUAIS

Além dos princípios contratuais específicos disciplinados pelo CDC (princípios da transparência; da interpretação mais favorável ao consumidor e da vinculação à oferta), os princípios gerais que regem os contratos e estão previstos no CC (boa-fé objetiva; autonomia da vontade; função social do contrato, etc.) também são aplicáveis aos contratos de consumo desde que em consonância com as disposições do CDC.

JOSÉ GERALDO BRITO FILOMENO (2014, p. 238), pertinentemente, faz a seguinte ponderação ao tratar da sociedade de consumo e da produção em massa dos bens: "(...) o propalado princípio da plena autonomia da vontade, ao qual também se ligam os de consentimento, da igualdade, obrigatoriedade, intangibilidade (imutabilidade), e da inalterabilidade dos contratos, cede passo à constatação de uma realidade inexorável: certamente vigorariam em toda a sua plenitude, se as partes contratantes, que manifestam a sua vontade, tivessem o mesmo poder de decisão. Ou seja, se as partes pudessem, efetivamente, não apenas conhecer, em toda a sua extensão, o conteúdo das obrigações inseridas em determinado contrato, como também fossem inteiramente livres para a sua pontuação".

2.1. Princípio da transparência

O art. 46 do CDC dispõe: "Os contratos que regulam as relações de consumo não obrigarão os consumidores, se não lhes for dada a oportunidade de tomar conhecimento prévio de seu conteúdo, ou se os respectivos instrumentos forem redigidos de modo a dificultar a compreensão de seu sentido e alcance".

Desta forma, o CDC estabelece que os contratos de consumo NÃO obrigarão os consumidores:

- se não tiverem conhecimento prévio de seu conteúdo;
- se as cláusulas contratuais forem redigidas de modo a dificultar ou mesmo impossibilitar a compreensão de seu sentido e alcance.

É assegurado ao consumidor o direito de saber o que efetivamente está contratando e as consequências daí advindas, não bastando o conhecimento formal do contrato. O consumidor deve ter o conhecimento prévio a respeito das taxas de juros exigidas no contrato bancário, por exemplo, sob pena de sua não vinculação ao consumidor.

POSIÇÃO STJ

Para o STJ, "o consumidor tem direito à informação sobre a taxa diária de juros, no caso de haver cláusula de capitalização diária, uma vez que essa cláusula tem potencial para gerar incremento da dívida."

Prossegue: "Assim, a informação acerca da capitalização diária, sem indicação da respectiva taxa diária, subtrai do consumidor a possibilidade de estimar previamente a evolução da dívida, e de aferir a equivalência entre a taxa diária e as taxas efetivas mensal e anual. A falta de previsão da taxa diária, portanto, dificulta a compreensão do consumidor acerca do alcance da capitalização diária, o que, configura descumprimento do dever de informação, a teor da norma do art. 46 do CDC." (REsp 1.826.463-SC, DJ 29/10/2020– Informativo 682)

FLÁVIO TARTUCE (2014, p. 265) faz a seguinte ponderação sobre o dispositivo legal: "Existe no art. 46 do CDC *um ponto de simbiose* entre o princípio da boa-fé objetiva e a função social do contrato, a mitigar a força obrigatória da convenção. Isso porque o desrespeito ao dever de informar com clareza gera como consequência a interpretação do pacto de acordo com a realidade social, afastando aquilo que aparentemente foi convencionado entre as partes. Em outras palavras, *o concreto e o efetivo prevalecem sobre o meramente formal*, tendência do Direito Civil Contemporâneo".

E FELIPE PEIXOTO BRAGA NETTO (2007, p. 176) ao analisar o art. 46 do CDC arremata: "Naturalmente tal dispositivo legal não autoriza interpretações absurdas, absolutamente divorciadas do conteúdo contratual. O CDC não aboliu, nem poderia, a autonomia privada. As partes, em princípio, podem autorregrar seus interesses como melhor lhes aprouver. O que não é possível é que, sob o pretexto de usar tal liberdade, ocorram abusos ou pactos materialmente desequilibrados".

2.2. Princípio da interpretação mais favorável

O art. 47 do CDC dispõe: "As cláusulas contratuais serão interpretadas de maneira mais favorável ao consumidor".

De acordo com o CDC, a interpretação das cláusulas contratuais, sejam elas claras, obscuras ou contraditórias, será sempre da forma mais favorável ao consumidor, parte mais fraca da relação, em observância ao princípio da isonomia.

É aplicável o art. 47 do CDC, por exemplo, nas relações contratuais mantidas junto a operadoras de planos de saúde. A regra é: *in dubio pro consumidor.*

Já o CC, no seu art. 423, dispõe que nos contratos de adesão será adotada a intepretação mais favorável ao aderente quando houver no contrato cláusulas ambíguas ou contraditórias.

Observa-se, assim, que enquanto o art. 423 do CC se refere exclusivamente ao contrato de adesão para fins de interpretação mais favorável ao aderente, o art. 47 do CDC possibilita uma interpretação mais ampla, uma vez que é aplicável às cláusulas contratuais em geral e não apenas nos contratos de adesão.

A diferença existente entre o art. 47 do CDC e o art. 423 do CC pode ser esquematizada da seguinte forma:

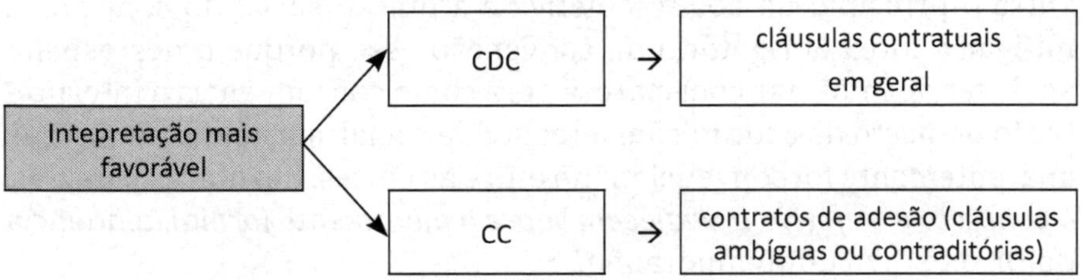

2.3. Princípio da vinculação à oferta

Nos termos do que dispõe o art. 48 do CDC, o fornecedor fica vinculado às declarações de vontade constantes de escritos particulares, recibos e pré-contratos relativos às relações de consumo, como por exemplo "cobre-se qualquer oferta", "manutenção gratuita", ensejando inclusive execução específica em caso de descumprimento da obrigação, nos termos do art. 84 e parágrafos do CDC, e não a resolução em perdas e danos como ocorre no CC.

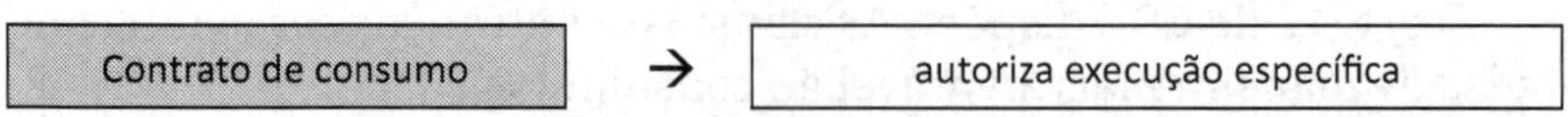

2.4. Princípio da conservação do contrato

Por força do princípio da conservação do contrato de consumo, a nulidade de uma cláusula contratual abusiva não invalida todo o contrato, exceto se, a despeito dessa nulidade, ainda persistir no contrato ônus excessivo a qualquer das partes, nos termos do que dispõe o § 2º do art. 51 do CDC.

3. DIREITO DE ARREPENDIMENTO

O direito de arrependimento está previsto no art. 49 do CDC com a seguinte dicção: "o consumidor pode desistir do contrato, no prazo de 7 dias a contar de sua assinatura ou do ato de recebimento do produto ou serviço, sempre que a contratação de fornecimento de produtos e serviços ocorrer fora do estabelecimento comercial, especialmente por telefone ou a domicílio".

O prazo de 07 dias é o prazo de reflexão que visa proteger o consumidor das compras por impulsos.

A contagem do prazo de 07 dias segue a regra do art. 132 do CC, excluindo-se o dia do começo e incluindo o do vencimento. Se o dia do vencimento cair em feriado, o prazo será prorrogado até o seguinte dia útil, nos termos do § 1º do art. 132 do CC.

O dispositivo legal prevê a possibilidade de o consumidor desistir do negócio quando a contratação ocorrer fora do estabelecimento comercial (telefone, domicílio, internet, catálogo), sem a necessidade de o consumidor apresentar justificativa da desistência.

Esquematicamente, o direito de arrependimento pode ser apresentado da seguinte forma:

Direito de arrependimento

- desistência do contrato;
- prazo de 07 dias;
- a contar de sua assinatura ou do ato de recebimento do produto ou serviço;
- contratação fora do estabelecimento comercial;
- desvinculado de qualquer justificativa por parte do consumidor.

Importa repisar:

Direito de arrependimento	→	Contratação fora do estabelecimento

Assim, a contratação de produtos ou serviços DENTRO do estabelecimento comercial NÃO confere ao consumidor o direito de arrependimento na forma do art. 49 do CDC!!

Sobre os contratos firmados no interior do estabelecimento, pondera FABRÍCIO BOLZAN (2018, p. 700): "É prática comum no comércio a possibilidade de trocar determinado produto, em especial peça de vestuário, dentro do prazo de 30 dias, desde que não seja retirada a etiqueta de referência da roupa, por exemplo. Trata-se de mera liberalidade, e não de obrigação do fornecedor. Assim, uma vez ofertada a possibilidade de troca nesses casos, obrigado está o fornecedor a cumprir o prometido, em razão do princípio da vinculação da oferta. Desta forma, caso o fornecedor não oferte tal possibilidade de troca, somente estará obrigado a substituir o bem por outro ou a devolver o valor eventualmente pago diante da existência de algum vício".

Exercido o direito de arrependimento, os valores eventualmente pagos pelo consumidor, a qualquer título, durante o prazo de reflexão, serão devolvidos, de imediato, monetariamente atualizados, nos termos do que dispõe o parágrafo único do art. 49 do CDC.

É nula de pleno direito a cláusula que afasta o reembolso da quantia já paga quando o consumidor exercer seu direito de arrependimento, por força do estabelecido no inciso II, do art. 51 do CDC.

POSIÇÃO STJ

"O Procon pode aplicar multa a fornecedor em razão do repasse aos consumidores, efetivado com base em cláusula contratual, do ônus de arcar com as despesas postais decorrentes do exercício do direito de arrependimento. (...) Aceitar o contrário significaria criar limitação ao direito de arrependimento legalmente não prevista, de modo a desestimular o comércio fora do estabelecimento comercial". (REsp 1.340.604 – RJ, DJ 15/08/2013 – Informativo 528).

4. GARANTIA CONTRATUAL

O art. 50 do CDC estabelece que "a garantia contratual é complementar à legal e será conferida mediante termo escrito".

A garantia contratual decorre da mera faculdade do fornecedor e será conferida mediante termo escrito (termo de garantia). É complementar à garantia legal, que é obrigatória e independe de termo expresso.

Garantia contratual (art. 50)
- ➢ faculdade do fornecedor;
- ➢ complementar à garantia legal;
- ➢ conferida mediante termo escrito.

≠

Garantia legal (art. 24)
- ➢ obrigatória;
- ➢ independe de termo expresso.

O termo de garantia ou equivalente deve observar as seguintes formalidades:

- ➢ ser padronizado;
- ➢ esclarecer adequadamente em que consiste a garantia;
- ➢ esclarecer a forma, o prazo e o lugar que pode ser exercitada;
- ➢ esclarecer os ônus a cargo do consumidor;
- ➢ ser preenchido pelo fornecedor no ato do fornecimento;
- ➢ ser acompanhado de manual de instrução, de instalação e uso do produto em linguagem didática, com ilustrações.

No item 10 do Capítulo 5 "Responsabilidade Civil no CDC" foram estudadas as três modalidades de garantias presentes na relação de consumo, a saber: garantia legal, garantia contratual e garantia estendida, ao qual remetemos o leitor para relembrar.

5. CONTRATAÇÃO NO COMÉRCIO ELETRÔNICO – DECRETO Nº 7.962/2013

Os contratos estabelecidos através da internet, muito frequentes na sociedade moderna globalizada, também estão sujeitos às normas protetivas do CDC.

O Decreto nº 7.962, de 15 de março de 2013, regulamentou o CDC para dispor sobre a contratação no comércio eletrônico e, assim, conferir proteção contratual ao consumidor.

Nos termos do que dispõe o art. 1º do Decreto nº 7.962/ 2013, serão garantidos ao consumidor que adquirir produtos ou serviços pela internet:

- informações claras a respeito do produto, serviço e do fornecedor (arts. 2º e 3º);
- melhora na relação de consumo pela criação dos canais de atendimento ao consumidor (art. 4º) e;
- respeito ao direito de arrependimento (art. 5º).

O Decreto nº 7.962/2013 ainda dispõe sobre a vinculação da oferta no art. 6º, nos seguintes termos: "As contratações no comércio eletrônico deverão observar o cumprimento das condições da oferta, com a entrega dos produtos e serviços contratados, observados prazos, quantidade, qualidade e adequação".

E o art. 7º estabelece que a inobservância das condutas previstas no Decreto ensejará aplicação das sanções administrativas previstas no art. 56 do CDC.

5.1. Informações claras a respeito do produto, serviço e do fornecedor

O art. 2º do referido Decreto estabelece que os sítios eletrônicos ou demais meios eletrônicos utilizados para oferta ou conclusão de contrato de consumo devem disponibilizar, em local de destaque e de fácil visualização, as seguintes informações:

- nome empresarial e número de inscrição do fornecedor, quando houver, no Cadastro Nacional de Pessoas Físicas ou no Cadastro Nacional de Pessoas Jurídicas do Ministério da Fazenda;
- endereço físico e eletrônico, e demais informações necessárias para sua localização e contato;
- características essenciais do produto ou do serviço, incluídos os riscos à saúde e à segurança dos consumidores;
- discriminação, no preço, de quaisquer despesas adicionais ou acessórias, tais como as de entrega ou seguros;
- condições integrais da oferta, incluídas modalidades de pagamento, disponibilidade, forma e prazo da execução do serviço ou da entrega ou disponibilização do produto e;
- informações claras e ostensivas a respeito de quaisquer restrições à fruição da oferta.

O art. 3º estabelece que os sítios eletrônicos ou demais meios eletrônicos utilizados para ofertas de **compras coletivas** ou modalidades análogas de contratação deverão conter, além das informações previstas no art. 2º, as seguintes:

- quantidade mínima de consumidores para a efetivação do contrato;
- prazo para utilização da oferta pelo consumidor e;
- identificação do fornecedor responsável pelo sítio eletrônico e do fornecedor do produto ou serviço ofertado, nos termos dos incisos I e II do art. 2º.

Nas lições de FABRÍCIO BOLZAN (2018, p. 415), os sites de compras coletivas como "PEIXE URBANO" e "GROUPON" vinculam a compra de determinado número de produtos ou contratação de serviços para reduzir significativamente o valor do bem de consumo. Mas danos inúmeros vêm ocorrendo em razão dessas práticas, sendo o mais comum a recusa do fornecedor em aceitar o voucher emitido na compra coletiva em razão do considerável número de clientes de posse de semelhante voucher naquele determinado dia.

Afirma o doutrinador: "não só o fornecedor direto que vende seus produtos e serviços nos sites de compras coletivas deverá ser responsabilizado, mas também o respectivo administrador do sítio eletrônico, caracterizando verdadeira responsabilidade solidária nos termos do art. 7º, parágrafo único, do CDC. Isto porque os fornecedores administradores deverão compartilhar os riscos da atividade desenvolvida".

5.2. Atendimento facilitado ao consumidor

O art. 4º do Decreto em questão estabelece que para garantir o atendimento facilitado ao consumidor no comércio eletrônico, o fornecedor deverá:

- apresentar sumário do contrato antes da contratação, com as informações necessárias ao pleno exercício do direito de escolha do consumidor, enfatizadas as cláusulas que limitem direitos;
- fornecer ferramentas eficazes ao consumidor para identificação e correção imediata de erros ocorridos nas etapas anteriores à finalização da contratação;
- confirmar imediatamente o recebimento da aceitação da oferta;
- disponibilizar o contrato ao consumidor em meio que permita sua conservação e reprodução, imediatamente após a contratação;
- manter serviço adequado e eficaz de atendimento em meio eletrônico, que possibilite ao consumidor a resolução de demandas referentes a informação, dúvida, reclamação, suspensão ou cancelamento do contrato. A manifestação do fornecedor a essas demandas será encaminhada em até 05 dias ao consumidor;
- confirmar imediatamente o recebimento das demandas do consumidor referidas no inciso, pelo mesmo meio empregado pelo consumidor e;
- utilizar mecanismos de segurança eficazes para pagamento e para tratamento de dados do consumidor.

5.3. Respeito ao direito de arrependimento

As compras realizadas por meio eletrônico são contratações firmadas fora do estabelecimento comercial, de modo ser aplicável o direito de arrependimento previsto no CDC.

O art. 5º do Decreto nº 7.962/2013 reforça esse direito ao estabelecer que o fornecedor deve informar ao consumidor, de forma clara e ostensiva, os meios adequados e eficazes para o exercício do direito de arrependimento, sendo que esse direito poderá ser exercido pela mesma ferramenta utilizada para a contratação, sem prejuízo de outros meios disponibilizados (art. 5º e § 1º).

O exercício do direito de arrependimento implica a rescisão dos contratos acessórios, sem qualquer ônus para o consumidor (§ 2º, art. 5º).

O fornecedor deverá comunicar imediatamente à instituição financeira ou à administradora do cartão de crédito ou similar o exercício do direito de arrependimento, para que:

- a transação não seja lançada na fatura do consumidor; ou
- seja efetivado o estorno do valor, caso o lançamento na fatura já tenha sido realizado (§ 3º, art. 5º).

O fornecedor deve enviar ao consumidor confirmação imediata do recebimento da manifestação de arrependimento (§ 4º, art. 5º).

ATENÇÃO

A Lei nº 12.965, de 23 de abril de 2014, também conhecida como Marco Civil da Internet, estabelece princípios, garantias, direitos e deveres para o uso da Internet no Brasil.

O Decreto nº 8.771, de 11 de maio de 2016, regulamenta a Lei nº 12.965, de 23 de abril de 2014, para tratar das hipóteses admitidas de discriminação de pacotes de dados na internet e de degradação de tráfego, indicar procedimentos para guarda e proteção de dados por provedores de conexão e de aplicações, apontar medidas de transparência na requisição de dados cadastrais pela administração pública e estabelecer parâmetros para fiscalização e apuração de infrações.

6. CLÁUSULAS ABUSIVAS

Nas lições de NERY JUNIOR (1.999, p. 487), "cláusula abusiva é aquela que é notoriamente desfavorável à parte mais fraca na relação contratual, que, no caso de nossa análise, é o consumidor (...)".

O CDC não exige dolo ou má-fé do fornecedor para reconhecimento da cláusula abusiva.

Toda cláusula abusiva é nula de pleno direito, podendo ser alegada a qualquer tempo e grau de jurisdição e reconhecida judicialmente a requerimento das partes ou por ato de ofício do juiz.

É importante frisar que, em se tratando de contratos bancários, é vedado ao julgador conhecer, de ofício, da abusividade das cláusulas.

POSIÇÃO DO STJ

Súmula 381: "Nos contratos bancários, é vedado ao julgador conhecer, de ofício, da abusividade das cláusulas".

A decisão que reconhece a nulidade da cláusula abusiva tem natureza constitutiva negativa e efeito *"ex tunc"*, ou seja, retroage à data da celebração do contrato.

Sobre as cláusulas abusivas importa saber que:

Cláusula abusiva

- nulidade absoluta;
- alegada a qualquer tempo e grau de jurisdição;
- requerimento da parte ou de ofício;
- desconstitui o negócio jurídico;
- efeito retroage à data da celebração do contrato;
- rol exemplificativo.

ATENÇÃO

A nulidade das cláusulas abusivas instituídas no art. 51 do CDC visa proteger os consumidores nos contratos de adesão e nos contratos de gré à gré (contratos paritários, que se formam mediante acordo entre as partes).

O STJ, no julgamento do REsp 1.878.651-SP, decidiu **não ser abusiva a cláusula** *constante de programa de fidelidade que impede a transferência de pontos/bônus de milhagem aérea aos sucessores do cliente titular no caso de seu falecimento. Isso porque só a instituidora do programa assume obrigações, não havendo como se dizer que a impossibilidade de transferência dos pontos gratuitos acumulados pelo consumidor, após o seu falecimento, acarreta, aos seus sucessores, excessiva desvantagem apta a ser coibida pelo Poder Judiciário. (REsp 1.878.651-SP, DJe 07/10/2022 – Informativo n. 753)*

FLÁVIO TARTUCE (2014, p. 296) afirma que "as cláusulas são consideradas ilícitas pela presença de um abuso de direito contratual. Além da nulidade absoluta, é possível reconhecer que, presente o dano, as cláusulas abusivas podem gerar o dever de reparar, ou seja, a responsabilidade civil do fornecedor ou prestador".

O § 4º do art. 51 do CDC dispõe que "é facultado a qualquer consumidor ou entidade que o represente requerer ao Ministério Público que ajuíze a competente ação para ser declarada a nulidade de cláusula contratual que contrarie o disposto neste código ou de qualquer forma não assegure o justo equilíbrio entre direitos e obrigações das partes".

São consideradas cláusulas abusivas àquelas enumeradas no art. 51 do CDC, tratadas a seguir, dentre outras, tendo em vista que o dispositivo legal é meramente exemplificativo.

NELSON NERY JUNIOR (1.999, p. 452) enfatiza que as relações de consumo são regidas pelo princípio da boa-fé, de sorte que toda cláusula que infringir esse princípio é considerada abusiva.

Conclui o doutrinador: "Há no sistema contratual do CDC, por conseguinte, a obrigatoriedade da adoção pelas partes de uma cláusula geral de boa-fé, que se reputa existente em todo e qualquer contrato que verse sobre relação de consumo, mesmo que não inserida expressamente nos instrumentos contratuais respectivos".

6.1. Cláusula de não indenizar; de renúncia ou disposição de direitos e de limitação de indenização (art. 51, I)

O inciso I do art. 51 do CDC dispõe serem nulas as cláusulas contratuais que:

- impossibilitem, exonerem ou atenuem a responsabilidade do fornecedor por vícios de qualquer natureza dos produtos e serviços. Por exemplo, considera-se não escrita a cláusula exonerativa que dispõe que o estacionamento não se responsabiliza pelos pertences deixados no veículo pelo consumidor;

POSIÇÃO DO STJ

Súmula 638: "É abusiva a cláusula contratual que restringe a responsabilidade de instituição financeira pelos danos decorrentes de roubo, furto ou extravio de bem entregue em garantia no âmbito de contrato de penhor civil".

- impliquem renúncia ou disposição de direitos;
- limitem o valor da indenização devida ao consumidor, salvo se o consumidor for pessoa jurídica quando a indenização poderá ser limitada, em situações justificáveis.

Esse dispositivo legal encontra-se alinhado ao art. 6º, inciso VI, do CDC, o qual aponta a efetiva reparação dos danos patrimoniais e morais, individuais, coletivos ou difusos como um dos direitos básicos do consumidor, não se admitindo qualquer tipo de tarifação, tabelamento, valores fixos previstos em lei, contrato, jurisprudência, etc., para limitar o valor da indenização.

ATENÇÃO

Observe que o dispositivo legal permite cláusula de limitação de indenização em situações justificáveis quando o contrato for firmado entre fornecedor e consumidor-pessoa jurídica, não admitindo, no entanto, em hipótese nenhuma, a cláusula de exoneração da responsabilidade do fornecedor.

Explica NELSON NERY JUNIOR (1.999, p. 499) que "fica ao juiz a tarefa de dizer quando é que a situação é justificável, para que se dê eficácia à cláusula limitadora. O caso concreto é que vai ensejar ao magistrado a integração desse conceito jurídico indeterminado".

6.2. Cláusula que subtrai opção de reembolso (art. 51, II)

O inciso II do art. 51 do CDC dispõe serem nulas as cláusulas contratuais que subtraiam do consumidor a opção de reembolso da quantia já paga, nos casos previstos na legislação consumerista, como por exemplo a cláusula que afaste a repetição em dobro quando do pagamento pelo consumidor de valor indevidamente cobrado, na hipótese do parágrafo único do art. 42 do CDC.

POSIÇÃO STJ

"É abusiva a cláusula penal de contrato de pacote turístico que estabeleça, para hipótese de desistência do consumidor, a perda integral dos valores pagos antecipadamente". (REsp 1.321.655 – MG, DJ 22/10/2013 – Informativo 533)

6.3. Cláusula que transfere responsabilidade a terceiros (art. 51, III)

O inciso III do art. 51 do CDC dispõe serem nulas as cláusulas contratuais que transfiram a responsabilidade do fornecedor a terceiros pelo cumprimento da obrigação decorrente da relação de consumo. A relação jurídica estabelecida pelo consumidor é com o fornecedor e não com terceiro.

A abusividade, como bem pondera FLÁVIO TARTUCE (2014, p. 298), é patente por afetar o sistema de solidariedade e de responsabilidade objetiva adotado pelo CDC.

NELSON NERY JUNIOR (1.999, p. 500) pondera que "pode ocorrer, isto sim, que o fornecedor faça contrato de seguro com terceiro para garantir-se de possível prejuízo causado relativamente àquele contrato de consumo. Para essa hipótese, o Código criou, em benefício do consumidor, um caso de solidariedade legal entre fornecedor e seguradora, autorizando o fornecedor, quando demandado, a chamar a seguradora no processo (art. 101, n. II, CDC) a fim de que possam, ambos os devedores solidários, ser condenados na sentença".

6.4. Cláusula que estabelece obrigações iníquas ou desvantagem exagerada ou que seja incompatível com a boa-fé e a equidade (art. 51, IV)

O inciso IV do art. 51 do CDC dispõe serem nulas as cláusulas contratuais:

- que estabeleçam obrigações consideradas iníquas, abusivas;
- que coloquem o consumidor em desvantagem exagerada ou;
- que sejam incompatíveis com a boa-fé ou a equidade.
- Nos termos do § 1º, art. 51, CDC, presume-se exagerada, entre outros casos, a vantagem que:
- "ofende os princípios fundamentais do sistema jurídico a que pertence;
- restringe direitos ou obrigações fundamentais inerentes à natureza do contrato, de tal modo a ameaçar seu objeto ou equilíbrio contratual;

- se mostra excessivamente onerosa para o consumidor, considerando-se a natureza e conteúdo do contrato, o interesse das partes e outras circunstâncias peculiares ao caso";

POSIÇÃO STJ

Súmula 302: "É abusiva a cláusula contratual de plano de saúde que limita no tempo a internação hospitalar do segurado".

Súmula 597: "A cláusula contratual de plano de saúde que prevê carência para utilização dos serviços de assistência médica nas situações de emergência ou de urgência é considerada abusiva se ultrapassado o prazo máximo de 24 horas contado da data da contratação."

Súmula 609: "A recusa de cobertura securitária, sob a alegação de doença preexistente, é ilícita se não houve a exigência de exames médicos prévios à contratação ou a demonstração de má-fé do segurado".

"Anota-se, assim, as teses firmadas no Tema 952/STJ: o reajuste de mensalidade de plano de saúde individual ou familiar fundado na mudança de faixa etária do beneficiário é válido desde que (I) haja previsão contratual, (II) sejam observadas as normas expedidas pelos órgãos governamentais reguladores e (III) não sejam aplicados percentuais desarrazoados ou aleatórios que, concretamente e sem base atuarial idônea, onerem excessivamente o consumidor ou discriminem o idoso. Apesar de o Tema 952/STJ ter sido firmado para os planos individuais e familiares, as razões de decidir do respectivo acórdão contêm argumentação abrangente, que não se limitaram às particularidades desse tipo de plano de saúde, de modo que passaram a ser aplicadas, por analogia, aos planos coletivos." (REsp 1.716.113-DF, DJ 23/03/2022 – Informativo 730)

"Não é abusiva a exigência de indicação da CID (Classificação Internacional de Doenças), como condição de deferimento, nas requisições de exames e serviços oferecidos pelas prestadoras de plano de saúde, bem como para o pagamento de honorários médicos (...). pois a indicação da enfermidade objeto de tratamento constitui elemento intrínseco à relação estabelecida entre o paciente, o médico e a própria operadora". (REsp 1.509.055-RJ, DJe 25/8/2017 – Informativo 610)

Para o STJ, "Nos contratos de plano de saúde não é abusiva a cláusula de coparticipação expressamente ajustada e informada ao consumidor, à razão máxima de 50% (cinquenta por cento) do valor das despesas, nos casos de internação superior a 30 (trinta) dias por ano, decorrente de transtornos psiquiátricos, preservada a manutenção do equilíbrio financeiro". (RECURSOS REPETITIVOS - REsp 1.809.486-SP, Rel. em 09/12/2020, DJe 16/12/2020 - Tema 1032) (REsp 1.947.036-DF - DJe 24/02/2022 - Informativo n. 727)

Súmula 620 do STJ: "A embriaguez do segurado não exime a seguradora do pagamento da indenização prevista em contrato de seguro de vida."

6.5. Cláusula que estabelece inversão do ônus da prova em prejuízo do consumidor (art. 51, VI)

O inciso VI do art. 51 do CDC dispõe serem nulas as cláusulas contratuais que estabeleçam a inversão do ônus da prova em prejuízo do consumidor.

O CDC, no art. 6º, VIII, assegura como direito básico ao consumidor "a facilitação da defesa de seus direitos, inclusive com a inversão do ônus da prova, a seu favor, no processo civil, quando, a critério do juiz, for verossímil a alegação ou quando for ele hipossuficiente, segundo as regras ordinárias de experiências".

6.6. Cláusula que determine a arbitragem compulsória (art. 51, VII)

O inciso VII do art. 51 do CDC dispõe serem nulas as cláusulas contratuais que determinem a utilização compulsória de arbitragem.

O CDC não veda a utilização da arbitragem pelas partes interessadas (consumidor e fornecedor) para solução alternativa dos seus litígios, disciplinada pela Lei de Arbitragem (Lei nº 9.307/1996).

Na verdade, o CDC protege o consumidor da imposição pelo fornecedor da utilização compulsória de arbitragem, sendo nula cláusula nesse sentido.

A Lei nº 9.307/1996 estabelece no art. 4º, § 2º que: "nos contratos de adesão, a cláusula compromissória só terá eficácia se o aderente tomar a iniciativa de instituir a arbitragem ou concordar, expressamente, com a sua instituição, desde que por escrito em documento anexo ou em negrito, com a assinatura ou visto especialmente para essa cláusula".

6.7. Cláusula que imponha representante (art. 51, VIII)

O inciso VIII do art. 51 do CDC dispõe serem nulas as cláusulas contratuais que imponham representante para concluir ou realizar outro negócio jurídico pelo consumidor.

É a chamada cláusula-mandato e se verifica normalmente nos contratos bancários.

POSIÇÃO STJ

Súmula 60: "É nula obrigação cambial assumida por procurador do mutuário vinculado ao mutuante, no exclusivo interesse desse".

6.8. Cláusula que permite a critério do fornecedor concluir ou não o contrato (art. 51, IX)

O inciso IX do art. 51 do CDC dispõe serem nulas as cláusulas contratuais que deixem ao fornecedor a opção de concluir ou não o contrato, embora obrigando o consumidor.

6.9. Cláusula que permite alteração unilateral do preço (art. 51, X)

O inciso X do art. 51 do CDC dispõe serem nulas as cláusulas contratuais que permitem ao fornecedor alterar unilateralmente o preço, direta ou indiretamente.

ATENÇÃO

A Lei nº 13.455/2017, no art. 1º, autoriza a diferenciação de preços de bens e serviços oferecidos ao público em função do prazo ou do instrumento de pagamento utilizado.

O parágrafo único do art. 1º dispõe: "É nula a cláusula contratual, estabelecida no âmbito de arranjos de pagamento ou de outros acordos para prestação de serviço de pagamento, que proíba ou restrinja a diferenciação de preços facultada no caput deste artigo".

6.10. Cláusula que autoriza o cancelamento unilateral do contrato (art. 51, XI)

O inciso XI do art. 51 do CDC dispõe serem nulas as cláusulas contratuais que autorizem o fornecedor a cancelar o contrato unilateralmente, sem que igual direito seja conferido ao consumidor.

LEONARDO ROSCOE BESSA (2022, p.456) esclarece: "em rigor técnico, o CDC deveria se referir à resilição contratual, que é meio de extinção do vínculo contratual decorrente da manifestação unilateral ou bilateral de vontade, independentemente de descumprimento do acordo. Quando a manifestação é bilateral, há o distrato (art. 472 do Código Civil). O dispositivo refere-se à resilição unilateral e possui sentido apenas se aplicado ao contrato duradouro, também denominado cativo ou de longa duração, ou seja, aquele em que as obrigações das partes se prolongam no tempo. Os exemplos são inúmeros: planos de saúde, seguros de vida, contratos para obtenção de serviços de telefonia (móvel ou fixo), contratos de TV por assinatura, contrato de conta corrente."

6.11. Cláusula que obriga o ressarcimento unilateral dos custos de cobrança (art. 51, XII)

O inciso XII do art. 51 do CDC dispõe serem nulas as cláusulas contratuais que obriguem o consumidor a ressarcir os custos de cobrança de sua obrigação, sem que igual direito lhe seja conferido contra o fornecedor.

POSIÇÃO STJ

Entende o STJ que "Não é abusiva a cláusula prevista em contrato de adesão que impõe ao consumidor em mora a obrigação de pagar honorários advocatícios decorrentes de cobrança extrajudicial".

*E explica: "(...) não há dúvidas acerca da responsabilidade do devedor inadimplente pelos honorários advocatícios do profissional contratado pelo credor para a cobrança extrajudicial de débito em atraso, obrigação essa que decorre da lei, e independe, pois, de previsão contratual. Estabelecido isso, tem-se que, no caso de existir cláusula expressa em contrato de adesão acerca da incidência de honorários advocatícios extrajudiciais na hipótese de cobrança de consumidor em mora, é necessário compatibilizar as referidas disposições da legislação civil com o disposto no art. 51, XII, do CDC ("Art. 51. São nulas de pleno direito, entre outras, as cláusulas contratuais relativas ao fornecimento de produtos e serviços que: [...] XII – obriguem o consumidor a ressarcir os custos de cobrança de sua obrigação, sem que igual direito lhe seja conferido contra o fornecedor"), **de modo a assegurar ao consumidor, independentemente de previsão contratual, o mesmo direito a cobrança de honorários advocatícios extrajudiciais conferido ao credor**". (REsp 1.002.445-DF, DJ 14/12/2015 – Informativo 574)*

6.12. Cláusula que autoriza a modificação unilateral do contrato (art. 51, XIII)

O inciso XIII do art. 51 do CDC dispõe serem nulas as cláusulas contratuais que autorizem o fornecedor a modificar unilateralmente o conteúdo ou a qualidade do contrato, após sua celebração.

As alterações contratuais devem ser feitas a partir da expressa manifestação das partes: fornecedor e consumidor.

6.13. Cláusula que viole normas ambientais (art. 51, XIV)

O inciso XIV do art. 51 do CDC dispõe serem nulas as cláusulas contratuais que infrinjam ou possibilitem a violação de normas ambientais.

Esclarece NELSON NERY JUNIOR (1.999, P. 519) que o termo "normas ambientais" deve ser interpretado de forma ampla, incluindo nele o meio ambiente natural (fauna, flora, água, etc.); urbanístico (zoneamento, poluição sonora, etc.); cultural (patrimônio histórico, paisagístico, artístico, etc.) e do trabalho (salubridade, segurança).

6.14. Cláusula que esteja em desacordo com o sistema de proteção ao consumidor (art. 51, XV)

O inciso XV do art. 51 do CDC dispõe serem nulas as cláusulas contratuais que estejam em desacordo com o sistema de proteção ao consumidor.

POSIÇÃO STJ

Para o STJ "É abusiva a prática comercial consistente no cancelamento unilateral e automático de um dos trechos da passagem aérea, sob a justificativa de não ter o passageiro se apresentado para embarque no voo antecedente".

Tal prática comercial, segundo o STJ, revela-se abusiva por afrontar direitos básicos do consumidor, tais como a vedação ao enriquecimento ilícito, a falta de razoabilidade nas sanções impostas e, ainda, a deficiência na informação sobre os produtos e serviços prestado.

Prossegue: "(...) é cediço que a ausência de qualquer destaque ou visibilidade, em contrato de adesão, sobre as cláusulas restritivas dos direitos do consumidor, configura afronta ao princípio da transparência (CDC, art. 4º, caput) – o que resulta a nulidade da respectiva cláusula contratual, com fundamento no art. 51, inciso XV, do CDC. Conclui-se, desse modo, que a conduta da companhia de cancelar o bilhete de volta, por não ter sido utilizado pela parte o bilhete de ida, configura ato ilícito, gerando para o consumidor o direito de ser ressarcido por eventuais danos morais que suportar, dependendo das circunstâncias de cada caso." (REsp 1.595.731-RO, DJe 01/02/2018 – Informativo n. 618)

6.15. Cláusula que possibilita renúncia do direito de indenização por benfeitorias necessárias (art. 51, XVI)

O inciso XVI do art. 51 do CDC dispõe serem nulas as cláusulas contratuais que possibilitem a renúncia do direito de indenização por benfeitorias necessárias.

Benfeitorias necessárias são aquelas que têm por fim conservar o bem ou evitar que ele se deteriore, nos termos do § 3º do art. 96 do CC.

6.16. Cláusula que condicione ou limite de qualquer forma o acesso aos órgãos do Poder Judiciário (art. 51, XVII)

O inciso XVII do art. 51 do CDC foi incluído pela Lei nº 14.181, de 1º de julho de 2021, e dispõe serem nulas as cláusulas que condicionem ou limitem de qualquer forma o acesso do consumidor aos órgãos do Poder Judiciário.

O dispositivo legal está em harmonia com o princípio constitucional do acesso à justiça estabelecido no art. 5º, XXXV, da CF/88, in verbis: "a lei não excluirá da apreciação do Poder Judiciário lesão ou ameaça a direito."

O exemplo recorrente da doutrina é a cláusula contratual que prevê foro de eleição prejudicial à defesa do consumidor. Assim, a eleição de foro que não guarda qualquer pertinência com o domicílio do consumidor ou comarca distante do domicílio do consumidor e que lhe acarreta cerceamento de defesa, é cláusula abusiva nula de pleno direito.

6.17. Cláusula que estabeleça prazo de carência ou impeça o restabelecimento integral dos direitos do consumidor (art. 51, XVIII)

O inciso XVIII do art. 51 do CDC foi incluído pela Lei nº 14.181, de 1º de julho de 2021, e dispõe serem nulas as cláusulas que estabeleçam prazos de carência em caso de impontualidade das prestações mensais ou impeçam o restabelecimento integral dos direitos do consumidor e de seus meios de pagamento a partir da purgação da mora ou do acordo com os credores. LEONARDO ROSCOE BESSA (2022, p. 468) esclarece que o dispositivo legal não proíbe a previsão contratual de sanções (cláusulas penais), mas veda o estabelecimento de carência no qual o consumidor não pode exercer integralmente os seus direitos e veda a suspensão de direitos inerentes ao consumo assim que purgada a mora pelo consumidor ou celebrado acordo com os credores.

7. FINANCIAMENTO DE BENS

Os arts. 52 e 53 do CDC dispõem sobre as regras de financiamento de bens que visam proteger o consumidor.

A seguir serão detalhadas as regras que regem a outorga de crédito ou concessão de financiamento ao consumidor (art. 52); os contratos de compra e venda de móveis ou imóveis mediante pagamento em prestações bem como as alienações fiduciárias em garantia (art. 53) e os contratos do sistema de consórcio de produtos duráveis (§ 2º do art. 53).

7.1. Contrato de outorga de crédito ou concessão de financiamento

Nos termos do que dispõe o art. 52 do CDC, no fornecimento de produtos ou serviços que envolva outorga de crédito ou concessão de financiamento, o consumidor deve ser prévia e adequadamente informado pelo fornecedor sobre:

- o preço do produto ou serviço em moeda corrente nacional;
- montante dos juros de mora e da taxa efetiva anual de juros;
- acréscimos legalmente previstos;
- número e periodicidade das prestações e;
- soma total a pagar, com e sem financiamento.

Este dispositivo legal reforça o direito de informação assegurado pelo CDC ao consumidor.

O direito à informação confere ao consumidor uma escolha consciente, permitindo que suas expectativas em relação serviço sejam de fato atingidas.

7.1.1. Multa de mora

Nos termos do que estabelece o § 1º do art. 52 do CDC, as multas de mora decorrentes do inadimplemento de obrigações pelo consumidor não poderão ser superiores a 2% do valor da prestação.

Segundo entendimento do STJ, o percentual da multa de mora deve ser calculado sobre o valor das prestações vencidas e não sobre o total do financiamento.

7.1.2. Liquidação antecipada do débito

O § 2º do art. 52 do CDC assegura ao consumidor a liquidação antecipada do débito financiado, total ou parcialmente, mediante redução proporcional dos juros e demais acréscimos.

RIZZATO NUNES (2011, p. 758) afirma: "O fornecedor não pode negar-se a aceitar o pagamento – total ou parcial – antecipado. Comunicado da intenção do consumidor, tem de recalcular a dívida para o dia em que o pagamento será feito, descontando os juros embutidos nas prestações vincendas".

7.2. Contrato de compra e venda a prestação de bens móveis ou imóveis e alienação fiduciária em garantia

De acordo com o art. 53 do CDC: "nos contratos de compra e venda de móveis ou imóveis mediante pagamento em prestações, bem como nas alienações fiduciárias em garantia, consideram-se nulas de pleno direito as cláusulas que estabeleçam a perda total das prestações pagas em benefício do credor que, em razão do inadimplemento, pleitear a resolução do contrato e a retomada do produto alienado".

O CDC considera nula de pleno direito a cláusula que estabeleça a perda total das prestações pagas em benefício do credor, vedando, assim, o enriquecimento ilícito do fornecedor.

A doutrina denomina de **cláusula de decaimento ou perdimento** a cláusula que estabelece a perda total das prestações pagas pelo consumidor nos contratos de:

- compra e venda de móveis ou imóveis mediante pagamento em prestações;
- alienações fiduciárias em garantia.

Por outro lado, para que o consumidor também não se enriqueça ilicitamente, é admitida cláusula que estabeleça retenção parcial das parcelas pagas, tendo em vista as despesas administrativas assumidas pelo fornecedor para celebração do negócio.

O ajuste dos valores as serem devolvidos deve observar a boa-fé objetiva que permeia a relação de consumo.

POSIÇÃO STJ

Súmula 543: "Na hipótese de resolução de contrato de promessa de compra e venda de imóvel submetido ao Código de Defesa do Consumidor, deve ocorrer a imediata restituição das parcelas pagas pelo promitente comprador – integralmente, em caso de culpa exclusiva do promitente vendedor/construtor, ou parcialmente, caso tenha sido o comprador quem deu causa ao desfazimento".

"É abusiva a cláusula de distrato – fixada no contexto de compra e venda imobiliária mediante pagamento em prestações – que estabeleça a possibilidade de a construtora vendedora promover a retenção integral ou a devolução ínfima do valor das parcelas adimplidas pelo consumidor distratante". (REsp 1.132.943-PE, DJ 27/8/2013 – Informativo 530).

7.3. Contrato de consórcio de produtos duráveis

De acordo com o § 2º do art. 53 do CDC: "Nos contratos do sistema de consórcio de produtos duráveis, a compensação ou a restituição das parcelas quitadas, na forma deste artigo, terá descontada, além da vantagem econômica auferida com a fruição, os prejuízos que o desistente ou inadimplente causar ao grupo".

O dispositivo legal determina que o consorciado desistente ou inadimplente terá o direito a ser restituído das parcelas quitadas, mas será descontado desse valor a vantagem econômica auferida com a fruição bem como os prejuízos que o desistente ou inadimplente causar ao grupo, evitando, assim, o enriquecimento ilícito de qualquer das partes.

POSIÇÃO STJ

Súmula 35: "Incide correção monetária sobre as prestações pagas, quando de sua restituição, em virtude da retirada ou exclusão do participante de plano de consórcio".

Súmula 538: "As administradoras de consórcio têm liberdade para estabelecer a respectiva taxa de administração, ainda que fixada em percentual superior a dez por cento."

8. CONTRATO DE ADESÃO

8.1. Definição legal de contrato de adesão

O contrato de adesão é definido pelo art. 54 do CDC como "aquele cujas cláusulas tenham sido aprovadas pela autoridade competente ou estabelecidas unilateralmente pelo fornecedor de produtos ou serviços, sem que o consumidor possa discutir ou modificar substancialmente seu conteúdo".

RIZZATTO NUNES (2011, p. 668) afirma que "o contrato de adesão é típico das sociedades de massa, construídas a partir de um modo de produção. (...). São contratos que acompanham a produção. Ambos – produção e contratos – são decididos unilateralmente e postos à disposição do consumidor, que só tem como alternativa, caso queira ou precise adquirir o produto ou o serviço oferecido, aderir às disposições pré-estipuladas. Daí não ter qualquer sentido falar em *pacta sunt servanda*. Esta pressupõe autonomia da vontade no contratar e discutir o conteúdo das cláusulas contratuais. No contrato de adesão não há autonomia".

No contrato de adesão o consumidor não discute ou modifica as cláusulas e condições preestabelecidas pelo fornecedor e sim adere ao que é imposto no contrato.

Contratos de adesão
- cláusulas aprovadas por autoridade competente;
- cláusulas estabelecidas unilateralmente pelo fornecedor;
- consumidor não discute nem modifica substancialmente o contrato;

O § 1º do art. 54 do CDC estabelece que "a inserção de cláusula no formulário não desfigura a natureza de adesão do contrato".

FABRÍCIO BOLZAN (2018, p. 691) esclarece: "(...) a unilateralidade é característica marcante nos contratos que são, em sua maioria, de adesão, em que uma das partes elabora todas as cláusulas, cabendo à outra aderir ou não ao que foi previamente 'confeccionado', e no qual a assinatura do consumidor mais se aproxima do preenchimento de um formulário do que de um instrumento contratual clássico. Daí a denominação **contrato-formulário**".

Assim, é contrato de adesão o formulário no qual se insere uma ou outra cláusula contratual sem que se modifique substancialmente o conteúdo do contrato.

8.2. Cláusula resolutória no contrato de adesão

O § 2º do art. 54 do CDC admite a **cláusula resolutória** no contrato de adesão desde que alternativa, cabendo a escolha ao consumidor, ressalvando-se o disposto no § 2° do artigo anterior.

O § 2º do art. 53 estabelece que: "nos contratos do sistema de consórcio de produtos duráveis, a compensação ou a restituição das parcelas quitadas, na forma deste artigo, terá descontada, além da vantagem econômica auferida com a fruição, os prejuízos que o desistente ou inadimplente causar ao grupo".

De acordo com o dispositivo legal, o CDC admite a inserção de cláusula resolutória (cláusula que prevê a extinção do contrato) no contrato de adesão, ficando a critério do consumidor optar pela sua incidência e, assim, dar fim ao contrato, ou então optar pela manutenção do contrato.

Se for aplicada a cláusula resolutória, serão restituídas ao consumidor as parcelas quitadas, com desconto da vantagem econômica auferida com a fruição bem como os prejuízos que o desistente causar ao fornecedor.

8.3. Redação do contrato de adesão

Nos termos do que dispõem os §§ 3º e 4º do art. 54 do CDC, de modo a facilitar a compreensão do consumidor, os contratos de adesão escritos deverão ser redigidos da seguinte forma:

- em termos claros;
- com caracteres ostensivos e legíveis, cujo tamanho da fonte não será inferior ao corpo doze;
- cláusulas limitadoras de direito deverão ser redigidas com destaque.

9. PREVENÇÃO, TRATAMENTO E CONCILIAÇÃO NO SUPERENDIVIDAMENTO

A **Lei nº 14.181, de 1º de julho de 2021**, alterou o CDC e o Estatuto do Idoso para aperfeiçoar a disciplina do crédito ao consumidor e dispor sobre a prevenção e o tratamento do superendividamento.

Foram acrescentados no Título I, o Capítulo VI-A – DA PREVENÇÃO E DO TRATAMENTO DO SUPERENDIVIDAMENTO (arts. 54-A a

54-G) e no Título III, o Capítulo V - DA CONCILIAÇÃO NO SUPERENDIVIDAMENTO (arts 104-A a 104-C).

As regras foram inseridas no CDC com o objetivo de aumentar a proteção dos consumidores superendividados e que se encontram impossibilitados de pagar a totalidade de suas dívidas sem comprometimento do mínimo existencial.

Sobre a novel normativa importa saber que:

A) **Superendividamento**: impossibilidade manifesta de o consumidor pessoa natural, de boa-fé, pagar a totalidade de suas dívidas de consumo, exigíveis e vincendas, sem comprometer seu mínimo existencial (§1º, art. 54-A, CDC);

O superendividamento provoca exclusão social do consumidor.

As preciosas lições de CLAUDIA LIMA MARQUES (2022, p. 480) sintetizam de forma clara e objetiva medidas previstas na legislação consumerista para:

Prevenir o superendividamento do consumidor:

- Informação e controle de publicidade (arts. 54-B e 54-C);
- Oferta responsável de crédito e sem assédio de consumo (arts. 54-C e 54-D);
- Conexão do contrato de consumo com o contrato de crédito (arts. 52 e 54-F);
- Cuidados na cobrança de dívidas (art. 54-G);

Viabilizar o direito de revisão e repactuação da dívida:

- Medidas extrajudiciais: conciliação em bloco do consumidor e todos os seus credores (arts. 104-A e 104-C);
- Medidas judiciais: instauração pelo juiz, a pedido do consumidor, de processo por superendividamento para revisão e integração dos contratos e repactuação das dívidas remanescentes mediante plano judicial compulsório (art. 104-B).

CLAUDIA LIMA MARQUES (2022, p.479) ressalta que no superendividamento há "o dever de renegociar, de repactuar, de cooperar ativamente para ajudar o leigo a sair da ruína. E, na concessão de crédito e venda a prazo (que também pode levar ao superendividamento), nasce um dever de cuidado, de concessão 'avaliada', cuidado responsável de crédito para não levar com este contrato o consumidor à ruína."

É o que a doutrina denomina de "**exceção de ruína**". Nas lições da doutrinadora, a exceção de ruína é "baseada no dever anexo de boa-fé de cooperar lealmente com o devedor de boa-fé em caso de ruína pessoal (arts. 6º, X e XII, e art. 104-A). Como ensina a doutrina, a exceção da ruína de boa-fé visa à manutenção dos contratos em um certo estado de equilíbrio, de modo que: "em um contrato todos ganhem ou, ao menos, que ninguém seja arruinado" (MOSSET ITURRASPE, 1991, p. 30)."

B) As dívidas englobam quaisquer compromissos financeiros assumidos decorrentes de relação de consumo, inclusive operações de crédito, compras a prazo e serviços de prestação continuada (§2º, art. 54-A, CDC);

C) **Não há amparo do CDC** às dívidas contraídas pelo consumidor nas seguintes situações: **I)** contraídas mediante fraude ou má-fé; **II)** oriundas de contratos celebrados dolosamente com o propósito de não realizar o pagamento; **III)** decorram da aquisição ou contratação de produtos e serviços de luxo de alto valor (§3º, art. 54-A, CDC);

C) No **fornecimento de crédito e na venda a prazo**, além das informações obrigatórias previstas no art. 52 do CDC e na legislação aplicável à matéria, o fornecedor ou o intermediário deverá informar o consumidor, prévia e adequadamente, no **momento da oferta**, sobre: I - custo efetivo total e descrição dos elementos que o compõem; II - taxa efetiva mensal de juros bem como a taxa dos juros de mora e o total de encargos, de qualquer natureza, previstos para o atraso no pagamento; III - montante das prestações e o prazo de validade da oferta, que deve ser, no mínimo, de 2 (dois) dias; IV - nome e endereço, inclusive o eletrônico, do fornecedor; V - direito do consumidor à liquidação antecipada e não onerosa do débito, nos termos do § 2º do art. 52 do CDC (art. 54-B, CDC);

E) É vedado, expressa ou implicitamente, na oferta de crédito ao consumidor, publicitária ou não: **a)** indicar que a operação de crédito poderá ser concluída sem consulta a serviços de proteção ao crédito ou sem avaliação da situação financeira do consumidor; **b)** ocultar ou dificultar a compreensão sobre os ônus e os riscos da contratação do crédito ou da venda a prazo; **c)** assediar ou pressionar o consumidor para contratar o fornecimento de produto, serviço ou crédito, principalmente se se tratar de consumidor idoso, analfabeto, doente ou em estado de vulnerabilidade agravada ou se a contratação envolver prêmio; **d)** condicionar o atendimento de pretensões do consumidor ou o início de tratativas à renúncia ou à desistência de demandas judiciais, ao pagamento de honorários advocatícios ou a depósitos judiciais (art. 54-C, CDC);

F) O art. 54-D, CDC exemplifica as condutas a serem adotadas pelo fornecedor ou intermediário quando da oferta de crédito, previamente à contratação;

G) O art. 54-G, CDC exemplifica condutas vedadas ao fornecedor de produto ou serviço que envolva crédito, sem prejuízo do disposto no art. 39 (práticas abusivas) do CDC.

Cumpre destacar ainda que Lei nº 14.181, de 1º de julho de 2021 trata da **conciliação no superendividamento**, dispondo sobre o **processo de repactuação de dívidas** (art. 104-A, CDC) e o **processo por superendividamento** (art. 104-B, CDC).

POSIÇÃO STJ

"Cabe à Justiça comum estadual e/ou distrital processar e julgar as demandas oriundas de ações de repactuação de dívidas decorrentes de superendividamento, ainda que exista interesse de ente federal".

Segundo entendimento do STJ, "(...) o procedimento judicial relacionado ao superendividamento, tal como o de recuperação judicial ou falência, possui inegável e nítida natureza concursal, de modo que as empresas públicas federais, excepcionalmente, sujeitam-se à competência da Justiça estadual e/ou distrital, justamente em razão da existência de concursalidade entre credores, impondo-se, dessa forma, a concentração, na Justiça comum estadual, de todos os credores, bem como o próprio consumidor para a definição do plano de pagamento, suas condições, o seu prazo e as formas de adimplemento dos débitos.

Eventual desmembramento ensejará notável prejuízo ao devedor (consumidor vulnerável, reitere-se), porquanto, consoante dispõe a própria legislação de regência (art. 104-A do CDC), todos os credores devem participar do procedimento, inclusive na oportunidade da audiência conciliatória. Caso tramitem separadamente, em jurisdições diversas, federal e estadual, estaria maculado o objetivo primário da Lei do Superendividamento, qual seja, o de conferir a oportunidade do consumidor - perante seus credores - de apresentar plano de pagamentos a fim de quitar suas dívidas/obrigações contratuais. Haverá o risco de decisões conflitantes entre os juízos acerca dos créditos examinados, em violação ao comando do art. 104-A do CDC.(...)."(CC 193.066-DF– DJ 22/02/2023 – Informativo 768).

ATENÇÃO

São excluídas do processo de repactuação as dívidas, ainda que decorrentes de relações de consumo: **I)** *oriundas de contratos celebrados dolosamente sem o propósito de realizar pagamento,* **II)** *dívidas provenientes de contratos de crédito com garantia real, de financiamentos imobiliários e de crédito rural (§1º, art. 104-A, CDC)*

O art. 104-C, CDC dispõe sobre conciliação administrativa, facultando aos órgãos públicos integrantes do Sistema Nacional de Defesa do Consumidor a fase conciliatória e preventiva do processo de repactuação de dívidas.

10. TÓPICO-SÍNTESE

PROTEÇÃO CONTRATUAL	
Princípio da transparência	É assegurado ao consumidor o direito de saber o que efetivamente está contratando e as consequências daí advindas, não bastando o conhecimento formal do contrato.
Princípio da interpretação mais favorável ao consumidor	A interpretação das cláusulas contratuais, sejam elas claras, obscuras ou contraditórias, será sempre da forma mais favorável ao consumidor. A diferença existente entre o art. 47 do CDC e o art. 423 do CC pode ser esquematizada da seguinte forma: • interpretação mais favorável → **CDC** → cláusulas contratuais em geral; • interpretação mais favorável → **CC** → contratos de adesão com cláusulas ambíguas ou contraditórias.
Princípio da vinculação à oferta	O fornecedor fica vinculado às declarações de vontade constantes de escritos particulares, recibos e pré-contratos relativos às relações de consumo. descumprimento da obrigação → autoriza execução específica.
Princípio da conservação do contrato	A nulidade de uma cláusula contratual abusiva não invalida todo o contrato, exceto se, a despeito dessa nulidade, ainda persistir no contrato ônus excessivo a qualquer das partes.

Direito de arrependimento	Esquematicamente o direito de arrependimento pode ser apresentado da seguinte forma: • desistência do contrato; • prazo de 07 dias; • a contar de sua assinatura ou do ato de recebimento do produto ou serviço; • contratação fora do estabelecimento comercial; • desvinculado de qualquer justificativa por parte do consumidor. Os valores eventualmente pagos pelo consumidor, a qualquer título, durante o prazo de reflexão, serão devolvidos, de imediato, monetariamente atualizados.
Garantia contratual	Garantia contratual ≠ Garantia legal – **Garantia contratual** (art. 50, CDC): • faculdade do fornecedor; • complementar à garantia legal; • conferida mediante termo escrito. – **Garantia legal** (art. 24, CDC): • obrigatória; • independe de termo expresso.
Comércio eletrônico	Ao consumidor que adquirir produtos ou serviços pela internet serão garantidos: • informações claras a respeito do produto, serviço e do fornecedor;
Comércio eletrônico	• melhora na relação de consumo pela criação dos canais de atendimento ao consumidor e • respeito ao direito de arrependimento. • transação não seja lançada na fatura do consumidor; • seja efetivado o estorno do valor, caso o lançamento na fatura já tenha sido realizado.
Cláusulas abusivas	• nulidade absoluta; • alegada a qualquer tempo e grau de jurisdição; • requerimento da parte ou de ofício; • desconstitui o negócio jurídico; • efeito retroage à data da celebração do contrato; • rol exemplificativo.

Rol exemplificativo das cláusulas abusivas	• cláusula de não indenizar; de renúncia ou disposição de direitos e de limitação de indenização; • cláusula que subtrai opção de reembolso; • cláusula que transfere reponsabilidade a terceiros; • cláusula que estabelece obrigações iníquas ou desvantagem exagerada ou que seja incompatível com a boa-fé e a equidade;
Rol exemplificativo das cláusulas abusivas	• cláusula que estabelece inversão do ônus da prova em prejuízo do consumidor; • cláusula que determine a arbitragem compulsória; • cláusula que imponha representante; • cláusula que permite a critério do fornecedor concluir ou não o contrato; • cláusula que permite alteração unilateral do preço; • cláusula que autoriza o cancelamento unilateral do contrato; • cláusula que obriga o ressarcimento unilateral dos custos de cobrança; • cláusula que autoriza a modificação unilateral do contrato; • cláusula que viole normas ambientais; • cláusula que esteja em desacordo com o sistema de proteção ao consumidor; • cláusula que possibilita renúncia do direito de indenização por benfeitorias necessárias; cláusula que condicione ou limite de qualquer forma o acesso aos órgãos do Poder Judiciário; cláusula que estabeleça prazo de carência ou impeça o restabelecimento integral dos direitos do consumidor.
Financiamento de bens	CDC regula o contrato a outorga de crédito ou concessão de financiamento ao consumidor (art. 52); os contratos de compra e venda de móveis ou imóveis mediante pagamento em prestações bem como as alienações fiduciárias em garantia (art. 53) e os contratos do sistema de consórcio de produtos duráveis (§ 2º do art. 53).

<table>
<tr><td>Contrato de adesão</td><td>
• cláusulas aprovadas por autoridades competentes;
• cláusulas estabelecidas unilateralmente pelo fornecedor;
• consumidor não discute nem modifica substancialmente o contrato.
• inserção de cláusula no formulário não desfigura a natureza de adesão do contrato.
O CDC admite a inserção de cláusula resolutória (cláusula que prevê a extinção do contrato) no contrato de adesão, ficando a critério do consumidor optar pela sua incidência e, assim, dar fim ao contrato, ou então optar pela manutenção do contrato.
Se for aplicada a cláusula resolutória, ao consumidor serão restituídas as parcelas quitadas, com desconto da vantagem econômica auferida com a fruição bem como os prejuízos que o desistente causar ao fornecedor.
Os contratos de adesão deverão ser redigidos da seguinte forma:
• em termos claros;
• com caracteres ostensivos e legíveis, cujo tamanho da fonte não será inferior ao corpo doze;
• cláusulas limitadoras de direito deverão ser redigidas com destaque.
</td></tr>
<tr><td>Superendividamento</td><td>
Superendividamento → impossibilidade manifesta de o consumidor pessoa natural, de boa-fé, pagar a totalidade de suas dívidas de consumo, exigíveis e vincendas, sem comprometer seu mínimo existencial.
CLAUDIA LIMA MARQUES (2022, p. 480) sintetiza medidas previstas na legislação consumerista para:
Prevenir o superendividamento do consumidor:
• Informação e controle de publicidade (arts. 54-B e 54-C);
• Oferta responsável de crédito e sem assédio de consumo (arts. 54-C e 54-D);
• Conexão do contrato de consumo com o contrato de crédito (arts. 52 e 54-F);
• Cuidados na cobrança de dívidas (art. 54-G);
Viabilizar o direito de revisão e repactuação da dívida:
• Medidas extrajudiciais: conciliação em bloco do consumidor e todos os seus credores (arts. 104-A e 104-C);
• Medidas judiciais: instauração pelo juiz, a pedido do consumidor, de processo por superendividamento para revisão e integração dos contratos e repactuação das dívidas remanescentes mediante plano judicial compulsório (art. 104-B).
</td></tr>
</table>

Capítulo

10

SANÇÕES ADMINISTRATIVAS

Leia a lei:

- *Arts. 55 a 60 do CDC; art. 24, IV e §§ 1º a 4º da CF; art. 78 do CTN; Decreto 2.181/97*

1. NORMAS DE PROTEÇÃO AO CONSUMIDOR

Nos termos do que prevê o art. 55 do CDC, "A União, os Estados e o Distrito Federal, em caráter concorrente e nas suas respectivas áreas de atuação administrativa, baixarão normas relativas à produção, industrialização, distribuição e consumo de produtos e serviços".

Esquematicamente, o teor do art. 55 do CDC pode ser assim sintetizado:

Normas de proteção ao consumidor

- União, Estados e Distrito Federal (excluídos os Municípios),
- em caráter concorrente;
- limitados nas respectivas áreas de atuação administrativa;
- baixarão normas relativas à produção, industrialização, distribuição e consumo de produtos e serviços.

O dispositivo legal encontra-se em harmonia com o disposto no art. 24, inciso V, da Constituição Federal, cujo teor é o seguinte: "Art. 24. Compete à União, aos Estados e ao Distrito Federal legislar concorrentemente sobre: (...) V– produção e consumo".

Para que não ocorra usurpação de competência legislativa, os entes políticos devem cumprir o disposto nos §§ 1º a 4º do art. 24 da Constituição Federal:

- União limitar-se-á a estabelecer normas gerais;
- competência da União para legislar sobre normas gerais não exclui competência suplementar dos Estados;
- inexistindo lei federal sobre normas gerais, os Estados exercerão a competência legislativa plena, para atender a suas peculiaridades;
- a superveniência de lei federal sobre normas gerais suspende a eficácia da lei estadual, no que lhe for contrário.

2. FISCALIZAÇÃO E CONTROLE ADMINISTRATIVOS

O poder de fiscalização e de controle do mercado de consumo, disciplinados nos §§ 1°, 3° e 4° do art. 55 do CDC, são decorrentes do poder de polícia e são exercidos pelos órgãos federais, estaduais, do Distrito Federal e municipais.

O poder de polícia é definido no art. 78 do Código Tributário Nacional como sendo a "atividade da administração pública que, limitando ou disciplinando direito, interesse ou liberdade, regula a prática de ato ou abstenção de fato, em razão de interesse público concernente à segurança, à higiene, à ordem, aos costumes, à disciplina da produção e do mercado, ao exercício de atividades econômicas dependentes de concessão ou autorização do Poder Público, à tranquilidade pública ou ao respeito à propriedade e aos direitos individuais ou coletivos".

Destacam-se os seguintes pontos de interesse:

A) União, Estados, Distrito Federal e Municípios têm o poder de fiscalização e de controle da produção, industrialização, distribuição, publicidade de produtos e serviços e o mercado de consumo;

ATENÇÃO

Embora os Municípios não tenham competência legislativa para baixar normas relativas à produção, industrialização, distribuição e consumo de produtos e serviços, têm o poder de fiscalização e de controle dessas atividades, nos termos do disposto no § 1° do art. 55 do CDC.

B) Dentre as atribuições das agências reguladoras (ANATEL, ANEEL, ANVISA, etc.) está a defesa dos direitos dos consumidores.

FABRÍCIO BOLZAN (2018, p. 783) bem pondera que as agências reguladoras "exercem importante papel fiscalizatório e sancionatório na regulação dos serviços públicos prestados por meio de sua delegação a entidades privada".

C) Segundo o STJ, o PROCON tem poder de polícia para aplicar multa ao fornecedor em razão de descumprimento das normas do CDC com a finalidade imediata de proteção ao consumidor.

D) Os bens tutelados são: vida, saúde, segurança, informação e bem-estar do consumidor;

E) União, Estados e Distrito Federal têm o poder de editar as normas regulamentares de consumo que se fizerem necessárias para atender os objetivos perseguidos;

F) A legislação consumerista prevê a formação de comissões permanentes, com participação obrigatória dos consumidores e fornecedores, para elaboração, revisão e atualização das normas federais, estaduais e municipais decorrentes do poder de fiscalização e controle do mercado de consumo;

G) Os órgãos federais, estaduais, do Distrito Federal e municipais com atribuições para fiscalizar e controlar o mercado de consumo poderão expedir notificações aos fornecedores para que prestem informações sobre questões de interesse do consumidor, sob pena de desobediência, resguardado o segredo industrial.

3. ESPÉCIES DE SANÇÕES ADMINISTRATIVAS

As sanções administrativas serão aplicadas pela autoridade administrativa, no âmbito de sua atribuição.

O art. 56 do CDC enumera as sanções administrativas em decorrência das infrações das normas de defesa do consumidor, sem prejuízo das sanções de natureza civil, penal e das definidas em normas específicas. São elas:

A) Sanções pecuniárias:

- multa;

B) Sanções objetivas:

- apreensão do produto;
- inutilização do produto;
- cassação do registro do produto junto ao órgão competente;
- proibição de fabricação do produto;
- suspensão de fornecimento de produtos ou serviço;

C) Sanções Subjetivas:

- suspensão temporária de atividade;
- revogação de concessão ou permissão de uso;
- cassação de licença do estabelecimento ou de atividade;
- interdição, total ou parcial, de estabelecimento, de obra ou de atividade;
- intervenção administrativa;
- imposição de contrapropaganda.

ATENÇÃO

Vale à pena conhecer o teor do Decreto nº 2.181/ 1997 que, dentre outras providências, dispõe sobre a organização do Sistema Nacional de Defesa do Consumidor – SNDC (arts. 105 e 106 do CDC) e estabelece as normas gerais de aplicação das sanções administrativas previstas no CDC.

3.1. Cumulatividade das sanções

O parágrafo único do art. 56 do CDC admite a possibilidade de aplicação cumulativa das sanções administrativas previstas no CDC, inclusive por medida cautelar, antecedente ou incidente de procedimento administrativo. Ex.: constatada violação às normas do CDC, o fornecedor pode ser penalizado com o pagamento de multa e apreensão do produto ofertado no mercado de consumo.

Além da cumulatividade das sanções administrativas, o CDC, no art. 56, *caput*, é expresso ao dispor que a aplicação das sanções administrativas se dá sem prejuízo das sanções de natureza civil, penal e das definidas em normas específicas. Isso porque são penalidades de natureza e fundamentos distintos.

Sanções	→	administrativa + administrativa
Sanções	→	administrativa + civil + penal + outras definidas em normas específicas

3.2. Procedimento administrativo

Para que as sanções sejam aplicadas deve ser instaurado pela autoridade administrativa um procedimento administrativo, assegurada defesa ao fornecedor.

POSIÇÃO DO STJ

Súmula 373: "É ilegítima a exigência de depósito prévio para admissibilidade de recurso administrativo".

POSIÇÃO STF

Súmula vinculante 21: "É inconstitucional a exigência de depósito ou arrolamento prévios de dinheiro ou bens para admissibilidade de recurso administrativo".

3.3. Pena de multa

De acordo com o art. 57 do CDC, a pena de multa aplicada ao fornecedor será graduada com observância das seguintes condições:

- gravidade da infração;
- vantagem auferida;
- condição econômica.

Deve ser instaurado procedimento administrativo, assegurada ampla defesa ao fornecedor.

O parágrafo único do art. 57 do CDC estabelece os parâmetros referentes ao valor da multa, que não poderá ser em montante inferior a 200 UFIRs (Unidade Fiscal de Referência) e nem superior a 3.000.000 UFIRs (Unidade Fiscal de Referência).

O valor da multa será revertido para o Fundo de que trata a LACP (Lei nº 7.347/1985), quando a penalidade tiver sido aplicada pela União, e para os Fundos estaduais e municipais de proteção ao consumidor, quando aplicada pelos Estados, Distrito Federal e Municípios.

3.4. Demais sanções administrativas

O art. 58 do CDC estabelece que, constatados vícios de quantidade ou de qualidade por inadequação ou insegurança do produto ou serviço ofertado no mercado de consumo, serão aplicadas pela Administração Pública, mediante procedimento administrativo, assegurada ampla defesa, as seguintes penalidades administrativas:

Sanções por vícios do produto ou serviço:

- apreensão do produto;
- inutilização do produto;
- proibição de fabricação do produto;
- suspensão do fornecimento de produto ou serviço;
- cassação do registro do produto;
- revogação da concessão ou permissão de uso.

O art. 59 do CDC estabelece que, quando o fornecedor reincidir na prática das infrações de maior gravidade previstas no CDC e na legislação de consumo, serão aplicadas pela Administração Pública, mediante procedimento administrativo, assegurada ampla defesa, as seguintes penalidades administrativas:

Reincidência nas infrações mais graves	➢ cassação de alvará de licença; ➢ interdição da atividade; ➢ suspensão temporária da atividade; ➢ intervenção administrativa.

ATENÇÃO

Nos termos do § 3° do art. 59 do CDC, enquanto estiver em trâmite ação judicial na qual se discute a imposição de penalidade administrativa, não haverá reincidência.

Resta configurada a reincidência após o trânsito em julgado da sentença condenatória.

Os §§ 1° e 2° do art. 59 do CDC ainda estabelecem que:

➢ será aplicada à concessionária de serviço público a pena de cassação da concessão quando violar obrigação legal ou contratual;

➢ será aplicada a pena de intervenção administrativa sempre que as circunstâncias de fato desaconselharem a cassação de licença, a interdição ou suspensão da atividade.

3.5. Contrapropaganda

O art. 60 do CDC estabelece que a contrapropaganda será aplicada quando o fornecedor incorrer na prática de publicidade enganosa ou abusiva, nos termos do art. 37 e parágrafos do CDC, sempre às expensas do infrator.

Publicidade abusiva ou enganosa → penalidade → contrapropaganda

Será divulgada pelo responsável da mesma forma, frequência e dimensão e, preferencialmente no mesmo veículo, local, espaço e horário, de forma capaz de desfazer o malefício da publicidade enganosa ou abusiva, conforme § 1º do art. 60 do CDC.

4. TÓPICO-SÍNTESE

SANÇÕES ADMINISTRATIVAS	
Normas de proteção ao consumidor	Competência legislativa concorrente → "A União, os Estados e o Distrito Federal, em caráter concorrente e nas suas respectivas áreas de atuação administrativa, baixarão normas relativas à produção, industrialização, distribuição e consumo de produtos e serviços". **Atenção** → Municípios foram excluídos dessa competência legislativa!!
Fiscalização e controle administrativos	União, Estados, Distrito Federal e Municípios têm o poder de fiscalização e de controle da produção, industrialização, distribuição, publicidade de produtos e serviços e o mercado de consumo. **STJ** → PROCON tem poder de polícia para aplicar multa ao fornecedor em razão de descumprimento das normas do CDC com a finalidade imediata de proteção ao consumidor. União, Estados e Distrito Federal têm o poder de editar as normas regulamentares de consumo. **Comissões permanentes** → elaboração, revisão e atualização das normas federais, estaduais e municipais decorrentes do poder de fiscalização e controle do mercado de consumo.
Espécies de sanções administrativas	**A) Sanções pecuniárias:** • multa; **B) Sanções objetivas:** • apreensão do produto; • inutilização do produto; • cassação do registro do produto junto ao órgão competente; • proibição de fabricação do produto; • suspensão de fornecimento de produtos ou serviço;
Espécies de sanções administrativas	**C) Sanções subjetivas:** • suspensão temporária de atividade; • revogação de concessão ou permissão de uso; • cassação de licença do estabelecimento ou de atividade; • interdição, total ou parcial, de estabelecimento, de obra ou de atividade; • intervenção administrativa; • imposição de contrapropaganda.

<table>
<tr><td>Cumulatividade das sanções</td><td>Sanções → administrativa + administrativa;
Sanções → administrativa + civil + penal + outras definidas em normas específicas.
Aplicação de sanções → instauração pela autoridade administrativa de procedimento administrativo, assegurada defesa ao fornecedor.</td></tr>
<tr><td>Pena de multa</td><td>Pena de multa aplicada ao fornecedor será graduada com observância das seguintes condições:
• gravidade da infração;
• vantagem auferida;
• condição econômica.</td></tr>
<tr><td>Demais sanções administrativas</td><td>Constatados vícios de quantidade ou de qualidade por inadequação ou insegurança do produto ou serviço ofertado no mercado de consumo, serão aplicadas pela Administração Pública as seguintes penalidades administrativas:
• apreensão do produto;
• inutilização do produto;
• proibição de fabricação do produto;
• suspensão do fornecimento de produto ou serviço;
• cassação do registro do produto;
• revogação da concessão ou permissão de uso.</td></tr>
<tr><td>Demais sanções administrativas</td><td>Quando o fornecedor reincidir na prática das infrações de maior gravidade previstas no CDC e na legislação de consumo, serão aplicadas pela Administração Pública as seguintes penalidades administrativas:
• cassação de alvará de licença;
• interdição da atividade;
• suspensão temporária da atividade;
• intervenção administrativa.
Resta configurada a reincidência após o trânsito em julgado da sentença condenatória.
Será aplicada à concessionária de serviço público a pena de cassação da concessão quando violar obrigação legal ou contratual.
Será aplicada a pena de intervenção administrativa sempre que as circunstâncias de fato desaconselharem a cassação de licença, a interdição ou suspensão da atividade.</td></tr>
</table>

Contrapropaganda	A contrapropaganda será aplicada quando o fornecedor incorrer na prática de publicidade enganosa ou abusiva, sempre às expensas do infrator. Será divulgada pelo responsável da mesma forma, frequência e dimensão e, preferencialmente no mesmo veículo, local, espaço e horário, de forma capaz de desfazer o malefício da publicidade enganosa ou abusiva.

Capítulo

11

INFRAÇÕES PENAIS

Leia a lei:

- *Arts. 9º, 10º, 21, 31, 36, parágrafo único, 37, 42, 43, 50, 61 a 80, 82, III e IV do CDC; arts. 44 a 47, 60, § 1º do CP; Lei 8.137/1990; Lei 1.521/51; Decreto 22.626/1933*

1. CONSIDERAÇÕES INICIAIS

O CDC, nos arts. 61 a 80, disciplina os crimes contra a relação de consumo visando proteger primordialmente a coletividade de consumidores de determinadas condutas comissivas ou omissivas praticadas por fornecedores.

Nas lições de JOSÉ LUIZ RAGAZZI (2010, p. 111), "o Direito Penal do Consumidor se justifica enquanto uma tentativa de fazer com que as demais normas inseridas no corpo do CDC tenham sua eficácia garantida. Logo, pode-se afirmar que essa prescrição das infrações penais possui caráter meramente instrumental em face das regras civis e administrativas consumeristas".

O art. 61 assinala que constituem crimes contra a relação de consumo as condutas tipificadas no CDC, sem prejuízo do disposto no Código Penal e em leis especiais, como, por exemplo, a Lei nº 8.137/1990 (define crimes contra a ordem tributária, econômica e contra as relações de consumo), Lei nº 1.521/51 (trata dos crimes contra a economia popular), Decreto nº 22.626/1933 (define o delito de usura), etc.

JOSÉ GERALDO BRITO FILOMENO (2014, p. 327) reforça que "a preocupação do legislador ao tratar dos crimes contra as relações de consumo na Lei nº 8.078/90 (Código de Defesa do Consumidor) foi primordialmente no sentido de não arranhar a legislação penal, tanto a codificada como a extravagante e, o que é mais importante, tipificar condutas ainda contempladas nos casos em testilha, como os abusos em matéria de publicidade (enganosa ou abusiva), bem como outras consideradas de tal forma graves que, além do tratamento de natureza administrativa e civil, estariam a demandar igualmente o tratamento penal".

2. TIPOS PENAIS PREVISTOS NO CDC

As condutas tipificadas no CDC constituem crimes de perigo cuja consumação se dá com a mera situação de risco a que fica exposto o consumidor, sem necessidade de apuração de danos físico, mental ou econômico ao consumidor.

A seguir serão apontadas as condutas típicas que constituem crimes contra a relação de consumo e que se encontram previstas no CDC.

2.1. Omitir dizeres ou sinais ostensivos sobre a nocividade ou periculosidade de produtos ou serviço

O art. 63 e seu § 1º tipificam as seguintes condutas:

- "omitir dizeres ou sinais ostensivos sobre a nocividade ou periculosidade de produtos, nas embalagens, nos invólucros, recipientes ou publicidade."
- "deixar de alertar, mediante recomendações escritas ostensivas, sobre a periculosidade do serviço a ser prestado".

As penas previstas para as infrações:

Modalidade dolosa	→	detenção de 06 meses a 02 anos e multa
Modalidade culposa	→	detenção de 01 a 06 meses e multa

Dispõe o art. 9º do CDC que "o fornecedor de produtos e serviços potencialmente nocivos ou perigosos à saúde ou segurança deverá informar, de maneira ostensiva e adequada, a respeito da sua nocividade ou periculosidade, sem prejuízo da adoção de outras medidas cabíveis em cada caso concreto".

Sobre o tipo penal do art. 63:

- **bem jurídico tutelado**: vida, saúde, segurança e direito à informação;
- **sujeito ativo**: fornecedor que se omite sobre a nocividade ou periculosidade de produtos e serviço;
- **sujeito passivo**: consumidores;
- **elemento objetivo do tipo**: omitir; deixar de alertar;
- **elemento subjetivo do tipo**: dolo ou culpa;
- **consumação**: com a omissão sobre a nocividade ou periculosidade do produto ou a falta de alerta sobre a periculosidade do serviço a ser prestado, independentemente do resultado danoso ao consumidor;
- não admite **tentativa.**

2.2. Deixar de comunicar à autoridade competente e aos consumidores a nocividade ou periculosidade de produtos e deixar de retirar do mercado quando determinado pela autoridade competente

O art. 64 e seu parágrafo único tipificam as seguintes condutas:

- "deixar de comunicar à autoridade competente e aos consumidores a nocividade ou periculosidade de produtos cujo conhecimento seja posterior à sua colocação no mercado."
- "deixar de retirar do mercado, imediatamente quando determinado pela autoridade competente, os produtos nocivos ou perigosos, na forma deste artigo."

As penas previstas para as infrações:

Modalidade dolosa	→	detenção de 06 meses a 02 anos e multa

Dispõe o art. 10º do CDC que "O fornecedor não poderá colocar no mercado de consumo produto ou serviço que sabe ou deveria saber apresentar alto grau de nocividade ou periculosidade à saúde ou segurança".

Sobre o tipo penal do art. 64:

- **bem jurídico tutelado**: vida, saúde, segurança e direito à informação;
- **sujeito ativo**: fornecedor que deixa de comunicar a autoridade competente e aos consumidores sobre a nocividade e periculosidade do produto que está no mercado e que deixa de retirá-lo quando determinado por autoridade competente;
- **sujeito passivo**: consumidores;
- **elemento objetivo do tipo**: deixar de comunicar à autoridade competente e deixar de retirar do mercado;
- **elemento subjetivo do tipo**: dolo;
- **consumação**: quando fornecedor deixa de comunicar a autoridade competente e aos consumidores sobre a nocividade e periculosidade do produto e deixa de retirá-lo, independentemente do resultado danoso ao consumidor;
- não admite **tentativa.**

2.3. Executar serviço de alto grau de periculosidade

O art. 65 tipifica a seguinte conduta: "Executar serviço de alto grau de periculosidade, contrariando determinação de autoridade competente".

As penas previstas para as infrações:

Modalidade dolosa	→	detenção de 06 meses a 02 anos e multa

Sobre o tipo penal do art. 65:

- **bem jurídico tutelado**: vida, saúde e segurança;

- **sujeito ativo**: fornecedor que executa o serviço de alto grau de periculosidade, descumprindo determinação de autoridade competente;
- **sujeito passivo**: consumidores;
- **elemento objetivo do tipo**: executar;
- **elemento subjetivo do tipo**: dolo;
- **consumação**: quando o prestador dá início à execução do serviço de alto grau de periculosidade, descumprindo determinação de autoridade competente, independentemente do resultado danoso ao consumidor;
- admite **tentativa.**

> **ATENÇÃO**
>
> *O art. 65 trata de norma penal em branco que, nas lições de JOSÉ GERALDO BRITO FILOMENO (2014, p. 352), é aquela que "requer complementariedade pelas 'determinações das autoridades competentes' que irão dizer que especificações devem ser atendidas na execução dos serviços já por si mesmos considerados perigosos (...)".*

O §1º do dispositivo legal estabelece que as penas são aplicáveis sem prejuízo das correspondentes à lesão corporal e à morte.

O §2º, acrescido ao CDC pela Lei nº13.425/2017, estabelece que a prática do disposto no inciso XIV do art. 39 (permitir o ingresso em estabelecimentos comerciais ou de serviços de um número maior de consumidores que o fixado pela autoridade administrativa como máximo) também caracteriza o crime previsto no caput do art. 65.

Execução de serviços perigosos (art. 65)	+	Lesão corporal ou morte	=	Penas somadas

2.4. Fazer afirmação falsa ou enganosa ou omitir informação relevante sobre dados dos produtos e serviços e patrocinar a oferta

O art. 66 e seu § 1º tipificam as seguintes condutas:

- "fazer afirmação falsa ou enganosa, ou omitir informação relevante sobre a natureza, característica, qualidade, quantidade, segurança, desempenho, durabilidade, preço ou garantia de produtos e serviços."

ATENÇÃO

A expressão "informação relevante" deve ser entendida como aquele dado essencial que, se conhecido pelo consumidor, poderia interferir na sua escolha, tal como não adquirir o produto ou contratar o serviço.

- "patrocinar a oferta".

ATENÇÃO

Nas lições de JOSÉ GERALDO BRITO FILOMENO (2014, p. 362), "patrocinar oferta é a atividade de todo aquele que aceitar a veiculação de informação ao público-consumidor sabendo ser a mensagem falsa ou enganosa".

As penas previstas para as infrações:

Modalidade dolosa	→	detenção de 03 meses a 01 ano e multa
Modalidade culposa	→	detenção de 01 a 06 meses ou multa

Dispõe o art. 31 do CDC que "A oferta e apresentação de produtos ou serviços devem assegurar informações corretas, claras, precisas, ostensivas e em língua portuguesa sobre suas características, qualidades, quantidade, composição, preço, garantia, prazos de validade e origem, entre outros dados, bem como sobre os riscos que apresentam à saúde e segurança dos consumidores".

Sobre o tipo penal do art. 66:

- **bem jurídico tutelado**: direito à informação correta, clara e precisa sobre a natureza, característica, qualidade, quantidade, segurança, desempenho, durabilidade, preço ou garantia de produtos ou serviços;

- **sujeito ativo**: o fornecedor que faz afirmação falsa ou enganosa (veicula a oferta) ou omite informação relevante sobre dados dos produtos e serviços e o patrocinador da oferta;
- **sujeito passivo**: consumidores;
- **elemento objetivo do tipo**: fazer afirmação falsa ou enganosa; omitir informação relevante; patrocinar a oferta;
- **elemento subjetivo do tipo**: dolo ou culpa;
- **consumação**: com a afirmação falsa ou enganosa ou com a omissão da informação relevante ou com o patrocínio da oferta, independentemente do resultado danoso ao consumidor;
- não admite **tentativa** na conduta omissiva (omitir informação relevante) e admite tentativa nas condutas comissivas (fazer afirmação e patrocinar).

2.5. Fazer ou promover publicidade enganosa ou abusiva

O art. 67 tipifica a seguinte conduta: "Fazer ou promover publicidade que sabe ou deveria saber ser enganosa ou abusiva".

O § 1º do art. 37 dispõe: "é enganosa qualquer modalidade de informação ou comunicação de caráter publicitário, inteira ou parcialmente falsa, ou, por qualquer outro modo, mesmo por omissão, capaz de induzir em erro o consumidor a respeito da natureza, características, qualidade, quantidade, propriedades, origem, preço e quaisquer outros dados sobre produtos e serviços".

O § 2º do art. 37 dispõe: "é abusiva, dentre outras a publicidade discriminatória de qualquer natureza, a que incite à violência, explore o medo ou a superstição, se aproveite da deficiência de julgamento e experiência da criança, desrespeita valores ambientais, ou que seja capaz de induzir o consumidor a se comportar de forma prejudicial ou perigosa à sua saúde ou segurança".

As penas previstas para as infrações:

Modalidade dolosa	→	detenção de 03 meses a 01 ano e multa

Sobre o tipo penal do art. 67:

- **bem jurídico tutelado**: direito à informação correta, clara e precisa sobre o produto ou serviço anunciado;
- **sujeito ativo**: o publicitário que produziu a peça publicitária; os agentes responsáveis pela veiculação e o fornecedor (anunciante) que contratou a agência de publicidade;
- **sujeito passivo**: consumidores;
- **elemento objetivo do tipo**: fazer; promover;
- **elemento subjetivo do tipo**: dolo;
- **consumação**: quando o sujeito ativo faz ou promove publicidade que sabe ou deveria saber ser enganosa ou abusiva, independentemente do resultado danoso ao consumidor;
- admite **tentativa.**

2.6. Fazer ou promover publicidade capaz de induzir o consumidor a se comportar de forma prejudicial ou perigosa a sua saúde ou segurança

O art. 68 tipifica a seguinte conduta: "Fazer ou promover publicidade que sabe ou deveria saber ser capaz de induzir o consumidor a se comportar de forma prejudicial ou perigosa a sua saúde ou segurança".

As penas previstas para as infrações:

Modalidade dolosa	→	detenção de 06 meses a 02 anos e multa

Sobre o tipo penal do art. 68:

- **bem jurídico tutelado**: vida, saúde e segurança do consumidor e o direito à informação correta, clara e precisa sobre o produto ou serviço anunciado;

- **sujeito ativo**: o publicitário que produziu a peça publicitária; os agentes responsáveis pela veiculação e o fornecedor (anunciante) que contratou a agência de publicidade;
- **sujeito passivo**: consumidores;
- **elemento objetivo do tipo**: fazer; promover;
- **elemento subjetivo do tipo**: dolo;
- **consumação**: quando o sujeito ativo faz ou promove publicidade capaz de induzir o consumidor a se comportar de forma prejudicial ou perigosa a sua saúde ou segurança, independentemente do resultado danoso ao consumidor;
- admite **tentativa.**

Importa ressaltar as lições de VITOR FREDERICO KÜMPEL (2011, p. 100):

- **art. 67:** são enquadradas todas as modalidades de publicidade abusiva, com exceção daquela "capaz de induzir o consumidor a se comportar de forma prejudicial ou perigosa à sua saúde ou segurança";
- **art. 68:** enquadra especificamente a modalidade de publicidade abusiva "capaz de induzir o consumidor a se comportar de forma prejudicial ou perigosa a sua saúde ou segurança".

2.7. Deixar de organizar dados que dão base à publicidade

O art. 69 tipifica a seguinte conduta: "Deixar de organizar dados fáticos, técnicos e científicos que dão base à publicidade".

O parágrafo único do art. 36 do CDC dispõe que: "O fornecedor, na publicidade de seus produtos ou serviços, manterá, em seu poder, para informação dos legítimos interessados, os dados fáticos, técnicos e científicos que dão sustentação à mensagem".

As penas previstas para as infrações:

Modalidade dolosa	→	detenção de 01 a 06 meses ou multa

Sobre o tipo penal do art. 69:

- **bem jurídico tutelado**: direito à informação correta, clara e precisa sobre o produto ou serviço anunciado;
- **sujeito ativo**: fornecedor (anunciante);
- **sujeito passivo**: consumidores;
- **elemento objetivo do tipo**: deixar de organizar;
- **elemento subjetivo do tipo**: dolo;
- **consumação**: quando o sujeito ativo devendo organizar dados fáticos, técnicos e científicos que dão base à publicidade, deixa de fazê-lo, independentemente do resultado danoso ao consumidor;
- não admite **tentativa.**

2.8. Empregar peça ou componentes de reposição usados sem autorização do consumidor

O art. 70 tipifica a seguinte conduta: "Empregar na reparação de produtos, peça ou componentes de reposição usados, sem autorização do consumidor".

O art. 21 do CDC dispõe que, no caso de fornecimento de serviços que tenham por objetivo a reparação de qualquer produto, é implícita a obrigação do fornecedor de empregar componentes de reposição originais adequados e novos, ou que mantenham as especificações técnicas do fabricante, salvo, quanto a estes últimos, tiver autorização em contrário do consumidor.

As penas previstas para as infrações:

Modalidade dolosa	→	detenção de 03 meses a 01 ano e multa

Sobre o tipo penal do art. 70:

- **bem jurídico tutelado**: direito à informação correta, clara e precisa sobre serviço prestado;

- **sujeito ativo**: fornecedor que presta serviço de reparação de produtos;
- **sujeito passivo**: consumidores individuais e coletivamente considerados;
- **elemento objetivo do tipo**: empregar sem autorização do consumidor;
- **elemento subjetivo do tipo**: dolo;
- **consumação**: quando o sujeito ativo emprega peça ou componentes de reposição usados, sem autorização do consumidor;
- admite **tentativa.**

ATENÇÃO

Não há crime se o fornecedor emprega na reparação de produtos peças ou componentes usados com autorização do consumidor!

2.9. Cobrar de forma abusiva os débitos do consumidor

O art. 71 tipifica a seguinte conduta: "Utilizar, na cobrança de dívidas, de ameaça, coação, constrangimento físico ou moral, afirmações falsas incorretas ou enganosas ou de qualquer outro procedimento que exponha o consumidor, injustificadamente, a ridículo ou interfira com seu trabalho, descanso ou lazer".

Em resumo, são práticas abusivas, sujeitas à sanção penal, as seguintes condutas do fornecedor na cobrança de dívidas do consumidor inadimplente:

- ameaça;
- coação;
- constrangimento físico ou moral;
- afirmações falsas incorretas ou enganosas;
- qualquer outro procedimento que exponha o consumidor, injustificadamente, a ridículo ou interfira com seu trabalho, descanso ou lazer.

Dispõe o art. 42 do CDC que "na cobrança de débitos, o consumidor inadimplente não será exposto a ridículo, nem será submetido a qualquer tipo de constrangimento ou ameaça".

Perceba que constitui exercício regular de direito a prática do fornecedor de cobrar uma dívida do consumidor inadimplente. A prática vedada pelo CDC, expressa no art. 42, é a cobrança abusiva desse débito, ou seja, aquela cobrança que expõe o consumidor inadimplente ao ridículo ou o submete a qualquer tipo de constrangimento ou ameaça, que deve ser analisada no caso concreto.

O art. 71 do CDC, que trata de infração penal na relação de consumo, deve ser interpretado conjuntamente com o art. 42 dada sua maior amplitude na inclusão de condutas tidas como abusiva na cobrança de débitos dos consumidores inadimplentes.

As penas previstas para as infrações:

Modalidade dolosa	→	detenção de 03 meses a 01 ano e multa

Sobre o tipo penal do art. 71:

- **bem jurídico tutelado**: liberdade, imagem, honra, dignidade do consumidor;
- **sujeito ativo**: fornecedor ou agente contratado pelo fornecedor que realiza a cobrança do débito;
- **sujeito passivo**: consumidores individuais e coletivamente considerados;
- **elemento objetivo do tipo**: utilizar de métodos vexatórios para cobrança do débito;
- **elemento subjetivo do tipo**: dolo;
- **consumação**: quando o sujeito ativo utiliza de métodos vexatórios para cobrança do débito;
- não admite **tentativa.**

2.10. Impedir ou dificultar o acesso do consumidor às informações cadastrais

O art. 72 tipifica a seguinte conduta: "Impedir ou dificultar o acesso do consumidor às informações que sobre ele constem em cadastros, banco de dados, fichas e registros".

Dispõe o art. 43 do CDC que o consumidor tem direito ao acesso às informações existentes em cadastros, fichas, registros e dados pessoais e de consumo arquivados sobre ele bem como sobre as suas respectivas fontes.

Essas informações devem ser objetivas, claras, verdadeiras e de fácil compreensão, conforme dispõe a primeira parte do § 1º do art. 43 do CDC.

As penas previstas para as infrações:

Modalidade dolosa	→	detenção de 06 meses a 01 ano ou multa

Sobre o tipo penal do art. 72:

- **bem jurídico tutelado**: direito à informação correta, clara e verdadeira sobre os dados cadastrais do consumidor;
- **sujeito ativo**: fornecedor ou agentes dos órgãos mantenedores do Cadastro de Proteção ao Crédito responsáveis pelo fornecimento das informações cadastrais e que impedem ou dificultam o acesso ao consumidor
- **sujeito passivo**: consumidores individuais e coletivamente considerados;
- **elemento objetivo do tipo**: impedir; dificultar;
- **elemento subjetivo do tipo**: dolo;
- **consumação**: quando o sujeito ativo impede ou dificulta o acesso do consumidor às informações cadastrais;
- não admite **tentativa.**

2.11. Deixar de corrigir imediatamente informações incorretas sobre o consumidor

O art. 73 tipifica a seguinte conduta: "Deixar de corrigir imediatamente informação sobre consumidor constante de cadastro, banco de dados, fichas ou registros que sabe ou deveria saber ser inexata".

O § 3º do art. 43 do CDC dispõe que, em caso de inexatidão nos dados e cadastros, o consumidor pode exigir sua imediata correção, devendo o arquivista, no prazo de 05 úteis, comunicar a alteração aos eventuais destinatários das informações incorretas.

A doutrina interpreta o termo "imediatamente" para configuração do tipo penal como sendo o decurso do prazo de 05 dias úteis sem que tenha sido feita a retificação dos dados incorretos a respeito do consumidor.

Correção dos dados → imediatamente → 05 dias úteis

As penas previstas para as infrações:

Modalidade dolosa → detenção de 01 a 06 meses ou multa

Sobre o tipo penal do art. 73:

- **bem jurídico tutelado**: direito à informação correta, clara e verdadeira sobre os dados cadastrais do consumidor;
- **sujeito ativo**: arquivista ou agentes dos órgãos mantenedores do Cadastro de Proteção ao Crédito responsáveis pela manutenção e retificação das informações e dados cadastrais;
- **sujeito passivo**: consumidores individuais e coletivamente considerados;
- **elemento objetivo do tipo**: deixar de corrigir;
- **elemento subjetivo do tipo**: dolo;
- **consumação**: quando o sujeito ativo deixa de corrigir informação que sabe ou deveria saber ser inexata;
- não admite **tentativa.**

2.12. Deixar de entregar ao consumidor termo de garantia contratual

O art. 74 tipifica a seguinte conduta: "Deixar de entregar ao consumidor o termo de garantia adequadamente preenchido e com especificação clara de seu conteúdo".

O art. 50 do CDC estabelece que "a garantia contratual é complementar à legal e será conferida mediante termo escrito".

O parágrafo único do art. 50 dispõe que "o termo de garantia ou equivalente deve ser padronizado e esclarecer, de maneira adequada em que consiste a mesma garantia, bem como a forma, o prazo e o lugar em que pode ser exercitada e os ônus a cargo do consumidor, devendo ser-lhe entregue, devidamente preenchido pelo fornecedor, no ato do fornecimento, acompanhado de manual de instrução, de instalação e uso do produto em linguagem didática, com ilustrações".

A garantia contratual decorre da mera faculdade do fornecedor e será conferida mediante termo escrito (termo de garantia). É complementar à garantia legal, que é obrigatória e independe de termo expresso.

Garantia contratual (art. 50)	➢ faculdade do fornecedor; ➢ complementar à garantia legal; ➢ conferida mediante termo escrito.

≠

Garantia legal (art. 24)	➢ obrigatória; ➢ independe de termo expresso.

Em razão das diferenças que pontuam cada uma das garantias, o art. 74 é aplicável somente para a hipótese de não entrega ao consumidor do termo de garantia contratual.

Art. 74	→	Deixar de entregar o termo de garantia contratual

As penas previstas para as infrações:

Modalidade dolosa	→	detenção de 01 a 06 meses ou multa

Sobre o tipo penal do art. 74:

- **bem jurídico tutelado**: direito à informação correta, clara e verdadeira sobre os produtos e serviços; patrimônio do consumidor;
- **sujeito ativo**: fornecedor que deixa de entregar o termo de garantia contratual;
- **sujeito passivo**: consumidores individuais e coletivamente considerados;
- **elemento objetivo do tipo**: deixar de entregar;
- **elemento subjetivo do tipo**: dolo;
- **consumação**: quando o sujeito ativo deixa de entregar o termo de garantia contratual;
- não admite **tentativa.**

3. CONCURSO DE PESSOAS

O art. 75 estabelece que quem concorrer, de qualquer forma, para a prática das condutas típicas previstas no CDC será responsabilizado, com incidência das penas cominadas na lei, na medida da sua culpabilidade.

LEONARDO ROSCOE BESSA (2022, p. 549) afirma: "a prática demonstra a existência de casos em que o sujeito ativo do crime é pessoa que, embora tenha poder gerencial na empresa, não integra o estatuto social como sócio nem está regularmente contratado. Em outras palavras, devem ser averiguadas em concreto as circunstâncias do fato e apurar as pessoas naturais que colaboraram para a sua realização. Portanto, a responsabilidade penal pode recair, inclusive, sobre pessoa formalmente desvinculada da pessoa jurídica".

Estabelece o dispositivo legal também que o diretor, administrador ou gerente da pessoa jurídica que promover, permitir ou por qualquer modo aprovar o fornecimento, oferta, exposição à venda ou manutenção em depósito de produtos ou a oferta e prestação de serviços nas condições por ele proibidas será responsabilizado, com incidência das penas cominadas na lei, na medida da sua culpabilidade.

O citado doutrinador complementa (2022, p. 551): "pensar em sentido contrário, vale dizer, que o sócio responde penalmente por todos os atos praticados em nome da empresa significa a adoção de responsabilidade penal objetiva, que está vedada pela Constituição Federal (arts. 1º, III, 4º, II, e 5º, caput e XLVI), em face do princípio da culpabilidade."

Enquanto no âmbito civil, de regra, a responsabilidade do fornecedor é objetiva, em matéria penal só haverá a responsabilização do agente quando presentes o dolo ou a culpa.

4. CIRCUNSTÂNCIAS AGRAVANTES

O art. 76 estabelece que as circunstâncias agravantes dos crimes tipificados no CDC são as seguintes:

- serem cometidos em época de grave crise econômica ou por ocasião de calamidade;
- ocasionarem grave dano individual ou coletivo;
- dissimular-se a natureza ilícita do procedimento;
- quando cometidos: **a)** por servidor público, ou por pessoa cuja condição econômico-social seja manifestamente superior à da vítima; **b)** em detrimento de operário ou rurícola; de menor de 18 ou maior de 60 anos ou de pessoas portadoras de deficiência mental interditadas ou não;
- serem praticados em operações que envolvam alimentos, medicamentos ou quaisquer outros produtos ou serviços essenciais.

ATENÇÃO

O CDC prevê apenas circunstâncias agravantes. Não há previsão de circunstâncias atenuantes no CDC, devendo ser consideradas as circunstâncias atenuantes do art. 65 do CP.

5. PENA PECUNIÁRIA

O art. 77 estabelece que a pena pecuniária será fixada em dias-multa correspondente ao mínimo e ao máximo de dias de duração da pena privativa da liberdade cominada ao crime.

Na individualização desta multa, o juiz observará o disposto no art. 60, § 1° do Código Penal, o qual dispõe: "A multa pode ser aumentada até o triplo, se o juiz considerar que, em virtude da situação econômica do réu, é ineficaz, embora aplicada no máximo".

6. CUMULAÇÃO DAS PENAS

O art. 78 estabelece que além das penas privativas de liberdade e de multa, podem ser impostas, cumulativa ou alternadamente, observado o disposto nos arts. 44 a 47 do Código Penal (penas restritivas de direito):

- a interdição temporária de direitos;
- a publicação em órgãos de comunicação de grande circulação ou audiência, às expensas do condenado, de notícia sobre os fatos e a condenação;
- a prestação de serviços à comunidade.

7. VALOR DA FIANÇA

O art. 79 estabelece que o valor da fiança, nas infrações penais previstas no CDC, será fixado pelo juiz ou pela autoridade que presidir o inquérito, entre cem e duzentas mil vezes o valor do Bônus do Tesouro Nacional (BTN), ou índice equivalente que venha a substituí-lo.

O parágrafo único do art. 79 assinala que dependendo da situação econômica do indiciado ou réu, a fiança poderá ser: a) reduzida até a metade do seu valor mínimo; b) aumentada pelo juiz até vinte vezes.

O art. 79 do CDC não tem aplicação prática. Conforme ensinamento de LEONARDO ROSCOE BESSA (2022, p. 577), "Todos os doze tipos penais elencados no CDC possuem pena máxima não superior a dois anos: são infrações de menor potencial ofensivo e, portanto, sujeitas à lei 9.099/1995 (art. 61). Trata-se de lei posterior e especial que tem por parâmetro a pena cominada à infração penal (ainda que prevista em legislação especial). O parágrafo único do art. 69 da Lei 9.099/1995 simplesmente afasta a possibilidade de exigência de fiança nos crimes de menor potencial ofensivo (...).".

8. ASSISTÊNCIA E AÇÃO PENAL SUBSIDIÁRIA

O art. 80 estabelece que no processo penal referente aos crimes previstos no CDC bem como a outros crimes e contravenções que envolvam relações de consumo, os legitimados indicados no art. 82, incisos III (as entidades e órgãos da Administração Pública, direta ou indireta) e IV, (associações) poderão:

- intervir como assistentes do Ministério Público;
- propor ação penal subsidiária, se a denúncia não for oferecida no prazo legal.

9. TÓPICO-SÍNTESE

INFRAÇÕES PENAIS	
Considerações iniciais	**Arts. 61 a 80 →** disciplina dos crimes contra a relação de consumo; Constituem crimes contra a relação de consumo as condutas tipificadas no CDC, sem prejuízo do disposto no Código Penal e em leis especiais. **Crimes de perigo →** consumação se dá com a mera situação de risco a que fica exposto o consumidor, sem necessidade de apuração de danos físico, mental ou econômico ao consumidor.
Tipos penais no CDC	**Arts. 63 a 74**
Concurso de pessoas	O diretor, administrador ou gerente da pessoa jurídica que promover, permitir ou por qualquer modo aprovar o fornecimento, oferta, exposição à venda ou manutenção em depósito de produtos ou a oferta e prestação de serviços nas condições por ele proibidas será responsabilizado, com incidência das penas cominadas na lei, na medida da sua culpabilidade.

Circunstâncias agravantes	• serem cometidos em época de grave crise econômica ou por ocasião de calamidade; • ocasionarem grave dano individual ou coletivo; • dissimular-se a natureza ilícita do procedimento; • quando cometidos: **a)** por servidor público, ou por pessoa cuja condição econômico-social seja manifestamente superior à da vítima; **b)** em detrimento de operário ou rurícola; de menor de 18 ou maior de 60 anos ou de pessoas portadoras de deficiência mental interditadas ou não; • serem praticados em operações que envolvam alimentos, medicamentos ou quaisquer outros produtos ou serviços essenciais. O CDC não prevê circunstâncias atenuantes!
Pena pecuniária	Será fixada em dias-multa correspondente ao mínimo e ao máximo de dias de duração da pena privativa da liberdade cominada ao crime.
Cumulação de penas	Além das penas privativas de liberdade e de multa, podem ser impostas, cumulativa ou alternadamente: • a interdição temporária de direitos; • a publicação em órgãos de comunicação de grande circulação ou audiência, às expensas do condenado, de notícia sobre os fatos e a condenação; • a prestação de serviços à comunidade.
Valor da fiança	Não tem aplicação prática. Os tipos penais previstos no CDC possuem pena máxima não superior a 02 anos. São infrações de menor potencial ofensivo e, portanto, sujeitas à lei 9.099/1995.
Assistência e ação penal subsidiária	As entidades e órgãos da Administração Pública, direta ou indireta) e associações poderão: • intervir como assistentes do Ministério Público; • propor ação penal subsidiária, se a denúncia não for oferecida no prazo legal.

Capítulo

12

DEFESA DO CONSUMIDOR EM JUÍZO

Leia a lei:

- *Arts. 81 a 104 do CDC; art. 129, III, da CF; Lei 4.717/65; Lei 6.766/79; Lei 6.938/81; Lei n. 7.347/85*

1. CONSIDERAÇÕES INICIAIS

O CDC, nos arts. 81 a 104, trata das normas processuais que regem a defesa individual e coletiva do consumidor em juízo distribuídas em quatro capítulos, a saber:

- disposições gerais;
- ações coletivas para a defesa de interesses individuais homogêneos;
- ações de responsabilidade do fornecedor de produtos e serviços e;
- coisa julgada.

A seguir serão tratadas as principais questões sobre cada um dos capítulos acima mencionados, ressaltando que nesta obra não se tem a pretensão de aprofundar nas polêmicas existentes nem tampouco levantar todas as discussões que envolvem a tutela coletiva.

1.1. Evolução da legislação e a tutela jurisdicional coletiva

VITOR FREDERICO KÜMPEL (2011, p. 108) faz um breve apanhado da evolução da legislação a respeito da tutela coletiva no ordenamento brasileiro a seguir sintetizado:

- **Lei de ação popular** (Lei n. 4.717/65): legitimou qualquer cidadão a pleitear a anulação ou a declaração de nulidade de atos lesivos ao patrimônio público, compreendido este como os bens e direitos de valor econômico, artístico, estético, histórico ou turístico (bens de natureza difusa);
- **Lei de parcelamento do solo urbano** (Lei n. 6.766/79): previu a tutela de ordenação do solo, de ordem urbanística, que tem nítido caráter difuso;
- **Lei da política nacional do meio ambiente** (Lei n. 6.938/81): previu a responsabilidade objetiva do poluidor e a ação de responsabilidade civil para reparação de danos ambientais titularizada pelo Ministério Público;
- **Lei da ação civil pública** (Lei n. 7.347/85): disciplinou as ações de responsabilidade por danos morais e patrimoniais causados ao meio-ambiente; ao consumidor; a bens e direitos de valor artístico, estético, histórico, turístico e paisagístico;
- **Constituição Federal/1988**: fixou, dentre as atribuições do Ministério Público, "promover o inquérito civil e a ação civil pública, para a proteção do patrimônio público e social, do meio ambiente e de outros interesses difusos e coletivos" (art. 129, III);
- **CDC** (Lei n. 8.078/90): conceituou os direitos difusos e coletivos e acrescentou os direitos individuais homogêneos na legislação.

Dessa forma, a tutela coletiva em geral, e não apenas a tutela coletiva dos consumidores, é disciplinada pelos arts. 81 a 100 e 102 a 104 do CDC e também por essas e outras leis, como por exemplo o mandado de segurança coletivo, que, no entanto, não serão objeto de estudo desta obra.

2. DISPOSIÇÕES GERAIS

Nos termos do que dispõe o art. 81 do CDC, a defesa dos interesses e direitos dos consumidores e das vítimas poderá ser exercida em juízo por meio de uma ação individual ou de uma ação coletiva.

A ação individual é regida pelas normas processuais do CDC e, subsidiariamente, pelo CPC, além da Lei dos Juizados Especiais, naquilo que não contrariar as disposições do CDC (art. 90, CDC).

E a ação coletiva é regida pelas normas processuais do CDC, da Lei de Ação Civil Pública (Lei 7.347/85) e, subsidiariamente, pelo CPC, naquilo que não contrariar as disposições do CDC (art. 90, CDC).

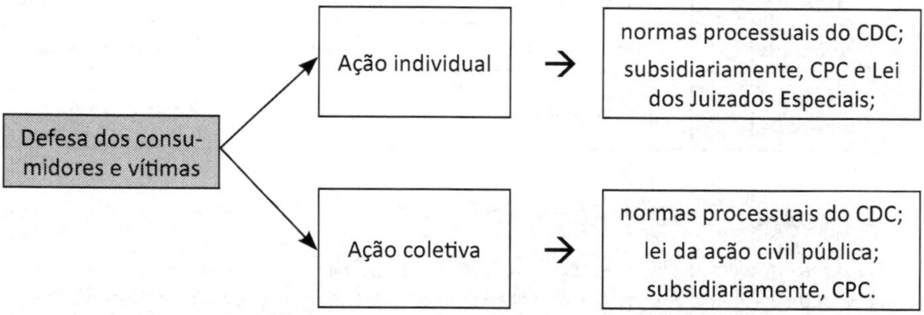

2.1. Direitos difusos, coletivos e individuais homogêneos

O CDC, nos incisos I, II e III do parágrafo único do art. 81, conceitua os direitos difusos, coletivos e individuais homogêneos nos seguintes termos:

- **interesses ou direitos difusos**: transindividuais, de natureza indivisível de que sejam titulares pessoas indeterminadas e ligadas por circunstâncias de fato (art. 81, inciso I, CDC). Ex.: direito ao meio ambiente saudável; direito a veiculação de publicidade não enganosa;
- **interesses ou direitos coletivos:** transindividuais, de natureza indivisível de que seja titular grupo, categoria ou classe de pessoas ligadas entre si ou com a parte contrária por uma relação jurídica base decorrente de lei ou contrato (art. 81, inciso II, CDC). Ex.: direito dos alunos a qualidade de ensino oferecida por uma escola; direito à nulidade de cláusula abusiva em contrato de adesão;
- **interesses ou direitos individuais homogêneos**: de natureza divisível de que sejam titulares pessoas determináveis e

decorrentes de origem comum (art. 81, inciso III, CDC). Ex.: direito ao recall de um veículo com problemas nos freios; direito à indenização decorrente de um acidente aéreo.

Esquematicamente, as principais características dos direitos difusos, coletivos e individuais homogêneos são as seguintes:

DIREITOS:	SUJEITOS	OBJETO	ORIGEM
Difusos	indetermináveis	indivisível	circunstância de fato
Coletivos	determináveis	indivisível	relação jurídica base
Individuais Homogêneos	determináveis	divisível	origem comum

ATENÇÃO

As normas processuais do CDC, interpretadas conjuntamente com a Lei de Ação Civil Pública, são aplicáveis aos processos em geral que envolvem direitos difusos, coletivos e individuais homogêneos, não se restringindo apenas à tutela coletiva dos consumidores.

2.2. Legitimidade ativa para ajuizamento da ação coletiva

O art. 82, incisos I a IV, e o art. art. 5º da LACP enumeram os legitimados ativos para o ajuizamento da ação coletiva.

ATENÇÃO

LEONARDO ROSCOE BESSA (2022, p.586) esclarece que, apesar de haver alguma discordância doutrinária, as expressões 'ação civil pública' e 'ação coletiva' "possuem o mesmo sentido, ou seja, demanda que, independentemente da qualificação do autor, veicula pretensões de direitos coletivos (lato sensu)".

Apesar de algumas discussões na doutrina, prevalece o entendimento de que nas ações coletivas a legitimação é extraordinária, uma vez que os legitimados coletivos não são os titulares do direito a ser defendido em juízo.

Essa legitimação é concorrente, de modo que todos os legitimados arrolados legalmente podem ajuizar ação coletiva, isoladamente, e disjuntiva, isto é, sem depender de prévia anuência dos demais ou em litisconsórcio, que, na espécie, será facultativo.

Legitimidade ativa	→	extraordinária, concorrente e disjuntiva

São os legitimados ativo para a tutela coletiva:

A) Ministério Público: tem legitimidade para a propositura de ações coletivas voltadas a tutela dos direitos difusos, coletivos e individuais homogêneos.

O art. 129, inciso III da CF estabelece que uma das as funções institucionais do Ministério Público é "promover o inquérito civil e a ação civil pública, para a proteção do patrimônio público e social, do meio ambiente e de outros interesses difusos e coletivos".

Em razão de expressa previsão constitucional, o Ministério Público não encontra qualquer limitação de atuação na defesa dos direitos difusos e coletivos. A controvérsia existe com relação à legitimação do Ministério Público para a defesa do direito individual homogêneo no que diz respeito aos limites de atuação.

Prevalece na doutrina e na jurisprudência que o Ministério Público é legitimado para a defesa do direito individual homogêneo quando se tratar de:

- direito indisponível;
- direito disponível, mas o bem jurídico tutelado for dotado de relevância social objetiva.

DANIEL AMORIM ASSUMPÇÃO NEVES (2014, p. 630) explica que: "Se algumas dificuldades práticas existem na distinção entre direito disponível e direito indisponível, estas se potencializam na aferição concreta da relevância social exigida na hipótese de direito individual homogêneo disponível".

Ainda segundo o doutrinador, "a relevância social pode se manifestar pela natureza do dano (p. ex., à saúde, à segurança, ambiental); pelo número significativo de lesados; pelo interesse social no funcionamento de um sistema econômico, social ou jurídico (p. ex., questões referentes a servidores públicos, poupadores, segurados)".

POSIÇÃO DO STJ

Segundo o STJ, o Ministério Público possui legitimidade ativa para postular em juízo a defesa de direitos transindividuais de consumidores que celebram contratos de compra e venda de imóveis com cláusulas pretensamente abusivas.

"Nos termos da jurisprudência desta Corte, a finalidade do Ministério Público é lida à luz do preceito constante do caput do art. 127 da Constituição, segundo o qual incumbe ao Ministério Público "a defesa da ordem jurídica, do regime democrático e dos interesses sociais e individuais indisponíveis". Daí porque se firmou a compreensão de que, para haver legitimidade ativa do Ministério Público para a defesa de direitos transindividuais não é preciso que se trate de direitos indisponíveis, havendo de se verificar, isso sim, se há "interesse social" (expressão contida no art. 127 da Constituição) capaz de autorizar a legitimidade do Ministério Público" (EREsp 1.378.938-SP, DJe 27/06/2018 – Informativo 629)

POSIÇÃO DO STJ

Súmula 601 do STJ: "O Ministério Público tem legitimidade ativa para atuar na defesa de direitos difusos, coletivos e individuais homogêneos dos consumidores, ainda que decorrentes da prestação de serviço público".

B) União, Estados, Municípios e Distrito Federal.

Segundo entendimento do STJ, o Município tem legitimidade ativa para ajuizar ação civil pública em defesa do direito do consumidor questionando a cobrança de tarifas bancárias.

Para o STJ "(...) a legitimação dos entes políticos para a defesa de interesses metaindividuais é justificada pela qualidade de sua estrutura, capaz de conferir maior probabilidade de êxito na implementação da tutela coletiva, bem como não se questiona sua pertinência temática ou representatividade adequada, por serem presumidas. Deste modo, no que se refere especificamente à defesa de interesses individuais homogêneos dos consumidores, o Município é o ente político que terá maior contato com as eventuais lesões cometidas contra esses interesses (...)." (REsp 1.509.586-SC, DJe 18/05/2018 – Informativo n. 626)

C) Entidades e órgãos da Administração Pública, direta ou indireta, ainda que sem personalidade jurídica, especificamente destinados à defesa dos interesses e direitos protegidos pelo CDC.

O Procon é legitimado ativo para ações coletivas com fundamento nessa previsão legal.

D) As associações legalmente constituídas há pelo menos 01 ano e que incluam entre seus fins institucionais a defesa dos interesses e direitos protegidos pelo CDC (pertinência temática), dispensada a autorização assemblear. Ex.: IDEC – Instituto Brasileiro de Defesa do Consumidor.

O requisito da pré-constituição pode ser dispensado pelo juiz nas ações previstas nos arts. 91 e seguintes quando haja manifesto interesse social evidenciado **i)** pela dimensão ou característica do dano ou **ii)** pela relevância do bem jurídico a ser protegido.

Esquematicamente, os requisitos que conferem legitimidade ativa às associações podem ser representados da seguinte forma:

Associações
- constituída há pelo menos 01 ano, podendo esse requisito ser dispensado quando presente o interesse social pela dimensão ou característica do dano ou sendo relevante o bem jurídico a ser protegido;
- pertinência temática (vinculação entre as funções institucionais e o bem jurídico tutelado).

E) Defensoria Pública: foi incluída como um dos legitimados do art. 5º da LACP por força da Lei 11.448/07.

2.3. Ações judiciais

Nos termos do que dispõe o art. 83 do CDC, para a defesa dos direitos protegidos pelo CDC são admissíveis todas as espécies de ações, ou seja, de conhecimento (declaratória, constitutiva, condenatória), de execução, mandamental, cautelares, ação civil pública, mandado de segurança, etc., capazes de propiciar sua adequada e efetiva tutela.

POSIÇÃO DO STJ

*Segundo recente entendimento do STJ, o prazo de 5 anos para o ajuizamento da **ação popular não se aplica às ações coletivas de consumo.***

***Mudança de entendimento:** "(...). As ações coletivas de consumo, por sua vez, atendem a um espectro de prestações de direito material muito mais amplo, podendo não só anular ou declarar a nulidade de atos, como também quaisquer outras providências ou ações capazes de propiciar a adequada e efetiva tutela dos consumidores, nos termos do art. 83 do CDC. É, assim, necessária a superação (overruling) da atual orientação jurisprudencial desta Corte, pois não há razão para se limitar o uso da ação coletiva ou desse especial procedimento coletivo de enfrentamento de interesses individuais homogêneos, coletivos em sentido estrito e difusos, sobretudo porque o escopo desse instrumento processual é o tratamento isonômico e concentrado de lides de massa* *relacionadas a questões de direito material que afetem uma coletividade de consumidores, tendo como resultado imediato beneficiar a economia processual." (REsp 1.736.091-PE, DJe 16/05/2019– Informativo 648).*

De acordo com o art. 102 do CDC, os legitimados ativos acima referidos "poderão propor ação visando compelir o Poder Público competente a proibir, em todo o território nacional, a produção, divulgação distribuição ou venda, ou a determinar a alteração na composição, estrutura, fórmula ou acondicionamento de produto, cujo uso ou consumo regular se revele nocivo ou perigoso à saúde pública e à incolumidade pessoal".

2.4. Tutela específica

O art. 84 do CDC estabelece que: "Na ação que tenha por objeto o cumprimento da obrigação de fazer ou não fazer, o juiz concederá a tutela específica da obrigação ou determinará providências que assegurem o resultado prático equivalente ao do adimplemento".

O CDC assegura ao consumidor a tutela específica, isto é, a satisfação da obrigação tal qual foi contratada, o cumprimento da oferta pelo fornecedor.

E na impossibilidade da tutela específica, o juiz determinará providências que assegurem o resultado prático equivalente ao do adimplemento.

Tanto para assegurar a tutela específica como para obtenção do resultado prático equivalente, o juiz tem amplos poderes para determinar as medidas necessárias para tanto, tais como busca e apreensão, remoção de coisas e pessoas, desfazimento de obra, impedimento de atividade nociva, requisição de força policial ou outras medidas que entender adequadas e efetivas para o caso concreto, conforme disposto no **§ 5º** do art. 84 do CDC.

2.5. Conversão da obrigação em perdas e danos

Tendo em conta que o CDC prioriza a tutela específica, o § 1º do art. 84 determina que a obrigação de fazer ou não fazer do fornecedor somente se converterá em perdas e danos quando:

- optar o consumidor pela conversão em perdas e danos ou;
- tornar-se impossível a tutela específica ou a obtenção do resultado prático correspondente.

Ainda de acordo com o § 2º do art. 84 do CDC, a conversão da obrigação em perdas e danos faz-se independentemente de eventual aplicação de multa ao fornecedor a fim de compeli-lo ao cumprimento da obrigação. Isso porque a multa não tem caráter reparatório e sim coercitivo.

2.6. Tutela liminar

O § 3º do art. 84 do CDC assinala ser lícito ao juiz conceder a tutela liminarmente ou após justificação prévia, citado o réu, quando presente os seguintes requisitos:

- relevante o fundamento da demanda, compreendido este como *fumus boni iuris* e;
- justificado receio de ineficácia do provimento final.

2.7. Multa diária

O § 4º do art. 84 do CDC estabelece que o juiz poderá aplicar multa diária, também conhecida como *astreintes*, quando da concessão da tutela liminar ou na sentença, independentemente de pedido do autor, com o objetivo de compelir o réu a cumprir a ordem judicial consistente na obrigação de fazer ou não fazer, se for suficiente ou compatível com a obrigação, fixando prazo razoável para o cumprimento do preceito.

Multa diária
- tutela liminar ou sentença;
- independe de pedido do autor;
- visa compelir o réu ao cumprimento da decisão judicial;
- deve ser suficiente ou compatível com a obrigação;
- deve ser fixado prazo razoável para cumprimento do preceito.

A aplicação da multa diária não afasta o direito do consumidor de obter a tutela específica ou o resultado prático equivalente ao adimplemento ou ainda a indenização por perdas e danos.

> **ATENÇÃO**
>
> *O juiz deve fixar a multa num montante tal que exerça pressão coercitiva sobre o réu para que ele cumpra a obrigação, devendo o juiz, no entanto, zelar pela proporcionalidade entre o valor da multa e a obrigação a ser adimplida.*
>
> *Na verdade, a imposição da multa deve ser efetiva para o fim a que se destina, não devendo ser irrisória nem tampouco excessiva.*

A doutrina majoritária e a jurisprudência do STJ defendem a aplicabilidade da multa diária perante a Fazenda Pública.

2.8. Honorários, custas e despesas processuais

Em respeito ao direito do consumidor ao acesso à justiça, o art. 87 do CDC prevê que nas ações coletivas "não haverá adiantamento de custas, emolumentos, honorários periciais e quaisquer outras despesas, nem condenação da associação autora, salvo comprovada má-fé, em honorários de advogados, custas e despesas processuais".

Em se provando a litigância de má-fé, tanto a associação autora como os diretores responsáveis pela propositura da ação, serão solidariamente condenados em honorários advocatícios e ao décuplo das custas, sem prejuízo da responsabilidade por perdas e danos.

> **ATENÇÃO**
>
> *A prerrogativa do não adiantamento de custas, emolumentos, honorários periciais e quaisquer outras despesas é exclusiva das ações coletivas, não se estendendo para as ações individuais propostas pelo consumidor, salvo se ele for beneficiário da assistência judiciária.*

2.9. Vedação legal da denunciação da lide

Tendo em vista que o consumidor pode escolher contra quem irá propor a sua ação, aquele que efetivar o pagamento ao prejudicado poderá exercer o direito de regresso contra os demais responsáveis, segundo sua participação na causação do evento danoso.

O direito de regresso pode ser exercido em processo autônomo ou nos mesmos autos, após a satisfação do consumidor, uma vez que o CDC veda a denunciação da lide nas ações de consumo, nos termos do que dispõe o art. 88 do CDC.

A vedação da denunciação da lide decorre do fato de que a responsabilidade do terceiro interveniente é subjetiva, dependendo da comprovação de dolo ou culpa, enquanto que a responsabilidade do fornecedor em face do consumidor é objetiva, de modo que se admitida a denunciação da lide haveria um comprometimento à célere e eficaz proteção do consumidor, contrariando, assim, os princípios basilares do CDC.

3. AÇÕES COLETIVAS PARA A DEFESA DE INTERESSES INDIVIDUAIS HOMOGÊNEOS

Os artigos 91 a 100 do CDC foram reservados para regular especificamente as ações coletivas para a defesa de interesses individuais homogêneos.

ATENÇÃO

As regras para defesa dos direitos difusos e coletivos estão na Lei de Ação Civil Pública (Lei nº 7.347/85).

O art. 91 do CDC estabelece que "Os legitimados de que trata o art. 82 poderão propor, em nome próprio e no interesse das vítimas ou seus sucessores, ação civil coletiva de responsabilidade pelos danos individualmente sofridos".

O art. 92 do CDC assinala que "o Ministério Público, se não ajuizar a ação, atuará sempre como fiscal da lei.

3.1. Competência

A despeito de a regra sobre competência estar prevista no capítulo "Das ações coletivas para a defesa de interesses individuais homogêneos", o art. 93 do CDC regula as ações coletivas de modo geral.

A propósito leciona RIZZATO NUNES (2011, p. 850): "(...). Na medida em que a lei pôs a regra para a ação coletiva de proteção ao direito individual homogêneo, no claro intuito de proteger o consumidor, o intérprete deve estender o benefício à hipótese das ações coletivas de proteção ao direito difuso e coletivo".

3.1.1. Tutela coletiva e competência absoluta do foro

Há um consenso na doutrina e nos Tribunais no sentido de que, tratando-se de tutela coletiva, a competência de foro é de natureza absoluta.

As regras de competência previstas no art. 2º da LACP (Lei n. 7.347/85) e no art. 93 do CDC devem ser interpretadas de forma conjunta.

Nesse sentido são as lições de DANIEL AMORIM ASSUMPÇÃO NEVES (2014, p. 611): "A competência do foro (comarca na Justiça Estadual e seção judiciária na Justiça Federal) no âmbito da tutela coletiva é regulada pelos arts. 2º da LACP e 93 do CDC. No art. 93 do CDC não há qualquer previsão a respeito da natureza da competência lá determinada, mas no art. 2º da LACP há previsão expressa da competência funcional do local do dano, o que demonstra de forma indiscutível a natureza absoluta da competência".

tutela coletiva → competência absoluta do foro

Ainda sobre o tema da competência, DANIEL AMORIM ASSUMPÇÃO NEVES (2014, p. 615) levanta discussão sobre o instituto da delegação por competência prevista no art. 109, § 3º, fazendo o seguinte questionamento: "Não havendo vara federal no local do dano, será possível que o processo tramite perante a Justiça Estadual investida de competência federal ou será necessário que o processo seja deslocado até a vara Federal, ainda que em local diverso daquele em ocorreu ou em que deva ocorrer o dano?".

O assunto foi controvertido nos Tribunais, inclusive com edição da Súmula 183 do STJ, já revogada.

Responde o doutrinador (2014, p. 617) que o entendimento hoje predominante no âmbito do STJ e do STF é no sentido de que "a participação do ente federal previsto pelo art. 109, I, da CF/1988 exige a competência da Justiça Federal, ainda que em cidade diversa daquela em que se deu o dano ou na qual há a ameaça de tal dano ocorrer".

3.1.2. Regras de competência

Reza o art. 93 do CDC que: "Ressalvada a competência da Justiça Federal, é competente para a causa a justiça local:

- no foro do lugar onde ocorreu ou deva ocorrer o dano, quando de âmbito local;
- no foro da Capital do Estado ou no do Distrito Federal, para os danos de âmbito nacional ou regional, aplicando-se as regras do Código de Processo Civil aos casos de competência concorrente".

dano local → foro do local do dano

dano regional ou nacional → foro da Capital do Estado ou no do Distrito Federal

> **ATENÇÃO**
>
> *O art. 93 do CDC dispõe sobre as regras de competência nas ações coletivas.*
>
> *O art. 101, inciso I, do CDC dispõe sobre as regras de competência nas ações individuais. De acordo com esse dispositivo legal, a ação pode ser proposta no domicílio do autor.*

Competência:
- Art. 93 → Ações coletivas
- Art. 101, I → Ações individuais

3.2. Intervenção dos interessados no processo

O art. 94 do CDC estabelece que "Proposta a ação, será publicado edital no órgão oficial, a fim de que os interessados possam intervir no processo como litisconsortes, sem prejuízo de ampla divulgação pelos meios de comunicação social por parte dos órgãos de defesa do consumidor".

Trata-se de litisconsórcio facultativo.

3.3. Liquidação e execução da sentença

Nos termos do art. 95 do CDC, julgado procedente o pedido, a condenação será genérica, fixando a responsabilidade do réu pelos danos causados.

Estando decidido o *an debeatur*, os prejuízos decorrentes do evento danoso serão apurados em liquidação com o fim de se fixar o *quantum debeatur.*

A execução da sentença pode ser individual ou coletiva:

- **execução individual:** A vítima e seus sucessores, valendo-se de uma verdadeira habilitação de interessados, poderão promover a liquidação por artigos da sentença condenatória em razão da necessidade de se provar fato novo (comprovação do dano sofrido pela vítima, o nexo causal com o dano reconhecido na sentença bem como sua quantificação) e, posteriormente, poderão promover a execução da sentença;
- **execução coletiva:** promovida pelos legitimados de que trata o art. 82 do CDC, abrangendo as vítimas cujas indenizações já tiveram sido fixadas em sentença de liquidação, sem prejuízo do ajuizamento de outras execuções, ou seja, os danos já devem ter sido individualmente liquidados.

Daí a necessidade de a execução coletiva ser embasada em certidão das sentenças de liquidação, devendo nelas constar a ocorrência ou não do trânsito em julgado, nos termos do que dispõe o art. 98 do CDC.

ATENÇÃO

"De acordo com o Supremo Tribunal Federal, a tutela coletiva dos interesses individuais homogêneos se desdobra em duas fases: a primeira tem como regra a legitimidade extraordinária dos autores coletivos, substitutos processuais, na medida em que ocorre um juízo de conhecimento sobre as questões fáticas e jurídicas indivisíveis, como a existência da obrigação, a natureza da prestação e o sujeito passivo. Já na segunda

fase, predomina a legitimidade ordinária dos titulares do direito material efetivamente lesados, uma vez que é quando serão definidos os demais elementos indispensáveis, como a titularidade do direito e o quantum debeatur.

Sob esse enfoque, "a execução da sentença proferida em ações coletivas que versem sobre direitos individuais homogêneos é disciplinada nos artigos 97 a 100 do Código de Defesa do Consumidor, podendo [...] o cumprimento ser (i) individual, (ii) individual realizado de forma coletiva (art. 98 do CDC) ou (iii) coletivo propriamente dito (art. 100 do CDC)" (REsp 1.156.021/RS, 4ª Turma, DJe 05/05/2014).

Nessa linha, embora o art. 98 do CDC se refira à execução da sentença coletiva, a particularidade da fase executiva obsta a atuação dos legitimados coletivos na forma de substituição processual, pois o interesse social que autorizaria sua atuação está vinculado ao núcleo de homogeneidade do direito do qual carece este segundo momento.

Por conta disso, o art. 100 do CDC previu hipótese específica e acidental de tutela dos direitos individuais homogêneos pelos legitimados do rol do art. 82, que poderão figurar no polo ativo do cumprimento de sentença por meio da denominada recuperação fluida (fluid recovery).

Assim, conforme a jurisprudência desta Corte, a legitimação prevista no art. 97 do CDC aos sujeitos elencados no art. 82 do CDC é subsidiária para a liquidação e execução da sentença coletiva, implementando-se no caso de, passado um ano do trânsito em julgado, não haver habilitação por parte dos beneficiários ou haver em número desproporcional ao prejuízo em questão, nos termos do art. 100 do CDC." (REsp 1.955.899-PR - DJe 21/03/2022 - Informativo n. 729)

É competente para a execução:

- **execução individual**: o juízo da liquidação da sentença ou da ação condenatória;
- **execução coletiva**: o juízo da ação condenatória.

Assinala o art. 99 do CDC que em caso de concurso de créditos resultantes do mesmo evento danoso, o pagamento de indenizações pelos prejuízos individuais tem preferência sobre o pagamento de indenização a título coletivo.

4. AÇÕES DE RESPONSABILIDADE CIVIL DO FORNECEDOR DE PRODUTOS E SERVIÇOS

As ações de responsabilidade civil do fornecedor de produtos e serviços estão previstas no art. 101 do CDC. Sobre o tema importa saber que:

A) Tratando-se de ação individual em face do fornecedor de produtos e serviços, o consumidor pode ajuizar a ação no foro do seu domicílio (art. 101, inciso I);

Cuida de regra de competência territorial, de natureza relativa.

Nas lições de KAZUO WATANABE (1999, p. 797): "O foro do domicílio do autor é uma regra que beneficia o consumidor, dentro da orientação fixada no inc. VII do art. 6º do Código, de facilitar o acesso aos órgãos judiciários. Cuida-se, porém, de opção dada ao consumidor, que dela poderá abrir mão para, em benefício do réu, eleger a regra geral, que é a do domicílio do demandado (art. 94, CPC)".

B) O fornecedor pode chamar ao processo o segurador na hipótese de ter contratado seguro de responsabilidade, mas não na condição de garante da obrigação e sim na qualidade de corresponsável, ampliando a legitimação passiva em favor do consumidor (art. 101, inciso II);

C) Permite-se o ajuizamento de ação de indenização diretamente contra o segurador na hipótese de ter o fornecedor sido declarado falido, vedada a denunciação da lide ao Instituto de Resseguro do Brasil e dispensado o litisconsórcio obrigatório com este, a fim de evitar o retardamento do feito (art. 101, inciso II).

FELIPE PEIXOTO BRAGA NETTO (2007, p. 229) sintetiza as regras do inciso II do art. 101 do CDC da seguinte forma:

- "o fornecedor poderá chamar o seu segurador ao processo;
- se o fornecedor chamar o segurador ao processo, a condenação valerá contra ambos – Código de Processo Civil, art. 80;
- é proibida a participação do Instituto de Resseguros do Brasil nas lides entre consumidores e seguradoras;
- havendo falência do fornecedor, o consumidor poderá ajuizar ação diretamente contra o segurador do falido."

5. COISA JULGADA NAS AÇÕES COLETIVAS

A coisa julgada está prevista nos arts. 103 e 104 do CDC e é formada conforme a natureza do interesse (difuso, coletivo ou individual homogêneo) e conforme o resultado do processo e das provas (coisa julgada *secundum eventum litis* e *secundum eventum probationis*, respectivamente).

O art. 16 da LACP também estabelece regra para coisa julgada na tutela coletiva.

Regra básica bem enfatizada por ROBERTA DENSA (2006, p. 194): "(...) os efeitos da coisa julgada nas ações coletivas nunca prejudicarão interesses e direitos individuais dos integrantes da coletividade, do grupo, categoria ou classe".

5.1. Coisa julgada e os direitos difusos, coletivos e individuais homogêneos

A seguir estão sintetizadas as principais regras sobre coisa julgada nas ações coletivas de modo geral que tratam de direitos difusos, coletivos e individuais homogêneos e não apenas àquelas ajuizadas com fundamento nas relações de consumo.

A) Coisa julgada nas ações coletivas que tutelam **direitos difusos**:

- **Sentenças de procedência**: *erga omnes*, para beneficiar toda a coletividade;
- **Sentenças de improcedência por qualquer fundamento que não seja a insuficiência de provas**: *erga omnes*, sem, no entanto, prejudicar os direitos individuais dos integrantes da coletividade (§ 1º, art. 103, CDC), sendo que estes podem ajuizar ações individuais com o mesmo fundamento. Na hipótese não se admite nova ação coletiva com idêntico fundamento;
- **Sentenças de improcedência por insuficiência de provas:** sem eficácia *erga omnes*, de modo que qualquer legitimado do art. 82 do CDC, inclusive aquele que ajuizou anteriormente a ação, poderá intentar outra ação, com idêntico fundamento valendo-se de nova prova.

B) Coisa julgada nas ações coletivas que tutelam **direitos coletivos**:

- **Sentenças de procedência:** *ultra partes,* mas limitadamente ao grupo, categoria ou classe;

- **Sentenças de improcedência por qualquer fundamento que não seja a insuficiência de provas:** *ultra partes*, sem, no entanto, prejudicar os direitos individuais dos integrantes do grupo, categoria ou classe (§ 1º, art. 103, CDC), sendo que estes podem ajuizar ações individuais com o mesmo fundamento. Na hipótese não se admite nova ação coletiva com idêntico fundamento;

- **Sentenças de improcedência por insuficiência de provas:** sem eficácia *ultra partes,* de modo que qualquer legitimado do art. 82 do CDC, inclusive aquele que ajuizou anteriormente a ação, poderá intentar outra ação, com idêntico fundamento valendo-se de nova prova.

C) Coisa julgada nas ações coletivas que tutelam **direitos individuais homogêneos**:

- **Sentenças de procedência**: *erga omnes*, para beneficiar todas as vítimas e seus sucessores.

- **OBS:** Embora o CDC tenha feito referência ao efeito *erga omnes*, o correto seria efeito *ultra partes* em razão de a sentença beneficiar titulares determináveis (vítimas e seus sucessores);

- **Sentenças de improcedência**: sem eficácia *erga omnes,* alcançando somente os interessados que ingressaram como litisconsorte (assistente litisconsorcial) na ação ajuizada pelo legitimado do art. 82 do CDC.

- **OBS.**: Os interessados que não tiverem intervindo no processo como litisconsortes poderão propor ação de indenização a título individual (§ 2º, art. 103, CDC);

- **Sentenças de improcedência por insuficiência de provas**: nas lições de ADA PELLEGRINNI GRINOVER (1999, p. 825), o critério da inexistência de coisa julgada na hipótese da improcedência por insuficiência de provas é adotado somente para os interesses difusos e coletivos. Explica: "ou seja, a coisa julgada atua *erga omnes*, com o temperamento de só poder beneficiar todas as vítimas e seus sucessores, sem prejudicar os terceiros que não tenham intervindo no processo como litisconsortes".

Em resumo:

DIREITOS DIFUSOS:	**sentença de procedência**	eficácia erga omnes
	sentença de improcedência	eficácia erga omnes
	sentença de improcedência por insuficiência de provas	sem eficácia erga omnes

DIREITOS COLETIVOS:	**sentença de procedência**	eficácia *ultra partes*
	sentença de improcedência	eficácia *ultra partes*
	sentença de improcedência por insuficiência de provas	sem eficácia *ultra partes*

DIREITOS INDIVIDUAIS HOMOGÊNEOS:	**sentença de procedência**	eficácia erga omnes
	sentença de improcedência	sem eficácia erga omnes
	sentença de improcedência por insuficiência de provas	critério somente adotado para direitos difusos e coletivos

5.2. Limitação territorial da coisa julgada (art. 16 da LACP)

O art. 16 da LACP tem a seguinte redação: "A sentença civil fará coisa julgada erga omnes, nos limites da competência territorial do órgão prolator, exceto se o pedido for julgado improcedente por insuficiência de provas, hipótese em que qualquer legitimado poderá intentar outra ação com idêntico fundamento, valendo-se de nova prova".

Trata-se de um dispositivo legal muito criticado pela doutrina em razão da limitação territorial da coisa julgada, em ofensa evidente aos princípios da economia processual e à harmonia das decisões.

LEONARDO ROSCOE BESSA (2022, p. 611) alerta que "em que pese a contundente crítica doutrinária à nova redação do art. 16 da Lei nº 7.347/1985, o STJ demorou para estabilizar sua posição. De qualquer modo, após mais de 20 anos de debate e controvérsia, a Corte segue hoje entendimento que, ao final, prestigia o disposto no art. 103

e conclui pela impossibilidade de limitação territorial da eficácia de decisão proferida em ação civil pública em qualquer espécie de interesse metaindividual (difuso, coletivo, individual homogêneo)."

Prossegue o doutrinador "em abril de2021, em importante julgamento realizado pelo Supremo Tribunal Federal (RE 1.101.937), conclui-se pela inconstitucionalidade do art. 16 da Lei n. 7.347/85, o que encerra o longo debate sobre eficácia territorial de decisão proferida em ação civil pública. (...)

Fixou-se, ao final, a seguinte tese de repercussão geral (Tema 1.075): "I - É inconstitucional a redação do art. 16 da Lei 7.347/1985, alterada pela Lei 9.494/1997, sendo repristinada sua redação original. II - Em se tratando de ação civil pública de efeitos nacionais ou regionais, a competência deve observar o art. 93, II, da Lei 8.078/1990 (Código de Defesa do Consumidor). III - Ajuizadas múltiplas ações civis públicas de âmbito nacional ou regional e fixada a competência nos termos do item II, firma-se a prevenção do juízo que primeiro conheceu de uma delas, para o julgamento de todas as demandas conexas."

5.3. Litispendência e suspensão da ação individual

Por expressa disposição do art. 104 do CDC, as ações coletivas para defesa de interesses ou direitos difusos e coletivos (incisos I e II do parágrafo único do art. 81 do CDC) não induzem litispendência em relação à ação individual.

É pacífico na doutrina que as ações para defesa de interesses ou direitos individuais homogêneos não induzem litispendência em relação à ação individual, a despeito de não estar expresso no art. 104 do CDC.

Ainda de acordo com o art. 104 do CDC, o demandante individual somente se beneficiará dos efeitos da coisa julgada da ação coletiva se requerer a suspensão da ação individual no prazo de 30 dias, a contar da ciência nos autos do ajuizamento da ação coletiva.

Assim, ciente do ajuizamento da ação coletiva, o autor individual terá as seguintes opções:

- requerer a suspensão da ação individual e beneficiar-se dos os efeitos da ação coletiva, caso seja ela julgada procedente;

- retomar a ação individual caso tenha requerido a sua suspensão e a ação coletiva tenha sido julgada improcedente;
- prosseguir com a ação individual e ser excluído dos efeitos da ação coletiva, ainda que seja julgada procedente.

6. TÓPICO-SÍNTESE

DEFESA DO CONSUMIDOR EM JUÍZO	
Direitos difusos, coletivos e individuais homogêneos	• **direitos difusos** → sujeitos indetermináveis; objeto indivisível e origem decorrente de circunstância de fato; • **direitos coletivos** → sujeitos determináveis; objeto indivisível e origem decorrente de relação jurídica base (lei ou contrato); • **direitos individuais homogêneos** → sujeitos determináveis; objeto divisível e origem comum.
Legitimação ativa	**Legitimidade ativa** → extraordinária, concorrente e disjuntiva. Legitimados: • **Ministério Público:** legitimidade ampla para a defesa dos direitos difusos e coletivos. E é legitimado para a defesa dos direitos individuais homogêneos quando se tratar de: **a)** direito indisponível e **b)** direito disponível, mas o bem jurídico tutelado for dotado de relevância social; • **União, Estados, Municípios e Distrito Federal;** • **Entidades e órgãos da Administração Pública, direta ou indireta, ainda que sem personalidade jurídica,** especificamente destinados à defesa dos interesses e direitos protegidos pelo CDC;
Legitimação ativa	• As **associações** legalmente constituídas há pelo menos 01 ano e que incluam entre seus fins institucionais a defesa dos interesses e direitos protegidos pelo CDC (pertinência temática). O requisito da pré-constituição pode dispensado quando presente o interesse social pela dimensão ou característica do dano ou sendo relevante o bem jurídico a ser protegido; • **Defensoria Pública.**
Ações judiciais	São admissíveis todas as espécies de ações (conhecimento, execução, cautelares, ação civil pública, mandado de segurança, etc); Tutela específica ou providências que assegurem o resultado prático equivalente ao do adimplemento. Aplicação da multa diária não afasta o direito do consumidor de obter a tutela específica ou o resultado prático equivalente ao adimplemento ou ainda a indenização por perdas e danos. Possibilidade de aplicação da multa diária para a Fazenda Pública. O CDC veda a denunciação da lide nas ações de consumo.

Conversão em perdas e danos	Hipóteses para conversão em perdas e danos: • opção do consumidor; • tornar-se impossível a tutela específica ou a obtenção do resultado prático correspondente.
Competência	**tutela coletiva → competência absoluta de foro** • no foro do lugar onde ocorreu ou deva ocorrer o dano, quando de âmbito local; • no foro da Capital do Estado ou no do Distrito Federal, para os danos de âmbito nacional ou regional, aplicando-se as regras do Código de Processo Civil aos casos de competência concorrente".
Liquidação e Execução da sentença	Julgado procedente o pedido, a condenação será genérica, fixando a responsabilidade do réu pelos danos causados. Os prejuízos decorrentes do evento danoso serão apurados em liquidação com o fim de se fixar o quantum *debeatur.* **Execução individual** → promovida pela vítima e seus sucessores; **Execução coletiva** → promovida pelos legitimados do art. 82 do CDC.
Coisa julgada	**Direitos difusos:** • sentença de procedência: eficácia *erga omnes;* • sentença de improcedência: eficácia *erga omnes;* • sentença de improcedência por insuficiência de provas: sem eficácia *erga omnes;* **Direitos coletivos:** • sentença de procedência: eficácia *ultra partes;*
	• sentença de improcedência: eficácia *ultra partes;* • sentença de improcedência por insuficiência de provas: sem eficácia *ultra partes;* **Direitos individuais homogêneos:** • sentença de procedência: eficácia *erga omnes;* • sentença de improcedência: sem eficácia *erga omnes;* • sentença de improcedência por insuficiência de provas: critério somente adotado para direitos difusos e coletivos.
Limitação territorial da coisa julgada	STJ impossibilidade de limitação territorial da eficácia de decisão proferida em ação civil pública em qualquer espécie de interesse metaindividual. STF → tese de repercussão geral (Tema 1.075) → É inconstitucional a redação do art. 16 da Lei 7.347/1985.

Litispendência e suspensão da ação individual	As ações coletivas para defesa de interesses ou direitos difusos, coletivos e individuais homogêneos não induzem litispendência em relação à ação individual. Ciente do ajuizamento da ação coletiva, o autor individual terá as seguintes opções: • requerer a suspensão da ação individual e beneficiar-se dos efeitos da ação coletiva, caso seja ela julgada procedente; • retomar a ação individual caso tenha requerido a sua suspensão e a ação coletiva tenha sido julgada improcedente; • prosseguir com a ação individual e ser excluído dos efeitos da ação coletiva, ainda que seja julgada procedente.

Capítulo

13

SISTEMA NACIONAL DE DEFESA DO CONSUMIDOR E CONVENÇÃO COLETIVA DE CONSUMO

Leia a lei:

- *Arts. 105 a 107 do CDC*

1. CONSIDERAÇÕES INICIAIS

Tem-se exigido nas provas de concursos públicos o conhecimento do teor dos arts 105 a 107 do CDC, que tratam do Sistema Nacional de Defesa do Consumidor e da Convenção Coletiva de Consumo, respectivamente, razão pela qual apresentaremos a seguir um breve esquema a respeito dos referidos dispositivos legais.

2. SISTEMA NACIONAL DE DEFESA DO CONSUMIDOR

O art. 105 do CDC estabelece que integram o Sistema Nacional de Defesa do Consumidor (SNDC) os seguintes órgãos e entidades:

- órgãos federais;
- órgãos estaduais;
- órgãos do Distrito Federal;
- órgãos municipais;
- entidades privadas de defesa do consumidor.

O art. 106 do CDC estabelece que o Departamento Nacional de Defesa do Consumidor – DNDC, da Secretaria Nacional de Direito Econômico (MJ), ou órgão federal que venha substituí-lo, é organismo de coordenação da política do Sistema Nacional de Defesa do Consumidor, cabendo-lhe:

- planejar, elaborar, propor, coordenar e executar a política nacional de proteção ao consumidor;
- receber, analisar, avaliar e encaminhar consultas, denúncias ou sugestões apresentadas por entidades representativas ou pessoas jurídicas de direito público ou privado;
- prestar aos consumidores orientação permanente sobre seus direitos e garantias;
- informar, conscientizar e motivar o consumidor através dos diferentes meios de comunicação;
- solicitar à polícia judiciária a instauração de inquérito policial para a apreciação de delito contra os consumidores, nos termos da legislação vigente;
- representar ao Ministério Público competente para fins de adoção de medidas processuais no âmbito de suas atribuições;
- levar ao conhecimento dos órgãos competentes as infrações de ordem administrativa que violarem os interesses difusos, coletivos, ou individuais dos consumidores;
- solicitar o concurso de órgãos e entidades da União, Estados, do Distrito Federal e Municípios, bem como auxiliar a fiscalização de preços, abastecimento, quantidade e segurança de bens e serviços;
- incentivar, inclusive com recursos financeiros e outros programas especiais, a formação de entidades de defesa do consumidor pela população e pelos órgãos públicos estaduais e municipais;
- desenvolver outras atividades compatíveis com suas finalidades.

Nos termos do parágrafo único do art. 106 do CDC, para a consecução de seus objetivos, o Departamento Nacional de Defesa do

Consumidor poderá solicitar o concurso de órgãos e entidades de notória especialização técnico-científica.

LEONARDO ROSCOE BESSA (2022, p.526) destaca que "em maio de 2012, com a edição do Dec. 7.738, as atribuições do antigo Departamento de Proteção e Defesa do Consumidor (DPDC) foram assumidas pela Secretaria Nacional do Consumidor – Senacon, o qual integra a estrutura do Ministério da Justiça. O DPDC, de acordo com o Dec. 7.738, possui agora a função de 'apoiar a Secretaria Nacional do Consumidor no cumprimento das competências estabelecidas na Lei 8.078/1990' (...)."

Ressalta ainda o doutrinador que "em 07 de julho de 2020, por meio do Decreto 10.417, foi instituído o Conselho Nacional de Defesa do Consumidor, com o objetivo de assessorar o Ministro de Estado da Justiça Segurança Pública na formulação e na condução da Política Nacional de Defesa do Consumidor, e, ainda, formular e propor recomendações aos órgãos integrantes do Sistema Nacional de Defesa do Consumidor para adequação das políticas públicas de defesa do consumidor (art. 1º)."

Importa compreender que o objetivo do CDC é a articulação de órgãos públicos e privados para tutela do consumidor.

3. CONVENÇÃO COLETIVA DE CONSUMO

Com base no que dispõe o art. 107 do CDC, sobre convenção coletiva de consumo importa saber que:

- as **entidades civis de consumidores** e as **associações de fornecedores ou sindicatos de categoria econômica** podem regular, por convenção escrita, relações de consumo que tenham por objeto estabelecer condições relativas: **a)** ao preço, **b)** à qualidade, **c)** à quantidade, **d)** à garantia e características de produtos e serviços, bem como **e)** à reclamação e **f)** composição do conflito de consumo;
- a convenção tornar-se-á obrigatória a partir do **registro** do instrumento no cartório de títulos e documentos.
- a convenção somente obrigará os filiados às entidades signatárias.

- não se exime de cumprir a convenção o fornecedor que se desligar da entidade em data posterior ao registro do instrumento.

Nas lições de JOSÉ GERALDO BRITO FILOMENO (2014, p. 206), a convenção coletiva de consumo trata-se "de importante instrumento de prevenção ou então de resolução de conflitos de consumo, mas muito pouco utilizado".

Explica o doutrinador que se buscou com esse instrumento "dotar as entidades que o representam, de um lado, e as que assumem responsabilidade pelos fornecedores, de poderes no sentido de convencionarem questões sobretudo polêmicas advindas das relações de consumo, por analogia com as leis das concessionárias de automóveis" (Lei nº 6.729/1979).

Cita como exemplo o termo "período razoável de tempo" contido no parágrafo único do art. 32 do CDC para se referir a durabilidade de produtos de consumo duráveis.

Afirma: "mas que período razoável é esse, quando não houver leis específicas - elas, em sentido lato (normas técnicas), são bastantes escassas, no que diz respeito, por exemplo, à durabilidade mínima de uma lâmpada elétrica, por exemplo ("x" horas)? Ou seja, e mais claramente: qual é a vida útil de um automóvel? De um refrigerador? De um aparelho de ar condicionado? De um computador, componentes e periféricos? O período razoável, por conseguinte, poderia perfeitamente ser cuidado em cláusula de convenção de consumo (...)".

4. TÓPICO-SÍNTESE

SISTEMA NACIONAL DE DEFESA DO CONSUMIDOR E CONVENÇÃO COLETIVA DE CONSUMO	
SNDC	Regulado pelos arts. 105 e 106 do CDC.
Convenção coletiva de consumo	Regulada pelo art. 107 do CDC.

REFERÊNCIAS BIBLIOGRÁFICAS

BENJAMIN, Antônio Herman de Vasconcelos; MARQUES, Claudia Lima; BESSA, Leonardo Roscoe. *Manual de direito do consumidor.* 10. ed. São Paulo: RT, 2022.

BOLZAN, Fabrício. *Direito do consumidor esquematizado.*6. ed. São Paulo: Saraiva Educação,2018.

BRAGA NETTO, Felipe Peixoto. *Manual de direito do consumidor.* Salvador: JusPodivm, 2014.

CAVALIERI FILHO, Sergio. *Programa de direito do consumidor.* 3. ed. São Paulo: Atlas, 2011.

COELHO, Fábio Ulhoa. Curso de Direito Comercial. 12. ed. São Paulo: Saraiva, 2008. vol. 2.

DENSA, Roberta. *Direito do consumidor.* 2. ed. São Paulo: Atlas, 2006.

FILOMENO, José Geraldo Brito. *Manual de direitos do consumidor.* 12. ed. São Paulo: Atlas, 2014.

GARCIA, Leonardo de Medeiros. *Direito do consumidor.* 8. ed. Salvador: JusPodivm, 2014.

GRINOVER, Ada Pellegrini; BENJAMIN, Antônio Herman de Vasconcellos e; FINK, Daniel Roberto; FILOMENO, José Geraldo Brito; WATANABE, Kazuo; NERY JUNIOR, Nelson; DENARI, Zelmo. *Código brasileiro de defesa do consumidor*: comentado pelos autores do anteprojeto. Rio de Janeiro: Forense Universitária, 1999.

MARQUES, Claudia Lima. *Contratos no código de defesa do consumidor.* 5. ed. São Paulo: RT, 2006.

________. *Diálogo das Fontes*: do conflito à coordenação de normas do direito brasileiro. São Paulo: RT, 2012.

______; BENJAMIN, Antônio Herman de Vasconcelos e; MIRAGEM, Bruno. *Comentários ao código de defesa do consumidor*. 3. ed. São Paulo: RT, 2010.

MAZZILLI, Hugo Nigro. *A defesa dos interesses difusos em juízo*. 17. ed. São Paulo: Saraiva, 2004.

MIRAGEM, Bruno. *Curso de direito do consumidor*. 2. ed. São Paulo: RT, 2010.

NERY JUNIOR, Nelson; ANDRADE; Rosa Maria de. *Código civil anotado e legislação civil extravagante em vigor*. São Paulo: RT, 2003.

NUNES, Rizzatto. *Curso de direito do consumidor*. 6. ed. São Paulo: Saraiva, 2011.

RAGAZZI, José Luiz; HONESKO, Raquel. *Direito do consumidor*. Coleção Estudos Direcionados: perguntas e respostas. São Paulo: Saraiva, 2010.

SOUZA, Luiz Antônio; KÜMPEL, Vitor Frederico. *Direitos difusos e coletivos* – Coleção OAB Nacional. 3. ed. Saraiva, 2011.

TARTUCE, Flavio; NEVES, Daniel Amorim Assumpção Neves. *Manual de direito do consumidor*: direito material e processual. 3. ed. São Paulo: Método, 2014.

JUS2821